Manasche Krzepicki: 1.5.1898 / 8.8.1985

MANASCHE: SUA VIDA E SEU TEMPO

Direção: J. Guinsburg
Assessoria Editorial: Plinio Martins Filho
Revisão: Ingrid Basílio
Diagramação e Capa: Adriana Garcia
Produção: Ricardo W. Neves
Ilustração da Capa: *Na Galiléia*, Reuven Rubin, óleo sobre tela, 1971.

MANASCHE
SUA VIDA E SEU TEMPO

nachman falbel

Dados Internacionais de Catalogação na Publicação (CIP)
(Câmara Brasileira do Livro, SP, Brasil)

Falbel, Nachman
Manasche: sua vida e seu tempo / Nachman Falbel.
– São Paulo : Perspectiva, 1996.

Bibliografia.
ISBN 85-273-0097-4

1. Judeus – Brasil. 2. Judeus – Brasil – Biografia
3. Krzepicki, Manasche 4. Sionismo – Brasil I. Título.

96-4721   CDD-920.0092924081

Índices para catálogo sistemático:

1. Brasil : Judeus : Biografias   920.0092924081

Direitos reservados à
EDITORA PERSPECTIVA S.A.
Av. Brigadeiro Luís Antônio, 3025
01401-000 – São Paulo – SP – Brasil
Telefones: (011) 885-8388
Fax: (011) 885-6878
1996

*Esta edição tornou-se possível
graças ao apoio de
Hilda Krzepicki
e Armando Klabin*

SUMÁRIO

Introdução 11

Infância e Juventude: O Imigrante 19
Um Mandato Britânico na Palestina 51
Os Primeiros Passos: Leo Halpern e Ruth Kluger 67
Um Certo Escritório em Nova Iorque 107
O Ano de 1948 e o Clube Chaim Weizmann 115
Após a Tormenta 131

Apêndice Documental 177
O Rei do Congo – *Manasche Krzepicki* 273
Glossário 279
Bibliografia 283
Índice Onomástico 285

A BANDEJA DE PRATA*

Natan Alterman

> Não se oferece um Estado a
> um povo numa bandeja de prata
>
> Chaim Weizmann

A terra está tranqüila, o olho rubro do céu
suavemente se apaga
sobre as fronteiras fumegantes.

De coração transpassado, mas ainda respirando,
uma Nação aguarda o milagre:
o incomparável, o único.

Eis que para a solenidade ela se apronta:
levantou-se ainda com lua, ergueu-se antes da aurora,
envolta em festa e assombro.
É então que surgem na sua frente
uma jovem e um rapaz,
que vêm lentamente ao seu encontro.

Com a roupa dos dias de semana,
e petrechos de guerra,
e pesado calçado,
vão subindo o caminho,
silenciosos.

Não mudaram de roupa nem apagaram na água
os traços de um dia de penoso trabalho
e de uma noite na linha de fogo.

Infinitamente exaustos, e abdicando de repouso,
cintilantes do orvalho da mocidade hebréia,
calados, os dois se aproximam,
e detêm-se, completamente imóveis:
não há nenhum sinal de estarem vivos ou fuzilados.

E quando a Nação, inundada em lágrimas, assombrada,
pergunta: "Quem sois vós?", os dois, serenamente,
respondem: "Nós somos a bandeja de prata
em que te foi ofertado o Estado Judeu."

Assim dizem. E caem diante dela, envoltos em sombra.
E o resto será contado nos códices de Israel.

Tradução: Cecília Meireles

---

* Extraído da coletânea organizada por Jacó Guinsburg e Zulmira Ribeiro Tavares, *Quatro Mil Anos de Poesia*, São Paulo, Perspectiva, 1969, pp. 456-457.

INTRODUÇÃO

A primeira vez que deparei com o nome de Manasche Krzepicki foi durante minha juventude, quando, nos anos 40, atuei em um movimento juvenil judaico sionista-socialista denominado Dror. A importância do movimento juvenil na formação dos filhos dos imigrantes que chegaram ao Brasil, vindos dos mais diversos países e de todos os continentes, ainda está por ser avaliada. Porém, não resta a menor dúvida de que serviu de incubadora de personalidades que mais tarde desempenhariam um papel significativo na vida política, social, econômica e cultural do país. Lamentavelmente essa história ainda permanece apenas na lembrança de um grupo de companheiros que militaram em suas fileiras e criaram um *kibutz* em Israel sob o nome de Bror Chail, além de outros, que permaneceram no Brasil e ficaram profundamente marcados pelos anos em que vivenciaram juntos o dramático período do pós-guerra até a criação de um Estado judeu.

Manasche Krzepicki era dono de um encantador sítio em Petrópolis, que o Dror utilizava para os seus acampamentos e seminários "ideológicos" desde que o movimento, na década de 40, se estruturara nas grandes capitais dos estados brasileiros. Devido a sua proximidade, quem mais usufruía do sítio, com sua bela paisagem e cômodas instalações, eram os grupos do Rio de Janeiro, Niterói e São Paulo, o que não impedia que nos meses das férias escolares estudantes de outras cidades tais como Porto Alegre, Curitiba, Belo Horizonte também chegassem até o adorável local. Havia uma pequena cascata que deixava cair suas águas dentro de uma piscina, rudimentarmente feita, para a alegria daqueles jovens que viviam sonhos de mudanças, revoluções e ideais abstratos motivados pela sensibilidade da adolescência e pela leitura de autores, poeticamente "incendiários", judeus e não judeus.

Manasche: Sua Vida e seu Tempo

Desde então passaram-se muitos anos e, até que encontrei novamente Manasche Krzepicki para entrevistá-lo sobre seu amigo dos anos 20, Jacob Nachbin, que abandonara o país em 1930, e sobre o qual estava escrevendo um livro[1].

Naqueles anos de juventude, isto é, em finais da década de 40 e inícios de 50, não me lembro de ter visto a figura alta e marcante de Manasche, apenas ouvira o nome do proprietário do sítio em que realizávamos nossas *machanot* (acampamentos) e seminários, e podíamos observar, na parte mais elevada daquele pequeno paraíso, uma casa modesta de madeira, na qual costumava passar curtas estadias, com sua esposa, dona Hilda, e nada mais[2]. Certamente o pessoal do Rio o conhecia bem, mas nós, de São Paulo, não tínhamos contato com o "senhor da terra".

Durante uma entrevista que fizera com Manasche fui informado que aquele "homem do grande mundo" possuía uma história pessoal que guardara a sete chaves, durante décadas, e que sempre relutara em revelar aos demais. Mesmo de sua amizade com Jacob Nachbin pouco ou quase nada conseguira saber, apesar de sua afabilidade em me receber; soubera, com muita habilidade, contornar boa parte das perguntas, quer por não se interessar pelo assunto, por fazer parte de um passado muito longínquo, isto é, da década de 20, e que não mais o tocava, quer por sua deliberada postura que não permitia a outros invadir sua privacidade.

Só recentemente, por intermédio de Frieda Wolff, anos após o falecimento de Manasche, é que tive acesso ao seu arquivo pessoal devido, graças à compreensão de Hilda Krzepicki, que assentiu e se dispôs em colocar à minha disposição o material documental que permitisse esboçar uma pequena e modesta biografia de um homem que se dedicou à causa judaica sem impor limites a si mesmo, dando o melhor de seu inesgotável talento.

Infelizmente não pude elaborar este trabalho anos antes, com a participação do próprio biografado, o que teria sido mais cômodo para desvendar detalhes, passagens e capítulos da vida de Manasche que permanecem, em parte, obscuros.

Em busca de fontes sobre as atividades ou participação do biografado na delicada questão das campanhas da Haganá para o Rechesh[3], em fins de novembro de 1993 viajei a Tel Aviv para trabalhar no Arquivo da Haganá, o Beit Eliahu Golomb, que me deu uma idéia clara do que esse

---

1. *Jacob Nachbin*, São Paulo, Nobel, 1985.
2. O sítio seria doado em 1983, para servir de colônia de férias para crianças e jovens.
3. Rede que se formou para a aquisição de armas para a Haganá, que antecedeu o futuro exército de Israel (Z'va Haganá l'Israel), que enfrentaria após a partilha da Palestina, em 29 de novembro de 1947, e a promulgação do Estado de Israel em 14 de maio de 1948, a invasão dos exércitos dos países árabes ao seu redor.

Introdução

movimento representara historicamente. Porém, sobre a atuação de Manasche nada pude encontrar, ainda que parte do arquivo pessoal de Teddy Kollek, que assumira a direção do escritório da Missão da Haganá, em Nova Iorque, criado para essa finalidade, e ao qual Manasche esteve ligado durante muito tempo, se encontrasse naquele instituto, assim como de outras personagens que tiveram certa participação no complexo empreendimento do Rechesh e que mantiveram contato pessoal com ele naqueles anos. Teddy Kollek faz referência a sua pessoa, como poder-se-á verificar no desenvolvimento de meu trabalho, em seu livro autobiográfico intitulado *For Jerusalem*, que permite uma compreensão da Missão estabelecida nos Estados Unidos para, entre outras coisas, adquirir material bélico para o Estado judeu que estava em vias de ser criado, numa expectativa que fora aumentando aceleradamente com o término da Segunda Guerra Mundial, em maio de 1945. Os líderes do movimento sionista tinham consciência de que o Estado não seria presenteado "numa bandeja de prata"[4], e seu surgimento provocaria derramamento de sangue numa guerra inevitável, pela disposição inabalável dos países árabes de não aceitarem na região a presença judaica, cujo processo de recolonização na Palestina começara com maior intensidade no século passado.

O Rechesh portanto passara a ser algo vital, exigindo a mobilização de múltiplas pessoas preparadas também sob o aspecto de suas qualidades humanas para algo que estava diretamente ligado à segurança e à defesa da população judaica naquele país. Manasche Krzepicki, por seus traços de personalidade, era um homem talhado a realizar missões que exigissem entrega e dedicação pessoal além de uma alta dose de fidelidade e apego a um objetivo, ao mesmo tempo que possuía uma capacidade de liderança pouco comum entre os componentes da comunidade judaica no Brasil. Com isso pôde desempenhar um papel importante naqueles anos decisivos, nos quais estavam se cumprindo as profecias sobre a restauração da soberania de uma nação judaica que esteve durante dois mil anos dispersa pelos quatro cantos do mundo.

A última vez que o vi, pouco antes de vir a falecer, em 1985, Manasche encontrava-se adoentado e pouco pude falar com ele; tampouco ambicionava então escrever a sua biografia, o que efetivamente comecei a incorporar como idéia somente em 1993, em particular ao tomar conhecimento e contato com a documentação de seu arquivo pessoal. A leitura da rica correspondência que compõe o arquivo de Manasche Krzepicki estimulou-me a realização deste trabalho, pois percebi que já eram passados cinqüenta anos desde que os fatos e acontecimentos decisivos,

---

4. A expressão foi usada pelo poeta Natan Alterman, para intitular seu famoso poema *Al Magash Hakessef* (*A Bandeja de Prata*) que tem como tema a criação do Estado de Israel.

nos quais ele tomara parte se deram, e o seu caráter "secreto" poderia passar ao domínio público uma vez que fazia parte da grande história, da luta para a autodeterminação de um povo e a saga para recriar um Lar Nacional.

Se a Utopia sempre fascinou os homens, essa Utopia, em particular, fascinou a Manasche, e também a minha geração em seus anos de juventude, o que permitiu-me uma aproximação pessoal com a história de vida do biografado. Boa parte do fundo histórico que iria constituir o cenário para a sua vida me era muito familiar, pois vivenciei nos anos de militância do movimento juvenil sionista-socialista Dror, e até antes de ingressar nele, os ideais que se escondiam por detrás da atuação de Manasche.

Pouco mais tarde, em 1954, ao ir viver em Israel em um *kibutz*, tive a oportunidade de conhecer pessoas as quais, mais tarde iria saber, eram as mesmas personagens de sua história pessoal. Elas faziam parte daquela plêiade de homens que dedicaram suas vidas a construir uma nação, homens e mulheres que não tiveram qualquer dúvida quanto ao caminho que se apresentava perante um povo que passara por Auschwitz e outros campos de extermínio e que ainda deveria enfrentar um desafio histórico único: fundar um Estado, contra a vontade do Império Britânico e contra a vontade dos países árabes da região do Oriente Médio, que manipulavam a "causa palestina" sem, de fato, se preocuparem seriamente com o destino do povo palestino e seu movimento de autodeterminação, que somente em nossos dias aceitaram a convivência com os seus irmãos judeus, longe dos interesses e intrigas políticas que estimulavam a guerra e afastavam as possibilidades da desejada paz que ajudaria a construir o futuro de ambos os povos.

Apesar da intenção inicial de fazer uma simples biografia, não pude, em parte, deixar de lado os acontecimentos que serviram de fundo histórico para a atuação do biografado e o chamado pessoal que sentiu, a fim de atender às necessidades do povo judeu naquele momento crucial de sua existência. Nesse sentido o panorama histórico referente àquele período – as décadas de 40 e 50 –, que me era familiar desde minha juventude, apenas serviu para oferecer ao leitor uma narrativa que permitisse compreender a atuação do biografado e sua importância. Por outro lado, foi necessário apresentar um esboço histórico do movimento sionista no Brasil daquele tempo, que, a partir de 1945, readquirira a legalidade após o encerramento de suas atividades pelo Estado Novo em 1938. Para tanto tive de recorrer aos arquivos pessoais ou coleções de documentos de Jacob Schneider, doados por seu filho Eliezer Schneider, e de Israel Dines, doados por Alberto Dines, pertencentes ao Arquivo Histórico Judaico Brasileiro. Ambos ativistas tiveram um papel central na vida judaica no Brasil e no movimento nacionalista em território brasileiro. Jacob Schneider,

Introdução

sobre o qual publiquei um estudo, não acabado, na revista *Herança Judaica*, foi sem dúvida a figura central daquele movimento, ao qual dedicou sua vida desde que chegara ao Brasil em 1902, orientando e decidindo todos os passos de seu desenvolvimento. Israel Dines, voltado à atividade comunitária desde os anos 20, também teve um papel de liderança no sionismo brasileiro e estava ideologicamente voltado à corrente sionista-socialista, ou seja, o tradicional Partido Poalei Zion (Obreiros de Sião). A correspondência e os documentos de seus arquivos particulares constituem em seu conjunto uma fonte indispensável e rara para a reconstituição da história do sionismo brasileiro, uma vez que os arquivos institucionais e partidários se perderam com o passar do tempo. Devo dizer que além dessas coleções me foi de imensa valia o material colhido em anos passados no Archion Hatzioni (Central Zionist Archives) de Jerusalém, do qual me utilizei durante vários anos para uma projetada história do sionismo no Brasil e da qual publiquei, em anos anteriores, alguns estudos sobre certos aspectos e momentos. Talvez possamos considerar a narrativa de fundo para a biografia de Manasche Krzepicki um capítulo adicional a essa história, ainda que incompleto.

Uma outra fonte que serviu ao meu trabalho e se revelou muito útil foi a revista *Aonde Vamos?*, que surgiu em 1943 e saiu semanalmente, sem interrupção, até os anos 70. O periódico, que tinha uma clara orientação sionista, publicava notícias sobre os acontecimentos mais importantes relativos ao judaísmo brasileiro e durante certo tempo foi o melhor órgão de expressão da comunidade, mesmo que o seu combativo diretor e redator, Aron Neumann, fosse visto como um homem sempre disposto a participar de assuntos polêmicos. Certamente o *Jornal Israelita*, do Rio de Janeiro, e a *Crônica de São Paulo*, contemporâneos daquele órgão, nunca chegaram a ter o mesmo nível e penetração comunitária. Neste caso o *Aonde Vamos?* supriu em boa medida as lacunas dos arquivos mencionados.

Devo, porém, observar que meu estudo biográfico sobre Manasche fixou-se essencialmente nos anos candentes e decisivos de sua atuação em favor da Haganá e nos primeiros anos da existência do Estado de Israel, sem se aprofundar em sua participação nas instituições israelenses, fundamentalmente culturais, e outras de caráter beneficente, para as quais era solicitado a contribuir. Sabido era que Hilda e Manasche nunca voltaram as costas a quem quer que fosse ao se lhes pedir qualquer ajuda, e em sua correspondência vemos o quanto seus corações eram sensíveis e estavam abertos àqueles que os procuravam. O preceito (*mitzvá*) da *tzedaká* (da ajuda e compaixão para com os necessitados) era um fundamento do modo de viver de Manasche, como o é até hoje de Hilda. Creio que Manasche não gostaria que fosse transgredida a virtude do *matan beseter*, a doação discreta e anônima, que faz parte da ética judaica, tornando-a pública, razão pela qual omiti em sua totalidade esse aspecto de sua vida, ou apenas me ative a mencioná-la de passagem.

Sem dúvida, a parte mais importante do arquivo de Manasche para a reconstituição de sua atividade pública é a correspondência ininterrupta que manteve com personalidades do mundo judaico e em particular de Israel. Dessa significativa quantidade de cartas destaca-se a correspondência mantida com Teddy Kollek, David Shaltiel e Arieh Manor, que, além de sua continuidade ao longo de muitos anos, tratava de assuntos diretamente ligados à participação de Manasche nas questões atinentes à sua atividade pró-Israel. Mas outras correspondências e cartas isoladas, menos numerosas, como as de Leo Halpern, Ruth Kluger, David Zacai, Levi Eshkol, Pinchas Sapir, Joseph Israeli, Ezra Danin e outros, com os quais Manasche teve contato durante muitos anos, são documentos indispensáveis para o conhecimento de sua atividade em favor da causa sionista. Também as correspondências, de caráter profissional, mantidas com Walter Griessmann, Joshua Askenazi e em especial com seu dedicado amigo Alfred H. von Klemperer, entre outros, são importantes para captarmos a dimensão de seu perfil humano.

Parte dessas personagens muitas vezes se encontram e se entrecruzam, como em um romance, pois a vida de um homem, além de encerrar momentos oníricos e caminhar sobre os fios invisíveis da imaginação, contém uma boa dose de determinação programada que leva aos acontecimentos que se sucedem no tempo e no espaço.

Essa mesma correspondência de Manasche serviu de fonte central e indispensável para o conhecimento de sua pessoa e sua atuação em favor do Estado judeu e das instituições com as quais colaborou durante longos anos. Felizmente Manasche tinha o hábito de manter cópias de suas cartas, o que facilitou o nosso entendimento de questões e assuntos tratados nessa correspondência.

O grande número de cartas a Hilda foi aproveitado no que concerne a sua atividade pública, mas também tem uma importância ímpar para o conhecimento da personalidade de Manasche de seu sentir e pensar, de seu caráter e sensibilidade, aspectos que evitei em meu trabalho, a não ser em rápidas observações laterais, a fim de me concentrar inteiramente no aspecto histórico que este trabalho biográfico pretende enfocar. O lado pessoal, subjetivo e humano na correspondência de Manasche, mereceria uma atenção especial de alguém com mais talento psicológico, e também literário, do que o de um historiador habituado a olhar o mundo com a "objetividade" que o método científico procura captar na realidade que nos cerca, ou no *processus* que o tempo imprime à mesma realidade, o qual nosso olhar procura desvendar. Suas observações sobre homens, si-

Introdução

tuações, ambientes, cidades, enfim sobre os inúmeros encontros casuais ou planejados de sua vida de "viajante" inveterado seriam dignas de uma melhor prospecção e poderiam ser mais reveladoras sobre Manasche como ser humano.

Devo também confessar que boa parte da atividade profissional de Manasche e seus vínculos com a companhia de E. G. Fontes, o que o levava a viajar ininterruptamente a negócios aos Estados Unidos, Europa e outros lugares, não mereceu a devida atenção que, em tese, poderia merecer, uma vez que pouco acrescentaria ao escopo de meu trabalho, ainda que a sua atividade profissional tenha facilitado e de certo modo possibilitado a sua atividade pública por razões que nos parecem óbvias. Suas viagens aos Estados Unidos e a Israel geralmente associavam compromissos profissionais com responsabilidades que assumiu para ajudar Israel e que o levaram a se encontrar com dois tipos de pessoas: representantes do Estado judeu e homens de negócios ou banqueiros. Excepcionalmente, Manasche seria obrigado também a encontrar-se com médicos quando era acometido de distúrbios orgânicos, mal-estares repentinos provocados pela irregularidade de sua alimentação, pelo trabalho extenuante e por uma vida agitada carregada de preocupações que minavam, por vezes, sua saúde e chegavam a deixá-lo prostrado num quarto de hotel, longe de seu lar e em mãos dos profissionais das cidades onde se encontrava, seja em Zurique, Londres, Nova Iorque ou outro lugar qualquer por onde viajava. Nessas ocasiões ele não perdia seu bom humor, mesclado com certo ceticismo em relação à sabedoria médica, e procurava aquietar a Hilda com descrições detalhadas sobre os tratamentos e exames pelos quais deveria passar, dizendo que nada de grave estava ocorrendo.

As freqüentes mudanças de lugar a lugar, os longos itinerários de viagem, também o levavam a sofrer as bruscas alterações de temperatura na passagem de um continente a outro, quando por vezes se defrontava com temperaturas extremamente baixas, como a que encontrou ao chegar à Suíça, em meados de 1956, ficando preso no hotel lendo anúncios de jornais "para distrair-me". As ilações cômicas que fazia desses anúncios, que ele dizia "estudar" porque seriam "reflexos e expressões da sociedade européia", revelam a sua imaginação inventiva, que não ficava em nada abalada pelos contratempos que era obrigado a enfrentar nessas ocasiões. Além do mais, Manasche era um trabalhador incansável e seu apego e dedicação a tudo que empreendia explica em boa parte seu sucesso profissional, bem como os felizes resultados de sua atividade pública. Enfim, era um homem talhado para voar alto e viver desafios que o estimulavam a superar-se permanentemente.

Para finalizar, devo agradecer à dra. Irit Keynan e ao dr. Avner Erely do Arquivo da Haganá no Beit Eliahu Golomb, em Tel Aviv, bem como aos dedicados amigos Shulamit e Itzchak Kaufman, que não pouparam esforços para facilitar a minha pesquisa durante minha estadia em Israel; a Teddy Kollek, que gentilmente deu de seu tempo para elucidar certas dúvidas; a Hilda Krzepicki, pela imensa ajuda que prestou, não somente pelo fato de abrir o arquivo pessoal de Manasche e colocar sua documentação a minha disposição, mas também pelos contínuos esclarecimentos sobre aspectos que não me eram claros durante a leitura do material que levou à elaboração deste trabalho, além de assumir o encargo maior de sua publicação.

Também me foi importante a colaboração de minha querida amiga Frieda Wolff, que acompanhou todos os passos da pesquisa, e de Armando Klabin, cuja sensibilidade intelectual estimulou-me a chegar ao término desta obra.

Por fim, quero dedicar este trabalho a Shulamit, companheira e esposa, pois o sítio de Manasche, nos verdejantes arredores de Petrópolis, encerra um momento sublime e mágico de nossa longa trajetória de vida em comum e que, felizmente, apenas os murmúrios indecifráveis dos bosques daquele lugar poderiam testemunhar.

INFÂNCIA E JUVENTUDE: O IMIGRANTE

Em meados de 1945, com o término da Segunda Guerra Mundial, Manasche Krzepicki, como boa parte dos judeus em toda a Diáspora, começou a procurar por seus familiares. Ele escreveu ao National Refugee Service, nos Estados Unidos, para obter informação sobre seu primo Joseph Sonnenberg, estabelecendo assim contato com um parente, Samuel – desse modo ficaríamos sabendo um pouco sobre sua família.

Manasche Krzepicki, ao escrever a seu primo Samuel Sonnenberg, que vivia nos Estados Unidos, sobre sua família, lembrava que seu pai, Schloime Krzepicki, era filho de Taube Krzepicki, sua avó (ele não lembrava o nome de seu avô) de Waloon, na Polônia. Ele tinha uma vaga recordação de que, menino, estivera nessa pequena cidade, em companhia de seus pais. Também sabia que seu pai tinha um único irmão, Michael Hersh, e uma irmã, Zelda. E quando servira o exército polonês, em 1919, ele voltara a visitar Waloon e encontrara alguns filhos do tio Michael Hersh. Porém, antes daquele ano ainda, quando fora estudar na Alemanha, em 1916, ele encontrara um outro filho do mesmo tio naquele país. Do lado materno Manasche descendia de Raza Sonnenberg, cujos pais, avós de Manasche, tinham quatro filhas e um filho, e esse seu tio, Moishe Sonnenberg, era casado com a irmã de seu pai, Zelda Krzepicki. Ele atribui a seu tio Moishe uma influência decisiva sobre sua personalidade e o descreverá do seguinte modo em carta ao seu primo Joseph:

Creio que devo a minha formação mental de visionário ao meu tio Moishe, seu pai, e posso te dizer, em poucas palavras, por que: meu pai, o melhor pai que alguém possa imaginar, era um pouco seco e lógico, extremamente religioso, não por amor ao Onipotente, mas por pura e fria razão. Em sua concepção de Deus não havia lugar para dúvida ou entusiasmo, e seus hábitos eram em boa parte calvinistas, e sua razão era a de Spinoza. Teu pai, meu tio, por outro lado, era o oposto, não diferente em seus sentimentos religiosos, porém devido ao fato de ele possuir olhos agudos para ver e asas espirituais para voar, deixou para trás de si a cruel e a transitória existência, para se refugiar nos Mundos Superiores (Oilemes Elioinim); ele não era asceta e amava o belo, que considerava uma dádiva de Deus. Eu posso claramente lembrar a influência que ele teve sobre mim; ele me dizia que, quando crescesse e pudesse viajar através de países exóticos, sugeria que ao chegar a uma cidade denominada Antuérpia não perdesse a oportunidade de visitar o Museu, e observar a pintura de um jovem atirando uma pedra... E outras histórias ele me contava ao anoitecer, sobre viagens marítimas e sobre a sinagoga dos judeus sefarditas de Amsterdã (eles não falam ídiche, somente hebraico, imagina!). Anos mais tarde viajei pelos lugares sobre os quais ele havia me falado e em Antuérpia admirei o *David e Golias*, que deve ter impressionado imensamente a teu pai e descendo os degraus da sinagoga sefardita dei uma olhadela para os judeus que não falavam ídiche. Em minhas viagens por mar sempre me lembrava dele e sou muito grato a ele que me fez sentir, livrando-me em parte da lógica férrea de meu pai. Esta é a história de meu desenvolvimento, mostrando como resultado que o tio Moishe foi o vencedor, de modo que você me desculpará minha incoerência devido seu amor filial. Quando falo do passado, lembro e agradeço nossos pais que nos ensinaram o caminho certo a seguir e ter fé e esperança – Gloiben un Hoffen. O refrão de nossos pais não é pessimista nem negativo, é tão profundo e amplo que o considero o centro da existência. Em nossa concepção de vida, e na de nossos pais, ignoramos Dante, que se atreve a dizer: "Vós que aqui entrais, deixai toda esperança". Ainda que Jeremias seja trágico, e amedrontadoras suas visões, esperança é revivida e a luz retornará... Quero que saibas que não sou frágil ou choroso, mas que meus caminhos são os caminhos do tio Moishe somados aos de meu pai.

Como todo ser humano que teve um passado rico em vivências especiais, talvez pretendesse um dia colocá-las sobre o papel. Em dado momento ele escreveria a seu primo Joseph: "estou consciente do fato de que não escrevi realmente algo de correto, apenas pedaços e fragmentos, mas tenho uma multidão de lembranças e quadros flutuando em minha mente, e espero que algum dia possa colocá-los em ordem". Mas uma autobiografia é uma introspecção sistemática que Manasche não teve tempo para fazer. Porém, em suas cartas, em particular a seus parentes, ele deixou escapar rastros de sua memória de infância e de juventude na Europa, que nos ajudaram a reconstruir aquele período de sua vida.

O pouco conhecimento que geralmente temos da infância de pessoas que nos são próximas, e mesmo de nossa própria infância, nos permite justificar as vagas notícias sobre esse período da vida de Manasche Krzepicki. Em um esboço biográfico escrito por seu amigo Alfred von Klemperer, em inglês, redigido com base em conversas informais em sua residência, Manasche diria que seu pai era um asceta, rigoroso e exigente, ao ponto do exagero, em relação à disciplina física e intelectual de seu

Infância e Juventude: O Imigrante

filho. Manasche tinha duas irmãs, Rifka e Chaia, casadas, que provavelmente pereceram durante a Segunda Guerra Mundial pois nunca mais conseguiu obter qualquer notícia sobre elas. Em sua correspondência encontramos cartas dirigidas a uma delas, que revelam bem o amor fraternal existente entre eles. O pai tinha por hábito jogar com seu filho, diariamente, xadrez, seja nas horas da manhã ou à noite, obrigando-o também a estudar sistematicamente. Contudo, quando freqüentava a escola tradicional, o Heder, vivia envolto em brigas e pelo visto os mestres deviam considerá-lo um aluno rebelde com pouca propensão a aceitar a disciplina escolar. Além do Heder estudou em escola polonesa onde aprendeu o russo, além do polonês.

Com dezessete anos ele seria enviado a Erfurt, na Alemanha, porque as escolas polonesas durante a ocupação alemã na Primeira Guerra Mundial eram consideradas inferiores às alemãs. Ali ficaria morando na casa de um primo que manifestava um sentimento de antipatia para com o seu jovem parente, o que deveria ser correspondido por Manasche com uma intensidade bem maior e menos polidez, uma vez que o anfitrião era já um homem de meia idade e descrito como um ser extremamente convencional. O conflito chegou a um estágio em que o primo anfitrião acusou o jovem às autoridades, que o internaram como cidadão estrangeiro e inimigo em um campo. A sua sorte foi que o comandante do campo, um nobre alemão, simpatizou com o jovem "rebelde" e logo o liberou, compreendendo melhor a natureza da juventude de Manasche que o seu velho e convencional parente. Manasche tornar-se-ia muito amigo da família do comandante e em especial de sua filha, que se transformaria mais tarde numa conhecida cantora de ópera. Da Alemanha ele voltaria à Polônia, e no término da guerra, contra a vontade de seus pais, ele se engajaria, em dezembro de 1918, no exército polonês do general Jozef Halle para lutar contra os bolcheviques que haviam invadido o país, e resultaram vitoriosos, até o estabelecimento de um tratado de paz que deu à Polônia soberania sobre seus territórios tradicionais.

Conforme informações de Hilda, o pai de Manasche, Schloime Krzepicki, e sua mãe Raza, nascida Sonnenberg, eram de famílias estáveis, de classe média, de Lodz. Schloime Krzepicki era importador de produtos químicos da Inglaterra destinados às fábricas de tecidos daquela cidade industrial. A Primeira Guerra Mundial viria alterar a vida daquela região, como de outras que foram colhidas pelo vendaval do conflito, uma vez que os alemães ao ocuparem a cidade confiscaram tudo, criando uma situação difícil para o negócio paterno.

Em 1921 seu pai faleceria e o depósito bancário que deixara para a família no Reichsbank acabou sendo desvalorizado pela inflação assustadora que assolava a Alemanha do pós-guerra.

Manasche a caminho do Brasil.

Infância e Juventude: O Imigrante

Manasche, na mencionada carta de 6 de maio escrita a seu primo recordando tempos longínquos, nos Estados Unidos, diria:

Bem, estamos agora em 1914, você na América, e ambos entre os 15 e 16 anos; Lodz permaneceu como você a deixou, apesar da cortina de fumaça, pode-se avistar as luzes apocalípticas que surgem no horizonte (que, em nossa cidade, não são outra coisa que chaminés), ninguém tem tempo, e cada pessoa tornou-se uma máquina de suas máquinas; dinheiro, atividade bancária, mercados etc. Ninguém tem tempo para levantar sua cabeça, sequer por algum momento, e todas as cabeças foram dobradas quando a primeira catástrofe mundial despencou, e eis Manasche ben Schloime, no meio de seus 16 anos! O grande mundo reduziu-se a alguns pedaços quebrados, e "nossa" cidade morreu repentinamente. O movimento de suas máquinas parou; as pessoas tornaram-se repentinamente livres... e com muito tempo para olhar para o alto, evitando assim olhar os seus conquistadores, que se igualavam em brutalidade, e que era uma brutalidade organizada, àqueles que haviam expulsado... Entre os que miravam em direção aos céus, estavam meu pai, como todos os pais de Lodz, e eu, seu único filho. Lodz tornou-se uma cidade sem trabalho, sem escolas, em resumo, o prefixo de tudo o que era "sem"... E assim fiquei vagando até o fim de 1916, quando eles me enviaram à Alemanha, para estudar. Permaneci ali até o final de 1918, observando a desintegração de uma nação, com os olhos de uma criança de 18 anos, livre dos cuidados paternos, e vivendo sob o olhar submisso de um descuidado e indiferente tutor. A guerra terminara, Polônia estava livre, nossa cidade estava para ser reconstruída... e outras coisas maravilhosas estavam por acontecer. A noite escura passou e você, Manasche, corre para o seu lar, pois seus pais estão aguardando a você, e assim, em dezembro de 1918, marchei, sim marchei no exército polonês, para libertar "minha" pátria do invasor, e eu, não sabendo exatamente o que havia acontecido, e de acordo com minha informação o invasor não era o pobre judeu de Lodz e outras cidades... Não tem importância, nós continuamos, e continuamos para sempre, e mantemos a tocha da esperança acesa. Fechamos nossos olhos, e continuamos...

1921 chegou! Nenhum passo adicional. Despedida do lar, despedida de "minha" pátria, despedida da "minha" suja e querida cidade de Lodz. Estou de volta à Alemanha. Eu, sedento, bebo as idéias puras, cristalizadas nas dores de uma nação que não quer se afogar... Encontro fraternidade, e a melhor expressão para enriquecer o meu espírito. Filosofia, não, melhor Arte, não, melhor literatura e assim como uma abelha em busca do mel, eu vôo de uma flor a outra, sem método, sem guia, *Chaloimes* (sonhos), e no total tenho 26 anos de idade... e agora o quê? Conte-me, Manasche ben Schloime, que predicados você adquiriu para enfrentar a vida, com exceção da mesada, que está secando presentemente? Assim nós nos encontramos em 1924, e eu, em companhia de um professor, viajo ao Brasil, não para ficar, mas acabo ficando.

Durante os anos em que permaneceu na Alemanha ele chegou a estudar na Universidade de Jena, voltado mais à literatura e arte, mas enriquecendo-se com a atmosfera cultural dominante na Berlim do umbral da República de Weimar, que era um verdadeiro caldeirão fermentando idéias e cultura inovadora, em todos os campos. Foi lá que conheceu pessoas e pôde abrir horizontes para o grande mundo da Europa ocidental. Lembro-me de ouvir, ao entrevistá-lo, falar sobre os Oafés que serviam de ponto de encontro de poetas e literatos e onde vira pela primeira vez Jacob Nachbin. A sua viagem ao Brasil se prende, além do espírito de aventura, à atmosfera anti-semita que reinava na Alemanha e se estendia a outros países europeus, incluindo a Polônia, associada às limitações econômicas provocadas pelo desemprego, pela grande inflação e a crise geral que tomou conta daquele país.

Ao chegar ao Brasil Manasche fixou-se durante certo tempo no Rio de Janeiro, procurando atuar juntamente com seus jovens amigos nas instituições culturais judaicas da cidade, chegando a empregar-se como trabalhador braçal numa certa Companhia Construtora em Cimento Armado (sucessora de L. Liedlinger), na categoria de "servente"[1]. É nesse tempo que o vemos participando nas atividades da Biblioteca Scholem Aleichem, fundada em 1915, e que polarizava a vida cultural atraindo um grande número de jovens imigrantes apegados à língua ídiche e sua tradição literária. Em 26 de dezembro de 1924, o *Dos Idiche Vochenblat* (*O Semanário Israelita*), fundado em novembro de 1923 e único periódico de língua ídiche no país, publicava um relato relativo a uma noite literária, sob a presidência de A. Feingold. Nesse evento, com a participação de I. M. Bronstein e a leitura de *Libe* (*Amor*) de Vendrof, o sócio Tzadikov representou *Der Meshuguener Melamed* (*O Professor Louco*) de Tunkeler, os amadores Jacob Parnes e Nathan Huliak, que atuariam durante muitos anos no teatro ídiche, representaram *Di Eitze* (*O Conselho*) de Scholem Aleichem e *A Dokter* (*Um Médico*) com H. Levin, Milman, Davidson e Weisblot, todos membros daquela associação. Além do mais, naquela noite realizariam um *lebedique tzeitung*, jornal falado, redigido por Shenker (Aron), Krzepicki (Manasche), Margalit (Yosef) e Levin (H.). Também realizar-se-ia um "julgamento" da figura literária de Scholem Aleichem, *Bontzie Schveig*, e quem ganharia o prêmio em sua defesa seria Manasche Krzepicki. Pelo visto o defensor de *Bontzie Schveig* causara uma forte impressão ao público presente, pelo brilho de sua argumentação, ao ponto de sua participação se repetir no Yuguend Club do Rio de Janeiro, o que é lembrado em uma carta de seu amigo do Recife Isaac Palatnik, escrita a Manasche em 22 de janeiro de 1925. Isaac Palatnik pertencia a uma sociedade teosófica daquela cidade e sua carta se refere à teosofia, que naquela fase de sua vida parece ter interessado a Manasche.

---

1. Entre seus documentos encontram-se dois recibos de pagamentos, correspondendo aos meses de fevereiro e março de 1924, assinalando a sua profissão de "servente".

Infância e Juventude: O Imigrante

Em outra carta de Isaac Palatnik, de 5 de abril de 1925, a teosofia é exposta pelo missivista como um ideal de fraternidade e de elevação moral do ser humano tendo em vista a melhora da sociedade ou da vida social, ideal superior que se eleva acima dos valores particulares de cada filosofia ou determinado país. Seria um consolo ao imigrante que se via afastado de suas raízes e de certa forma perdido em um meio que ainda não pudera assimilar e no qual deveria a todo custo adaptar-se para poder sobreviver? Jacob Nachbin, seu amigo, estaria desde a fundação do *Dos Idische Vochenblat* na redação do periódico e a amizade que o unia a Manasche o levou a pedir auxílio por ocasião de sua saída do jornal e a criação do *Literarishe Zeitschrift* (*Jornal Literário*), em outubro de 1924. O primeiro, e único, número deste era na verdade um número especial comemorativo do primeiro ano de existência do *Dos Idische Vochenblat*, de que Nachbin, astuciosamente, como redator que o havia preparado, se apropriara após brigar com o diretor do jornal, Aron Kaufman, em setembro daquele mesmo ano. Nachbin também criaria em dezembro de 1924 uma Idiche Presse Gezelschaft in Brazil (Sociedade de Imprensa Judaica no Brasil), na qual também participaria Manasche. A intenção inicial era dar continuidade ao *Literarishe Zeitschrift* Sabemos que Nachbin deveria receber um mandato para vender ações e angariar assinaturas para a sociedade, conforme documento redigido em ídiche por Manasche no dia 6 daquele mês. Sua sede a sociedade se localizava na Rua Visconde de Itaúna, nº 80, 1º andar, Rio de Janeiro, porém a sociedade durou pouquíssimo tempo.

Durante o ano de 1925, Manasche se encontrava no Rio de Janeiro e manteve correspondência com seus amigos, entre os quais Yuzek (Joseph), que vivia em Curitiba, ao mesmo tempo que Nachbin chegava àquela cidade com a intenção de permanecer cerca de seis meses, com a finalidade de estudar. Lotte, esposa de Nachbin, escreveria também a Manasche sobre sua solidão e o isolamento em que vivia na pequena comunidade do Recife, na qual

havia, no passado um Centro Dramático, uma Sociedade e uma biblioteca, que não existem mais. Afora o *Dos Idische Vochenblat* e o *Far Grois un Klein* (*Para Pequenos e Grandes*) da Argentina, não leio qualquer outra palavra em ídiche.

Na ocasião visitava o Rio de Janeiro o escritor e dramaturgo Peretz Hirschbein e Lotte escreveria:

tenho inveja de vocês, do Rio, que tem uma visita tão querida como Peretz Hirschbein e eu não estou destinada a vê-lo!... Se não fosse nosso amigo Isaac Palatnik, provavelmente teria sucumbido espiritualmente. Em seu tempo livre leio com ele literatura teosófica que começou muito a me interessar. Falamos freqüentemente de você. Se estivesses aqui seria muito interessante pois, assim como o conheço, estes temas te são familiares... Minha saúde melhorou um pouco e mudarei logo para uma casa e começarei a trabalhar. As crianças estão bem de saúde e freqüentam a escola. Peço que me escrevas e receba as saudações de sua amiga, Lotte Nachbin. Saudações calorosas ao Yuzek.

Lotte ainda escreveria a Manasche, em 12 de agosto, contando a ele sobre sua nova casa "que tanto trabalho me deu". Ela se queixa por não encontrar tranqüilidade interna e pela espera do dia de amanhã como se estivesse em uma prisão: "Teatro ou outra forma de entretenimento não se encontra e quando aparece uma trupe somente os 'grandes', que podem pagar 20 mil réis, conseguem um lugar". A única alegria que ela possui são suas crianças, mas logo lhe surge um pensamento negativo em relação ao seu futuro: "como eles crescerão? o que lhes espera?..." Ela confessa:

> Logo mais completaria 28 anos, no dia 10 deste mês, um temor me assalta de que meus filhos terão que passar pela mesma coisa [...] Me interessa a literatura teosófica que me traz um pouco de luz e onde encontro algumas idéias apropriadas, mas em parte ela fala de coisas que me são absolutamente incompreensíveis.

Nachbin, que se encontrava em Curitiba, escreveria a Manasche, em 7 de julho, sobre seus planos pessoais e suas pretensões de estudar, contando com o apoio da comunidade local e de Bernardo Schulman, o que seria confirmado por Yuzek, em carta de mesma data. Nachbin se hospedará com a família Paciornick e passará certo tempo estudando o português para voltar mais tarde ao Recife.

Pela correspondência mantida entre Yuzek e Manasche inferimos que este último também pensou em tentar a sorte em Curitiba. Em carta de 26 de outubro de 1925 Yuzek escreverá a Manasche que aguardará sua vinda e, lamenta não poder enviar uma passagem e o alerta "para que esteje preparado para trabalhar com o *peckel* (pacote)", isto é, ser prestamista... "Juntos lutaremos e por isso, acredito, será bom". Não sabemos se Manasche chegou a ir a Curitiba, porém, se o fez, não permaneceu naquele lugar, voltando logo ao Rio de Janeiro, ainda em busca de seu destino.

Manasche não ficaria muito tempo no Rio, ainda que encontrasse ao chegar um lugar de trabalho no Banco Alemão Transatlântico, pois tinha um domínio pleno da língua alemã. Foi um tempo necessário para aclimatação e conhecimento do país e da língua portuguesa, mas no íntimo ele sentia o quanto se via limitado em suas aspirações pessoais como funcionário que deveria obedecer a uma rotina pré-estabelecida de uma casa bancária. Podemos supor que Manasche enfrentava um período de incertezas e dificuldades ao pensar em abandonar o seu trabalho no Rio e ir à Bahia ou Pernambuco e isso podemos depreender por duas cartas que seu amigo Jacob Nachbin escrevera a ele do Recife, em 28 de março e 14 de abril de 1926.

Transcrevo na íntegra a carta de 28 de março, que é um verdadeiro retrato da encruzilhada de caminhos na qual Manasche se encontrava.

Manasche (com o "querido" ou sem o "querido" no começo não faz diferença), não considerando o meu sentimento que deixaste-me sentir desde a nossa separação, tive vontade de te escrever algumas palavras com a mesma dedicação com a qual sempre, em relação a sua pessoa, tive, seja como colega de profissão, não de hoje, seja como companheiro de fome nos dias de "jejum" no Rio de Janeiro.

Em suma, recebi uma notícia de que você se encontra abandonado por Deus e pelos homens, ainda que não me disseram exatamente assim, e ainda que entenda que você se encontra numa situação parecida a isso. O motivo pelo qual entendo tua situação no Rio é a notícia que recebi de que você pretende vir a Pernambuco.

Por um lado me alegraria muito e não há nenhuma dúvida que serias meu hóspede como o fostes em outros dias. Para mim pessoalmente sua vinda seria uma alegria e também, talvez, seria a alegria de alguém mais. Mas o mais importante: precisamos saber o que você fará para ganhar a tola vida em Pernambuco.

Veja, se fosses uma pessoa que não se importa em se dobrar aqui seria um lugar para mascatear [*klientele*] com muito mais facilidade do que no Rio, e com um bom esforço pode uma pessoa que se entrega ao trabalho economizar algum dinheiro.

Naturalmente como eu não o conheço como um trabalhador e muito menos como *klientelchik* [mascate], devo chamar tua atenção para o fato de que Pernambuco, nesse caso, é uma cidade mais amarga do que o Rio, a não ser que tenhas uma sorte especial. Mas não o conheço também como um homem de sorte e por isso me preocupou a idéia de tua vinda para cá.

Em todo o caso não lhe digo para não vir para cá; pois pode ser que ao vir apareça algo, mas eu não tenho em vista nada que te possa recomendar em Pernambuco. Em todo caso escreva-me o que resolveres.

Como está Yuzek? – peço que me remetas o seu endereço. Eu o deixei em Curitiba e me comuniquei com ele, porém ultimamente ele ficou me devendo uma resposta, e por isso não sei se recebeu a minha carta ou ele já não se encontra mais ali. Mande-me seu endereço.

Receba minhas saudações e felicidades. J. Nachbin. Meu endereço é: Rua Nova, 252 – Recife, Pernambuco.

Na carta de 14 de abril percebe-se que Nachbin, que passara sérias dificuldades ao deixar a redação do *Dos Idiche Vochenblat* e sair do Rio de Janeiro para novamente voltar a Pernambuco: e se encontrava inseguro em relação ao seu futuro, também se dispõe a receber o seu amigo em Pernambuco, "teremos – como outrora no Rio – de dividir os nossos problemas". Em continuação, ele se refere a um certo Sadikov que chegou a Pernambuco

O jovem Manasche na Bahia. Anos 20.

Hilda Krzepicki. Anos 20.

e se encontra em dificuldades e devido a sua vinda soube que é impossível trabalhar como mascate pelo fato de os judeus do lugar não quererem receber outros, além de haver uma questão de "licença" que deve ser considerada no cálculo para não se receber trabalho dos *klientilchikes*. "Portanto escreva-me imediatamente quais são os seus planos. Convém, antes de se resolver vir a Pernambuco, que nos escrevamos..."

Uma terceira carta, de 12 de maio, aponta as mesmas dificuldades e o constrangimento de Nachbin em relação às possibilidades reais de Manasche encontrar *parnusse* (ganha-pão) em Pernambuco. Nesse ínterim Manasche já se decidira ir ao sertão da Bahia, uma vez que, assim tudo indica, Nachbin não o incentivara a ir a Pernambuco. É o que podemos concluir pelo teor dessa última carta, que revela certa tensão entre ambos amigos.

Eu não tentei ser nenhum utilitarista ao tentar demonstrar minha preocupação com tua pessoa. Somente quis libertá-lo de ilusões ao ouvir que você queria vir até aqui. De fato não podes suspeitar que eu tive medo de que com sua vinda recairia sobre mim parte da responsabilidade e por isso tivestes que se decidir a viajar ao sertão... A mim preocupou o pensamento que aqui não lhe seria bom e seria pior ao chegares aqui sem nenhuma perspectiva. Portanto que o destino lhe augure sucesso.

É dessa época a carta que receberia de G. Erlichman, da Bahia, datada de 5 de agosto de 1926, em que é mencionado o nome de outro amigo, Luiz Engel e na qual se refere à fundação de um Centro Cultural cuja inauguração contará com uma encenação da peça *Di Neveile*, de Peretz Hirschbein, por um grupo de amadores local. Também ele dirá que não tem tido notícias de Jacob Nachbin, "o que parece indicar que sua situação não está mal". A carta atesta o quanto Manasche era visto por seus amigos como um homem aberto a assuntos culturais e fazia parte do pequeno número de judeus intelectualizados dentre os imigrantes e voltados às coisas do espírito. Manasche, pelo visto, continuava atento, sob esse aspecto, querendo ler jornais em ídiche, pois o missivista lhe promete pedir a Leibovich que lhe mande o *Zukunft* (Futuro), pois o *Freiheit*[2] (Liberdade) "agora está fraco".

Assim em maio de 1926 ele tomou uma decisão radical, e de certa forma inusitada entre os imigrantes judeus da época, que procuravam o meio urbano para poder acertar sua vida. Ele viajaria à Bahia, se embrenharia no sertão no sul daquele Estado, para ser encarregado de um grupo de rudes cortadores de madeira que seria transportada até vários pontos da margem do rio a fim de embarcá-la a outros lugares. Como poderíamos

---

2 Ambos periódicos eram publicados nos EUA.

Infância e Juventude: O Imigrante

imaginar o jovem alto e robusto de boa família de Lodz no meio da selva baiana, com uma arma na cintura, lidando com homens que nada tinham a perder a não ser a própria vida, enquanto a maioria de seus conterrâneos carregavam suas mercadorias, como mascates, nas cidades brasileiras para poderem viver? Ele escolhera um caminho árduo em um lugar primitivo, numa área onde os grandes fazendeiros dominavam extensões de terra na qual tinham o direito de vida e morte sobre as pessoas. Pouco a pouco, após certo tempo, Manasche percebeu que era prisioneiro do patrão que o contratara e que sua vida correria perigo caso quisesse abandonar o "emprego" que escolhera. Convicto de que era preciso encontrar uma saída e com a ajuda de um bondoso amigo francês, ele conseguiu escapar em uma canoa, com a qual procurava navegar somente à noite, para ficar escondido durante o dia. Desse modo safou-se da selva e dos perigos que correra durante aqueles dias difíceis que passara. A seguir Manasche estabeleceu-se na cidade de Prado, começando a negociar com madeira, obtendo sucesso em seus negócios e adquirindo um bom conhecimento da vida e da sociedade brasileira.

Sobre essa sua estadia no sertão da Bahia, Manasche deixou dois manuscritos em ídiche que demonstram grande força narrativa e talento para contar histórias. O primeiro, escrito em Prado, narra, em forma de diário íntimo, como ele foi contratado por um fazendeiro alemão, Nicolau Tramm, com cerca de 50 anos, e partiu em um navio no qual encontrou um leproso, entre outros tipos humanos, arrastando-se vagarosamente, desde que saiu em maio de 1926, naquela direção, com muito tempo para meditar sobre si mesmo e sua vida, seu passado, sendo ainda um jovem de 26 anos. O local onde deveria ficar, uma fazenda em Lagoa, é descrito por ele como um lugar desolado onde escasseia a paisagem humana assim como abunda a natureza com seu verde confortador. Na casa do fazendeiro, para seu consolo e alívio, ele também encontrará livros em alemão, e em 17 de maio – seu relato começa em 13 desse mês – os relacionaria, em ídiche. Entre eles se encontrava a obra de Knut Hamsun *A Bênção da Terra*, sobre a qual ele confessa ser "hoje uma bênção para mim", devido a seu estado de espírito. Knut Hamsun o consolaria nesse isolamento, além da amizade que travaria com o ancião francês de nome Luiz, que tinha sido oficial da marinha e possuía um certo conhecimento de astronomia que o levava a ensinar os nomes das estrelas a Manasche, que conseguia, talvez pela primeira vez, observá-las, com todo o brilho da noite sertaneja. Podemos imaginar o fascínio do jovem Manasche ao olhar para o céu, após dias de uma viagem angustiante e cansativa, e dizer: *A fuler himl mit stern!* (Um céu cheio de estrelas). Na biblioteca do fazendeiro alemão ele encontrará o livro de Agnes Ginter *A Santa e seu Bobo*, com o qual se familiarizara em sua juventude na Alemanha. O amigo Luiz, de 83 anos de idade, além do mais, lhe deu alento para suportar a solidão em que se encontrava, pois sobre ele escreve em ídiche: "Der mensch wet mir interessanter fun tog zu tog. Mit di waise bord, mit dem geboigenem guf sicht shoin dem kever-nor, er hot wissn! – un a shturmishe fargangenhait" (O homem torna-se cada dia mais interessante. Com sua barba branca e o corpo encurvado já procura seu túmulo, mas ele tem sabedoria e um passado tempestuoso).

Logo ao chegar em Lagoa, Manasche passou a ser chamado de Neco e assim, com um novo nome, que simbolizaria um corte abrupto com a civilização, ele viveria uma experiência única em sua vida no sertão baiano, ainda nos anos de sua juventude. Ele permaneceria cerca de cinco meses em Lagoa em companhia de alguns caboclos cortadores de madeira, que viviam em suas casas de barro cobertas de folhas de palmeiras, esquecidos do mundo para sempre. Em 22 de setembro de 1926, em uma folha de seu caderno manuscrito em ídiche, encontramos uma frase que revela o seu estado de espírito, após ter escapado da selva onde viveu: "Yetzt bin ich oif dem zineren weg, tzurik tzu menschen!" (Agora estou no caminho ensolarado, de volta aos homens!) e continuando ele lembra "finf lange chadoshim! – Schreklach!" Flor de Monte, 22/9/1926", (cincos longos meses! – Terrível!). Na mesma página e sob a mesma data ele escreverá em umas poucas frases algo que ele irá narrar longamente e ao qual nos referiremos logo a seguir: "Der letzter kenig fun Kongo, Benedito – Haint hot di onça di mir schoin zait 14 teg farfolgn derharget – dem Benedito Catuco, 22/9/1926". (O último rei do Congo – Benedito. Hoje a onça que há 14 dias foi perseguida matou Benedito Catuco). "Beis oilem fun Escandida! Di levaie fun Catuco. Mitn canoa noch Escandida, di nachtvach mitn gezang in der cuzinia de farinia 22/9/1926." (Cemitério de Escandida, o enterro de Catuco, com a canoa para Escandida, e o pernoite e o cantar na cozinha da farinha [de mandioca]. "Josefa!" 24/9/1926. "Zenen den di por teg noch eibikeitn?" 25/9/1926 (São esses poucos dias ainda eternidades?).

A narrativa sobre o rei do Congo é um retrato vivo e verdadeiro do que se passou com Manasche durante aqueles meses em que esteve no sertão baiano. Benedito Catuco era um negro descendente dos reis do Congo, que ele encontrará no lugar onde fora designado pelo seu "patrão" para cuidar da extração de madeira. A amizade entre ambos, sincera, é descrita no relato que Manasche nos deixou. Dois mundos que se encontraram na selva: o branco civilizado e o negro de origem africana, que tinha consciência de seu passado e aceitou Manasche como companheiro de destino. Manasche lembra o fim trágico de Benedito Catuco, morto por uma onça que rodeava o lugar onde ele se encontrava, atacando os filhotes de porcos, o que levou o seu amigo Benedito a tentar matá-la.

Infância e Juventude: O Imigrante

Benedito, no entanto, que fora em seu encalço com um facão, acabaria sendo sua vítima. A angústia de Manasche, que ficara alguns dias aguardando a volta do amigo que se embrenhara na selva, atingira um ponto insuportável e ao saber que ele morrera deliberou definitivamente abandonar aquele fim de mundo. Mas ele ficaria marcado pela vivência naquele ambiente, que descreveu nos textos mencionados e onde sentiu-se isolado de tudo e de todos. Somente a leitura dos livros que formavam a pequena biblioteca do fazendeiro e as anotações que fazia em seu precário caderno deveriam mantê-lo ligado ao seu mundo mental. Entre seus papéis dessa época encontramos a tradução para o ídiche de um poema do poeta e dramaturgo alemão Friedrich Hebbel, datada de 20 de junho 1926, na Fazenda Lagoa. Encontramos tabém uma carta de um conhecido do Rio, Moshe Costa (?), remetida a ele em 8 de julho 1926, que se refere à possibilidade de fazer negócios com madeira, em particular com jacarandá, que o missivista diz ser facilmente vendável. Não sabemos se de fato tal negócio chegou a se realizar, uma vez que Manasche se encontrava no sertão e a carta provavelmente veio parar só mais tarde às suas mãos. Porém, ela confirma que Manasche realmente serviu ao seu fazendeiro na extração de madeiras do sertão baiano, e pelo seu teor é uma resposta a uma carta que Manasche havia lhe escrito pedindo que o informasse sobre preços de madeiras, jequitiba, cedro, jacarandá, etc.

Ao abandonar o sertão, Manasche estabeleceu-se em Prado, onde começou a negociar com madeira, produto com o qual já se encontrava familiarizado. Viajando muitas vezes de um lugar a outro, encontraria na cidade mineira de Teófilo Otoni sua futura esposa, Brunhilda Marcks, neta de um missionário protestante e pela qual manifestaria uma paixão incontrolável. Hilda era uma moça belíssima – e até hoje ela preserva aqueles traços que despertaram naquele jovem solitário um forte amor – que a personalidade atraente de Manasche soube conquistar. Eles se casaram em 16 de junho de 1928 e passaram a viver em diversos lugares, como Teófilo Otoni, Salvador, Caravelas, e pela correspondência com Hilda notamos que Manasche devia se deslocar, devido a seu trabalho, a muitos outros lugares. As cartas de Manasche a Hilda, escritas em 12 de novembro de 1928, em alemão literário, despejam encantadoramente seus sentimentos de homem apaixonado pela linda esposa de olhos azuis, de cujo afastamento temporário, por vezes dias, para atender seus negócios, o faz sofrer tanto:

> Unheimlich, liebe Hilda, sind solche Nachte, Stunden die niemals sich beenden, jeder Glockenschlag reisst ein stuck Seele mit, der Klang wiederhalt mit unheimlichen Verkunden, die Augen verglassen sich ersehend den umheimlichen Schlund der gar kein ende hatt.

Manasche: Sua Vida e seu Tempo

[Estranhas, querida Hilda, são estas noites, horas que são intermináveis, e cada soar dos sinos me arranca um pedaço da alma, a batida ressoa como estranho anúncio, e os olhos enchem-se de lágrimas ao notar que o incômodo abismo não tem fim.]

Nesse tempo ele se encontrava em Nova Cintra, na Bahia, de onde escreveria outras cartas a Hilda com o mesmo teor. Interessante que, em 27 de novembro, ainda estando em Nova Cintra, ele contaria a Hilda que

seu amigo Jacob Nachbin escreveu um trabalho que intitulou "A Ética do Novo Homem", o qual dedica a mim (que honra). A coisa na verdade foi assim: há 4 anos trabalho eu sobre um estudo com o título mencionado, e que a minha preguiça deixou pela metade e não terminado, Jacob Nachbin aproveitou a viagem para escrever o trabalho partindo do que comecei bem como usando seu título, que ele lembrou, e o único capítulo do manuscrito, que acrescentou para não me prejudicar, e assim permitir que o dedicasse a mim.

Manasche também diria, nessa mesma carta, que "Jacob Nachbin pensa que ele não se interessaria mais por outra coisa senão por dinheiro... apesar de que ele reconhece, para minha alegria, que tal coisa não é verdade". Nachbin viajaria, dias após, em 4 de dezembro, à Europa, saindo do Rio de Janeiro, pois estava ligado ao periódico *Idiche Folkstzeitung* (*Jornal Popular Israelita*), que representaria durante sua estadia no velho continente e no qual publicava seus artigos e impressões de viagem. No dia 7 de dezembro o navio em que Nachbin viajava, o *Flandria*, chegou à Bahia, onde se encontraria com Manasche, e esse encontro, ele mencionaria em seu artigo publicado no *Idiche Folkstzeitung* com o título "Schtrichen un Bilder fun Bahia" ("Traços e Retratos da Bahia"), em 25 de dezembro de 1928. Nesse artigo ele se refere a Manasche com as seguintes palavras:

Na Bahia chegamos às duas horas da madrugada do dia 7 do corrente mês e dentro de meia hora um velho amigo, Manasche Krzepicki me visitou comovidamente... Manasche Krzepicki, é um jovem culto, e era conhecido no Rio entre os elementos da ala esquerda da "política" da Praça Onze. Hoje ele mora na Bahia e é corretor de café de uma grande firma de Minas Gerais, e conta freqüentemente centenas de contos, além de grandes somas com telegramas sobre diversos assuntos comerciais.

É nesse mesmo encontro que Manasche escreveria dois poemas em homenagem ao "amigo Nachbin", um com o título *Himne* (Hino) e outro, *Ich* (Eu), com a data de 6 de dezembro de 1928. Seria uma lembrança para marcar o encontro realizado no dia 7, no navio *Flandria*? Também

O pai de Manasche: Scholoime Krzepicki.

Túmulo de Scholoime Krzepicki em Lodz.

Infância e Juventude: O Imigrante

temos uma carta escrita por Nachbin para Hilda, do dia 24 de novembro daquele ano, em que ele lamenta:

estando em sua casa, não tivesse a oportunidade de conhecê-la – a companheira de vida de meu amigo – mas permita-me cumprimentá-la e desejar muitas bênçãos e uma recuperação rápida de sua saúde e uma permanente felicidade com seu, e meu amigo, Manasche. Respeitosamente permaneço seu desconhecido e amigo de sempre. Jacob Nachbin.

Nachbin, já na Europa, publicaria seu livro *Der Lezter fun di groisse Zacutos (O Último dos Grandes Zacutos)*, em Paris, e escreveria a Manasche uma longa carta reveladora da amizade existente entre ambos, em 21 de março de 1929:

Estimado Manasche,

De todas as cartas que recebi da América do Sul aqui na Europa, isto é, em Paris, foi a tua a única que me chamou muito a atenção, no entanto eu não estava em condições de confiar ao papel tudo o que em mim se refletiu ao ler a tua carta até escrever estas linhas. Não sei o que tua carta me faz sentir... mas a carta por si, com sua parte satírica e brincalhona que de passagem não é apropriada ao meu estado de espírito, me fez sentir e imaginar falando contigo e me fez derramar o coração, através dos olhos, ainda que me tenha obrigado a lembrar que em público não se devem mostrar lágrimas. Pode ser que seja a solidão ou o que de comum no passado nós passamos em relação a esse mesmo sentimento no Rio de Janeiro. Sobre essa experiência que vivemos eu te escrevi uma carta que pensei remeter, mas que de fato não o farei pois eu receio o teu humor satírico e teu sacolejar com os ombros; tenho receio de tua tendência a levar tudo em tom de brincadeira enquanto eu me vejo "assustadoramente sério", tal como me escreve um amigo de Czernovitz; tu te lembras certamente que eu carrego muitas vezes um peso que não é de utilidade a ninguém! Por sorte não estou de acordo contigo, sob certo aspecto, e segundo certa medida, pois estou seguro que a sátira na tua maneira de ver, com teu piscar de olhos, com teu sacudir de ombros e teu menear de cabeça em relação a tudo "que toca ao coração" não vem do fundo de tua alma: lá fervem, com certeza, águas mais profundas... sinal de que poderias tomar a ti a obrigação "de querer tornar à realidade para esquecer a tristeza e teus companheiros..." Um muito obrigado, meu amigo, e um parabéns pela iniciativa que tomastes. Isto me faz acreditar em nossa proximidade de coração para coração. Eu estive em Portugal e na Espanha para tomar conhecimento com pessoas e com novo material e lugares na área de minhas pesquisas para a história dos judeus em Portugal e Brasil mas não aproveitei inteiramente, em cem por cento, pois o meu estado de espírito, caro Manasche, me arrastou para uma melancolia com muitas noites de insônia, durante várias semanas. Mas resolvi que novamente visitaria Portugal para cavar nos túmulos dos séculos. Eu pude comprar algumas obras antigas para os meus estudos e em especial fiquei satisfeito pelo fato de conseguir encontrar quatro tomos de

Antônio José da Silva, o escritor judeu brasileiro-português do século XVIII, cuja biografia escrevi.

Durante a viagem eu me senti muito infeliz: dias e noites me senti um suicida de pensamentos e sentimentos e minha calma podia encontrar somente durante as noites quando ficava sentado no salão escrevendo... A Portugal portanto cheguei esgotado. No meio do segundo navio de Portugal à Espanha, até Amsterdã, raramente pude fazer alguma coisa. Mas as pessoas foram bondosas comigo, mas não eu para com elas, Deus meu! Não conseguia ser bom para elas de modo algum.

Estas são as cores do resumo de minha viagem.

Me encontro em Paris já há algumas semanas. Fundei uma sociedade editora que se encarregou de me ajudar na publicação de alguns dos meus escritos, digo "me ajudar a editar" pois a sociedade se comprometeu a editar os escritos mas eu sou muito cético em relação às suas finanças. Entrementes entrou na gráfica o meu livro e deverá sair à luz logo mais. O livro como você verá pela remessa do material gráfico se intitula *Der Letzter fun di Groisse Zacutos*, naturalmente um trabalho histórico.

Sobre a minha chegada a Paris o *Di Literarische Bletter* de Varsóvia publicou uma nota simpática e sobre o meu livro eles já publicaram uma boa notícia... Isto me leva a crer que em Varsóvia eu terei um círculo amplo que se interessará por mim mais seriamente que em Paris. Fui convidado a ir a Czernovitz e Kishinev, onde darei algumas aulas sobre temas históricos e sociais. Em Paris fiz uma palestra na Associação dos Estudantes Judeus sobre "Idéia de Classe e o Ideal Universal" (*Klassen-idei un Velt-ideal*) e no próximo dia 24 do mês corrente darei uma palestra no Instituto Brasileiro sobre o tema "Brasil e os Judeus no Brasil".

Já entrei em contato com personalidades francesas e judaicas que atuam nos campos literário, artístico e diplomático, e estou fazendo entrevistas com elas para a *Gazeta de Notícias* do Rio de Janeiro e para o *Idiche Folkszeitung*. Isto é o presente e o futuro ligados ou tomados em seu conjunto. Enquanto isso eu vivo dos honorários da sociedade editora que se ocupa com o meu livro e que me adianta por conta de nosso acordo. Logo que meu livro estiver pronto seguirei minha viagem até voltar ao Brasil, se Deus quiser! Tenho muitas saudades daquele continente: eu o amo em todos os seus aspectos. Tenho meu coração voltado ao Brasil e sua gente. Isso é tudo sobre a minha pessoa, Manasche. Agora retorno a ti: O que tu podes fazer em favor do meu livro na Bahia? Sentirás e entenderás a importância dos meus primeiros passos e encontrarás os meios para conseguir assinantes para o meu livro? O livro deverá custar 13 mil réis, afora o despacho. Pegue a representação para a Bahia e Pernambuco e espalhe cem exemplares nessas duas cidades. Realize isto Manasche e terás dado uma grande ajuda mesmo. Aceito assinantes mesmo sem o pagamento de 13 mil réis do livro.

Pense no que terás feito com isso para o meu futuro. Escreva-me logo uma resposta no seguinte endereço: Jac Nachbin c/ Isak Panner, Cernauti, str. Cuciuruimare 24. Bucovina – Romênia. Saúde tua Hilde amistosamente. Espero que ao chegar em casa ela me escreva na carta algumas palavras em ídiche. Tu melhoraste muito na língua ídiche. Fique saudado de coração do teu sempre abençoado Jacob Nachbin – Paris, 21/03/29 – dia de Primavera.

Manasche no exército polonês, 1918-1919.

Manasche estudante na Alemanha.

Infância e Juventude: O Imigrante

P.S. Remeto-te um pacote de cartazes para afixar nas instituições judaicas da Bahia e a metade deles remeta a Pernambuco, se quiseres. Fique em contato aí na busca de uma parte dos cem assinantes do livro que desejo que consigas. Para Pernambuco recomendo os nomes de A. Shapiro, um bom rapaz, e a senhora Batia Adler. A ambos, poderás escrever ao endereço Imperatriz 43, mas não em meu nome, porém em teu, compreendes?

J.N.

Nachbin viajaria pela Europa, visitando vários países, chegando também à Polônia, conforme testemunha o amigo de ambos, Josef (Yuzek). Este último havia-se, desde 1925, correspondido com Manasche, estando em Paranaguá, no sul de Curitiba, e em Bagé, Porto Alegre, prestando, mais tarde, serviços a ele na Bahia e na região de Minas. Desde aquela data, isto é, 1925, em várias cartas faz referência a Nachbin como conhecido e amigo com o qual se corresponde de longa data. Ao viajar à Polônia, Josef, em carta de 14 de outubro de 1929, expedida de Varsóvia, pois voltara à terra de onde era originário, provavelmente, naquele ano, por razões financeiras, dirá a Manasche ter sabido que "Nachbin esteve na Polônia mas não pude vê-lo pois me encontro viajando pelo interior".

Nachbin voltaria ao Rio, de sua viagem à Europa continuando a trabalhar até sua ida aos Estados Unidos, em janeiro de 1930. Em 30 de agosto de 1929 ele escreveria do Rio a Manasche sobre o livro que publicara em Paris, dizendo antes que o enviara a ele, atendendo ao seu desejo.

A ida de Nachbin aos Estados Unidos, sua separação e afastamento da família, que ficara no Brasil, não impediu a continuidade da amizade e estima que Manasche tinha por Lotte. Em carta de 10 de março de 1933 destinada a Hilda, Manasche relata que estivera em Recife visitando a Lotte e lamentava "que sua situação estava longe de ser boa". A vida separara um pequeno grupo de amigos, todos imigrantes angustiados pela sua própria condição de desarraigados e "perdidos" em uma terra estranha. Levaria anos para se adaptarem e encontrarem um caminho que os levasse à segurança material e à estabilidade financeira, o que nem sempre aconteceria.

Porém Manasche começou a ter sucesso em seus negócios, e quando escreveu à sua irmã do Hotel Nova Cintra, na Bahia, em 9 de novembro de 1928, ele diz a ela que "dos negócios dá para se viver".

Entre os anos de 1928 e 1938, quando se encontrava no sul da Bahia, Manasche trabalhou com uma casa suíça exportadora de madeiras, em Prado e Alcobaça e em toda a costa baiana. Foi em Alcobaça que ele conheceu Júlio Rodrigues, que era exportador de café em Teófilo

Otoni, produto que na época era vendido como cota de sacrifício e queimado devido à política cafeeira brasileira de procurar preservar os preços no mercado internacional. Manasche vislumbrou uma possibilidade de negociar com esse produto em Teófilo Otoni, lugar onde encontrara Hilda, conforme já lembramos anteriormente. Pela correspondência de 1928, Yuzek, que outrora estivera no sul, se encontrava também prestando serviço a Manasche na região de Teófilo Otoni e Caravelas, antes de voltar à Polônia[3].

Manasche ofereceu-se para tentar vender café na Bahia e teve sucesso, graças a sua capacidade e o dom de fazer amigos, entre os quais um experiente comerciante em exportação chamado Berman, que o protegeu e ajudou naqueles dias difíceis. Passado um ano, Júlio Rodrigues, que era baiano, decidiu permanecer na Bahia enquanto Manasche radicava-se em Teófilo Otoni. Nesse lugar ele se associou ao irmão de Hilda, Eurico, com a intenção de trabalhar por conta própria, passando assim a viajar ao norte e ao sul, vendendo café, até conhecer a Casa Fontes, com a qual começou a entabular negócios. Mas à medida que o tempo passava, começou a demonstrar sinais de cansaço devido às constantes viagens e a ausência permanente de sua casa e esposa. Em carta de 27 de fevereiro de 1933 ele escreverá de Fortaleza que estava "ficando velho" (*dass ich sehr alt werde*) e que se alegrará quando já se encontrar em casa. O seu roteiro, de Fortaleza a Recife, de Recife a Mossoró e outras praças, revela o quanto lhe pesava essas viagens infindas acompanhadas de um permanente sentimento de solidão, só interrompida pelos encontros de negócios ou visitas casuais a amigos conhecidos nos lugares por onde passava. A paisagem, a diversidade das grandes extensões da terra brasileira deveriam fasciná-lo e suas observações, sobre as mudanças climáticas no nordeste são de quem conhece bem as necessidades dos homens e compartilha com eles seus problemas. "Aqui choveu", ele escreve a Hilda, de Fortaleza, "e você pode imaginar a alegria! Do 'sertão' vem notícias de chuvas e as pessoas aqui sofrem (pela falta d'água). Isso me chega como se fora um conto".

Foi esse um período de trabalho intensivo que o obrigava a viajar ao nordeste, Fortaleza, Recife, Bahia, Minas Gerais e Rio de Janeiro, lugares em que costumava encontrar seus velhos conhecidos e no Rio se hospedava no Hotel Central, no qual se sentia bem pelas condições e tratamento. Contudo, mesmo dizendo que era um "fabelhaftes Hotel" (um hotel fabuloso), não deixava de se lamentar pelo afastamento de seu lar, conforme ele mesmo expressa em várias cartas a Hilda, e em particular em uma delas, enviada do Rio e datada de 16 de janeiro de 1931, em

---

3. Cartas de 4 e 12 de junho de 1928 (em ídiche).

Infância e Juventude: O Imigrante

que se mostra mais sensível à sua situação de "errante". Às vezes, como ocorreu em uma de suas viagens a São Lourenço, em Minas Gerais, ele se vê prisioneiro no hotel em que se encontra, devido a chuvas intensas que despencam ininterruptamente na cidade, impedindo-o de sair. Em uma longa carta, escrita de 28 de janeiro a 4 de fevereiro de 1931 – como se fosse um diário – ele, relata seu passatempo em companhia de outras pessoas, jogando xadrez, conversando, descrevendo o tempo e as chuvas torrenciais que inundam o lugar e perduram vários dias, bem como as visitas ocasionais que acabam aparecendo naquele rincão de veraneio tal como a do violinista Jagudin, que dá um concerto que "soa bem, com técnica de Sarasate, mesclada com peixe judaico e anarquia russa". Manasche observa com agudeza os homens e a sociedade, retratando com fina ironia, tudo o que o rodeava. Nessa ocasião ele diz ter encontrado no hotel o *chaver* Shenker, seu conhecido do Rio de Janeiro, que liderou por muitos anos a ala esquerdista entre os imigrantes da época.

Hilda, conforme carta enviada a mim durante a pesquisa deste trabalho, resume esse período nos seguintes termos: Manasche foi à Bahia para ocupar um emprego num banco alemão. Lá chegando, encontrou-se com Luiz Engel, que trabalhava com uma firma suíça, Mauderli, com madeira no sul da Bahia, no *hinterland* de Prado. Como Luiz Engel ia para aquelas paragens, Manasche entusiasmou-se pela grandeza do projeto e resolveu acompanhá-lo naquela viagem. De Prado seguiram a cavalo para o interior, seguindo o rio Jucurucu, até a fazenda onde iriam trabalhar. Esta fazenda pertencia a um alemão, Nicolau Tramm, absolutamente integrado naquele ambiente selvagem, casado com uma filha de família baiana e cujos filhos nada tinham do *background* europeu. Nesta fazenda Manasche encontrou um velho francês de nome Luiz Beuclair, muito culto e que fora oficial da marinha. Este simpatizou-se muito com o jovem europeu, em quem sentiu provavelmente a repetição da sua aventura quando se embrenhou pelas matas da Bahia.

Quando Luiz Engel viu qual o tipo de vida que o esperava naquelas matas, quis que Manasche voltasse com ele, mas este se encontrava de tal maneira desanimado que resolveu ficar e acabar por ali mesmo.

E lá ficou Manasche, dormindo num catre com couro de boi em companhia dos caboclos madeireiros, trabalhando na retirada das toras de madeira de dentro da mata para serem levadas rio abaixo até Prado. Seis meses ficou ele por ali, até que um dia uma tragédia acontecida com o seu companheiro de cabana, Benedito, o acordou e ele resolveu sair dali e dar outro rumo à sua vida. Vendeu seu cavalo e sua capa colonial, foi para Prado e comprou uma passagem para Salvador, onde fez com a Mauderli outro contrato, voltando em seguida para Prado como representante da firma para comprar madeiras e embarcá-las para Salvador.

Manasche com Jacob Nachbim. Bahia, anos 20.

Manasche e o escritor Bernardo Schulman. Rio de Janeiro, 1926.

Infância e Juventude: O Imigrante

Foi nesta época, assim nos narra Hilda, que me encontrei com Manasche em Prado – estávamos no fim de 1926. Ali ficou comprando e embarcando madeira. Como Prado não tinha cais, era preciso levar a madeira em forma de balsas até o navio em alto mar.

Em Alcobaça, vizinha de Prado, conheceu gente de Teófilo Otoni, como Julio Rodrigues, baiano, exportador de café. Era a época da grande crise do café, em que havia a cota de sacrifício que era queimada. Grande parte do café de Teófilo Otoni estava sendo destinada a esse fim. Manasche ofereceu-se para tentar vender café para a Bahia e outros estados do nordeste. Na sua primeira tentativa foi feliz e conseguiu seu intento; assim, deixou o negócios de madeira e começou a fazer negócio com a firma Lopes e Rodrigues, vendendo café para Bahia. Casou-se nessa época e mudou-se para Salvador. Foi uma fase de muita luta, pois três meses após o casamento descobriu-se que sua esposa estava com o pulmão afetado e teria de ser internada num sanatório em Minas até seu completo restabelecimento, que iria durar cinco meses. E Manasche viu-se outra vez sozinho (a carta em alemão mencionada anteriormente data dessa fase).

Em Salvador ficou por um ano e pouco, até que Júlio Rodrigues, que era de Salvador, resolveu mudar-se para lá e deixar Manasche à testa dos negócios em Teófilo Otoni, junto com seu irmão.

Como seu cunhado, Eurico Marx, também estava envolvido com negócios de café, Manasche resolveu se afastar da Lopes e Rodrigues e trabalhar por conta própria, encetando negócios com E. G. Fontes & Cia., exportadora e importadora, entre outras coisas, também de café.

Essa associação se mostraria muito frutífera.

Em 1934 Manasche, juntamente com Hilda, tentou voltar ao Rio de Janeiro para trabalhar na capital do país. Na época, concentravam-se nessa cidade as grandes empresas e também o centro financeiro do país que poderia oferecer a ele muitas oportunidades para as suas ambições pessoais. Mas ele não se decidiu ainda dessa vez a ficar, voltando definitivamente à cidade somente em 1937. Intelectualmente Manasche permaneceu, em todos esses anos, desperto e ativo, o que se pode depreender das cartas que escreveu a Hilda, assim como na que escreveu em fevereiro de 1931, em que nos informa que ao passar pelo Rio, por alguns dias, ele daria uma palestra no Yuguend Club sobre "Juventude".

Ao mesmo tempo ele traduziria para um jornal judaico dois textos de Nietzsche e se comprometeria a escrever vários artigos, entre eles um sobre Nietzsche e outro sobre o clássico da língua ídiche, Peretz. Em outra carta, de 14 de setembro de 1933, a caminho do Rio, ele escreve do navio em que se encontra onde há uma biblioteca, com livros de Scholem Asch, Wasserman etc: "assim que a viagem não será muito longa". Já em 1938, vivendo no Rio de Janeiro, Manasche, que tivera contato com

Fontes e sua empresa de importação e exportação, passará a ser seu homem de confiança, e como verdadeira demonstração de seu talento profissional ele manteria sua autonomia pessoal durante o resto de sua vida. Ernesto G. Fontes era o proprietário da E. G. Fontes & Companhia, envolvida no comércio de vários produtos, atividades bancárias e financeiras, navegação costeira, produção e refinamento de açúcar, imóveis e representante de várias firmas inglesas no Brasil. A experiência que Manasche adquirira durante os anos de trabalho com a exportação de madeira e café na região da Bahia, Minas Gerais e nordeste, deu-lhe um conhecimento extraordinário para servir aos interesses da empresa da família Fontes. Nos parece que Alfred von Klemperer, no esboço biográfico que fez de Manasche, captou corretamente a situação do relacionamento entre ambos.

Era próprio de Manasche considerar o Sr. Fontes como uma espécie de mentor paternal mas igual a si mesmo como ser humano. Pensavam juntos e às vezes brigavam um com o outro, como dois seres com opiniões próprias, mas tinham princípios e idéias semelhantes e estavam ligados um ao outro por um respeito e confiança mútuos. Manasche não procurava ser um sócio da empresa do Sr. Fontes e tampouco quis trabalhar em troca de salário. Desse modo, tampouco foi feito um acordo sob o qual ele receberia uma parte do lucro das transações feitas.

Nos primeiros anos da década de 40 já vemos um Manasche assentado financeiramente e mais disposto aos prazeres da vida, indo ao teatro, assistindo a óperas e concertos, e usufruindo de um amplo círculo de amigos. Ele se queixará a Hilda, em meados de 1943, que viajara para Teófilo Otoni para rever sua família e o lugar onde vivera, que não agüentava mais "tantos convites para os infindos jantares de amigos e conhecidos", o que revela por outro lado a grande estima que eles tinham por sua pessoa e também indica sua ascensão social, que o obriga a levar um estilo de vida que deixa num canto afastado da memória os anos difíceis do imigrante que chegara à "Terra Prometida" dos trópicos, sem recursos e apenas com a esperança em seu coração. Agora Manasche escreve a Hilda em português, língua que acabou por dominar e falar corretamente.

Esses anos dos inícios da década de 40, que se mostram tranqüilos para Manasche possibilitando-lhe usufruir de um bem-estar material e espiritual, que satisfaz seu gosto por concertos, cinema, leitura e vida social compartilhada com amigos, seja em seu sítio em Petrópolis ou no Hotel Quitandinha, representam nada mais que uma fruição moderada da vida. Ele escreverá a Hilda, em 7 de agosto de 1944:

Sítio de Manasche e Hilda em Petrópolis.

fiquei pacatamente recolhido dentro das paredes, portanto, é a velhice mesma que reclama os direitos de bem-estar, comodamente encostada a cabeça, as diversas pílulas antes e após as refeições etc. Nada de revoluções, nada de inquietações, não se pode perturbar a pulsação, deve haver uma estabilidade em tudo. Desculpe que eu não te conto coisas heróicas, pois nunca fui herói, e menos ainda hoje que o mundo está cheio de heroísmo. Heroísmo no boxe, no futebol e outros mais valentes. Desejo viver pacatamente bem. Vou bem e sem novidades, dias lindos e monótonos...

Ele não sabia que seria envolvido e arrastado, logo mais, pelo redemoinho da História, que não perdoa a ninguém e não admite desculpas em seus momentos cruciais. Um desses momentos seria gestado entre os anos que medeiam o término da Segunda Guerra Mundial e a formação do Estado de Israel.

Em 26 de abril de 1945, às vésperas do término da guerra, ele escrevia a Hilda:

Novidades não há, ainda a humanidade continua a sangrar e cada dia que passa aumenta a desgraça e a miséria! Numa noite, das passadas, fui jantar no Schneider e depois fui à Biblioteca "Scholem Aleichem", encontrei um tipo maravilhoso! Li um livro de poesias esquisitas. Aquele ambiente, não sei, me senti bem, estranhamente bem, não sei explicar. Talvez excentricidade, mas seja o que for gostei, porém não voltarei. Você pode deduzir que ainda estou vendo novidades, mas daqui uns dias certamente as coisas mudarão e começarei sentir o tédio das horas.

É o bem-estar do pescador grego que se transformou em grande armador, mas que a um dado momento de sua vida, casualmente, se encontra só e sente a atração de entrar no restaurante do cais para saborear "aquele" peixe... que nunca mais encontrara em outro lugar.

Curiosa, e compreensível, a volta à Biblioteca Scholem Aleichem, que na verdade passava a ser uma volta ao passado. Manasche, como muitos outros imigrantes das primeiras décadas de nosso século, encontrara ali, outrora, um refúgio espiritual da difícil labuta diária de quem está começando, bem como seus amigos e companheiros de língua ídiche que compartilhavam naquele lugar um pouco de vida social e a cultura asquenazita da Europa oriental. Podemos imaginá-lo após tantos anos, décadas, entrar na Biblioteca, após uma longa ausência, não apenas no tempo, porém, mais do que isso, um distanciamento da antiga e modesta condição social que perduraria como uma longínqua lembrança, que agora se fazia novamente palpável. Os livros em ídiche alinhados, com suas desgastadas encadernações nas prateleiras das estantes, eternamente empoeiradas, da Biblioteca Scholem Aleichem, e o odor acre da fumaça dos cigarros que impregnava a sala de leitura na qual se encontravam pequenas mesas ao

Infância e Juventude: O Imigrante

redor das quais jovens e velhos ambulantes jogavam xadrez e teciam comentários, em ídiche, sobre questões que poderiam abranger a essência do nosso "pequeno grande" Universo provavelmente, tinham para ele um significado mais profundo do que o jogo de *bridge* e os salões onde pendiam brilhantes lustres de cristal, que a sensibilidade de Manasche sabia bem avaliar e diferenciar ante sua trajetória pessoal.

Em outro lugar, em 4 de maio daquele mesmo ano, às vésperas do término da guerra, ele diria a Hilda que

as notícias de hoje são mais positivas, e está fora de qualquer dúvida que é o fim da loucura coletiva. Vamos ver agora que espécie de *Nachschmerzen* [sofrimentos posteriores] vão aparecer agora. Estou resolutamente certo que irei para a Europa... mesmo para me despedir dos túmulos... Possível é que esta idéia não resista a um teste lógico, mas necessito fazer isso, sinto paixão por esta idéia fixa, que me absorve completamente. Para que contar tais coisas?

A guerra, para as comunidades que não estavam próximas a ela, ainda em 1945, não tinha revelado inteiramente as proporções dantescas do Holocausto. Somente após maio, o mês da assinatura da rendição alemã, quando as notícias e as fotos sobre os horrores que as tropas aliadas encontraram nos campos de extermínio nazistas alcançaram a América do Sul e, em particular, o Brasil, é que nos demos conta do que havia ocorrido entre 1939 e 1945. O pouco que os judeus comuns, no seu dia-a-dia, sabiam, não havia penetrado em suas consciências. Além do mais, para nossa psique era mais fácil não acreditar, para melhor suportar o inevitável abismo que se iria abrir em nossa consciência. Era uma forma de autodefesa e uma anestesia ao insuportável sofrimento da alma. Os processos de Nuremberg, a literatura documental abundante, as notícias da imprensa mundial, as ilustrações chocantes desfizeram todas as ilusões e nos fizeram despertar para a terrível realidade, em meados de 1945. Manasche, como muitos outros, iria se mostrar predisposto a dar um novo sentido à sua vida e – por que não dizê-lo – alterar sua visão de mundo em relação ao destino do povo judeu, para entregar-se de corpo e alma a uma missão em que demonstraria suas qualidades pessoais e notável talento.

UM MANDATO BRITÂNICO NA PALESTINA

Em 24 de abril de 1920, o Conselho Supremo da Conferência da Paz, realizado em São Remo, resolveu entregar à Inglaterra o Mandato sobre a Palestina. O exército inglês, ao lutar contra os turcos naquela região, contara com a ajuda de batalhões da Legião Judaica, o 38 ("London"), o 39 ("American") e o formado por voluntários do *ishuv* da Terra de Israel, que ao assegurar sua vitória deu início a uma administração militar que terminara com o domínio de 400 anos do Império Otomano. O Mandato Britânico seria confirmado pela Liga das Nações em 22 de julho de 1922 e, na ocasião, citando a Declaração Balfour de 1917, ele lembraria em seu preâmbulo "a conexão histórica do povo judeu com a Palestina, e [...] os fundamentos para a reconstituição do Lar Nacional nessa terra". O Mandato também reconhecia a Agência Judaica bem como a Organização Sionista, "que deveria aconselhar e cooperar em assuntos econômicos, sociais e outras áreas concernentes ao estabelecimento do Lar Nacional Judaico e aos interesses da população judaica na Palestina". Herbert Samuel foi indicado alto comissário, e para apaziguar os árabes foi proposta uma Assembléia Legislativa proporcional à população existente na época, que no entanto foi rejeitada pelo Comitê Árabe, assim como o foi a proposta de estabelecer uma Agência Árabe. No fundo foi imposto um regime colonial no estilo usual do Império Britânico, com um alto comissário e uma administração com a maioria dos funcionários de origem inglesa. Contudo, o progresso da colonização judaica na Palestina continuou, com obstáculos e percalços, não sofrendo interrupções a não ser em momentos de crise, quando a imigração àquela região não era possível. Durante os primeiros anos do Mandato dirigiam-se à Palestina os pioneiros da chamada Terceira Aliá (entre 1919-1923), que era constituída de um elemento saído do Hechalutz, influenciado por idéias pro-

Comício pró-Eretz Israel no Rio de Janeiro, 1946.

gressistas da região da Europa oriental, e que juntamente com os da segunda corrente imigratória (1904-1914) lançou os fundamentos da organização obreira judaica na região. Nos anos seguintes seguir-se-iam novas levas imigratórias, a Quarta Aliá (1924-1928), saída da Polônia e constituída de elementos da classe média, que deveria enfrentar entre os anos de 1926-1929 uma crise econômica com graves conseqüências. O grande impulso imigratório e de desenvolvimento do país foi dado entre os anos de 1929 e 1933, quando a ascensão do nazismo provocou uma imigração em massa da Alemanha. Mas as duas primeiras décadas do Mandato também demonstraram os elementos conflitantes na região e acima de tudo o choque entre as aspirações nacionalistas judaicas e parte da liderança árabe local. Desde 1921 a Palestina sofreu ondas de distúrbios e os ataques às colônias judaicas por bandos terroristas foi uma rotina que levou à criação de um corpo de defesa conhecido sob o nome de Haganá (defesa, em hebraico). A colonização exigia "defesa" lembrando a situação em que se encontraram os exilados da Babilônia nos tempos bíblicos ao voltarem para a Terra Santa para reconstruírem o Templo de Jerusalém, que deveriam segurar em uma mão o instrumento de trabalho e em outra a espada.

A situação tornou-se aguda com o recrudescimento do nacionalismo árabe, que em 1929 programou manifestações e distúrbios, fortificando politicamente a liderança de Hajj Amin el-Husseini, o Mufti de Jerusalém. Sucessivamente, durante os anos 30, o clima reinante na Palestina gerou explosões e conflitos de ambos lados devido à inépcia da política britânica dominante na região, causando vítimas e prejuízos materiais de grande monta. A situação tornou-se particularmente aguda em 1936, quando uma greve geral árabe foi declarada e se criou um Comitê Superior Árabe sob a liderança do Mufti de Jerusalém. O governo mandatário para dominar a situação teve de empregar a força militar. Uma das conseqüências importantes desses acontecimentos foi a nomeação de uma comissão sob a responsabilidade de Lord Peel, para fazer um levantamento da situação do país. O resultado foi a surpreendente sugestão de fazer a partilha daquele território e a criação de dois Estados, isto é, um judeu e outro árabe. Porém, a proposta não agradou a nenhuma das partes, que internamente viam suas lideranças se dividirem em suas opiniões. Os ataques de bandos terroristas continuaram ainda numa escala crescente e a revolta árabe atingiu seu clímax no verão de 1938, o que influiu na mudança de atitude de parte do governo britânico em relação aos árabes. O ingresso da Inglaterra na Segunda Guerra Mundial, a partir de setembro de 1939, e a preocupação do Foreign Office quanto à posição dos árabes no conflito, devido à inclinação de parte de seus líderes, entre os quais o Mufti de Jerusalém, a aderirem às forças do Eixo, levou a uma revisão da política britânica na região. Em 9 de novembro de 1938 o governo inglês anunciou o abandono do plano de partilha, convidando judeus e árabes para uma conferência em Londres. Porém, os últimos não aceitaram encontrar-se com os primeiros, o que forçou a que cada delegação negociasse com os ingleses em separado. Na mesma madrugada do dia 9 para o dia 10 dava-se a Kristallnacht na Alemanha, que provocou o incêndio de 191 sinagogas, 815 lojas, 29 depósitos, 171 residências e o confinamento de 30 mil pessoas em Sachsenhausen, Buchenvald e Dachau, bem como o assassinato de outros 36, além de muitos feridos gravemente, acontecimentos que preanunciavam o extermínio sistemático de 6 milhões de judeus durante a Segunda Guerra Mundial. O secretário das colônias do governo britânico, Malcolm MacDonald, poucos meses após, em maio de 1939, publicava um novo Livro Branco que favorecia a aceitação das exigências árabes. Em outros termos isso significava a limitação da imigração a 10 mil pessoas por ano durante cinco anos ou a redução da população judaica a 1/3 do total, condicionando-se a futura imigração, após esse período, ao consentimento árabe. Como permissão especial conceder-se-iam 25 mil certificados para uma imigração de refugiados da Europa. Por outro lado a venda das terras aos judeus seria rigorosamente limitada e, finalmente, se as circunstâncias futuras permitissem, dever-se-ia preparar o estabelecimento de um Estado Palestino nos próximos 10 anos, que deveria manter uma ligação econômica e estratégica com o Império Britânico. O Livro Branco começou a ser aplicado com severidade e as autoridades inglesas do Mandato na Palestina empregaram seu zelo na aplicação das cláusulas mencionadas e, mais ainda, consideraram como dever impedir a imigração "ilegal", desencadeada às vésperas do início da guerra para salvar as vítimas do nazismo. A organização da Aliá Beit (a imigração "ilegal") atuava naqueles dias, desesperadamente, em certos países europeus para salvar judeus e levá-los à Palestina. Era o único lugar de refúgio para eles após o fracasso da Conferência de Evian, realizada em julho de 1938, em que participaram 31 países que se reuniram para encontrar uma solução ao problema dos refugiados.

A iniciativa do encontro foi tomada pelo presidente dos EUA, Roosevelt, e visava solucionar a questão dos refugiados que abandonavam a Alemanha, Áustria e outros países da Europa. Os resultados da Conferência foram desanimadores pois poucos foram os países que se dispuseram a abrir as portas aos refugiados. Mesmo os Estados Unidos, que haviam fechado anos atrás suas fronteiras, apenas admitiram aceitar os da Europa central, e a Austrália concordou em receber 15 mil nos próximos três anos. A maioria dos países sul-americanos se recusaram a recebê-los e o Comitê Inter-Governamental que se formou procurou entrar em entendimentos com o governo nazista a fim de permitir que os refugiados pu-

Senador Hamilton Nogueira discursando na Assembléia Nacional Constituinte, sobre a questão da Palestina. Rio de Janeiro, 1946.

Comício de protesto contra o mandato britânico na Palestina. Estádio do Pacaembu, São Paulo, 1946.

dessem levar consigo uma pequena parte do capital que possuíam. A Inglaterra, antes da realização da Conferência, se mostrava renitente quanto à própria realização do encontro, conforme o testemunho do representante americano Myron Taylor. O Comitê Inter-Governamental, que cooperava com a Liga das Nações, estabeleceu-se em Londres e seu primeiro diretor foi o americano George Rublee, mais tarde substituído por Herbert Emerson, comissário da Liga das Nações para Refugiados. Com exceção da República Dominicana, que se dispôs a aceitar refugiados, os demais países latino-americanos, entre os quais o Brasil, se mostraram pouco dispostos a abrir suas portas a eles. Assim mesmo, o Comitê procurou, mesmo durante os anos da guerra, desempenhar o seu papel e cumprir com seus objetivos humanitários.

A história da Aliá Beit, com muitos de seus heróis anônimos e outros identificados, constitui um dos capítulos dramáticos de nosso tempo e confirma a insensibilidade e a falta de interesse das nações ante a "questão judaica" que resultou em Auschwitz e no Holocausto.

A política britânica, que pretendeu favorecer as exigências árabes, não impediu que o Mufti de Jerusalém durante os anos de guerra apoiasse as forças nazifascistas, na esperança de que a vitória alemã "solucionasse" o impasse no Oriente Médio. A guerra porém exigiu uma participação dos judeus e milhares da Palestina se voluntarizaram para servir nas unidades inglesas, entre os anos de 1940 e 1942, atingindo um total de 30 mil homens e mulheres, em todo tipo de tarefas militares. No *front* interno, nesses anos, a Haganá mantinha a segurança da população e entre 1943-1944 voluntários saídos de suas fileiras se prontificaram a saltar atrás das linhas alemãs, para organizar jovens judeus para resistir contra os nazistas. Porém, os ingleses limitaram esse voluntariado, e alguns perderam suas vidas, entre eles Hana Szenes e Enzo Sereni, que representavam o que havia de melhor na juventude judaica da Palestina. As relações com o Mandato começaram a deteriorar-se no período de 1943-1945, quando a vitória aliada começou a ficar mais definida em várias frentes de combate.

A criação da Liga Árabe, com a participação dos Estados Árabes da região e da África do Norte, com seus primeiros encontros entre fins de 1944 e primeiros meses de 1945, foi um fator central para estimular apelos em favor dos direitos dos árabes na Palestina, paralelamente a uma postura radical de oposição a um entendimento e a aceitação de um Estado judeu convivendo lado a lado com os filhos de Agar.

A opinião pública inglesa estava sujeita a uma bipolarização, uma vez que o Labor Party, o Partido Trabalhista inglês, Winston Churchill e destacados membros do governo inglês tinham uma opinião favorável ao estabelecimento de um Estado judeu, em oposição a certos círculos governamentais. Com a criação da Brigada Judia, composta de cidadãos da Palestina, em 1944, e que tomaria parte em batalhas contra os alemães na Itália, parecia haver uma mudança favorável às aspirações sionistas. Porém, na Palestina, o Mandato inglês reprimia a organização militar da Haganá e vigiava os seus membros onde quer que estivessem, procurando seus esconderijos de armas e condenando e aprisionando os que atuavam clandestinamente.

Durante os anos de guerra a política adotada por parte do movimento sionista em relação ao Mandato foi a de "Havlagá", isto é, de "autocontenção", e portanto – com exceção dos grupos extremistas que atacavam as instalações inglesas e tentavam criar um clima de tensão contra a presença britânica e seu governo na região – a Haganá procurou não hostilizar as forças mandatárias. Sua ação se voltava à defesa do *ishuv*, ao mesmo tempo que através, de uma organização especial, o Mossad, procurava salvar judeus na Europa. Ao terminar a guerra o grave problema dos *displaced persons*, em boa parte distribuídos em campos organizados pelas forças aliadas na Alemanha, Itália e Áustria, exigiram um esforço especial para que chegassem à Palestina. Isso foi feito por homens enviados especialmente pela Haganá, que se encarregaram de organizar a *bricha* (fuga), apesar dos obstáculos e barreiras que os ingleses impuseram para impedir que chegassem à Palestina. A preocupação com a questão dos refugiados na Europa agitou a opinião pública nos Estados Unidos e levou o presidente Truman a propor ao primeiro-ministro britânico, Clement Atlee, a aceitar a imigração de 100 mil judeus na Terra de Israel. Pouco adiantou essa proposta ter vindo do governo norte-americano, uma vez que a política anti-sionista do governo inglês continuou impedindo que o Mossad realizasse o trabalho de resgate dos refugiados, apreendendo os navios e os botes de imigrantes ilegais e controlando a costa marítima para impedir o seu desembarque. A Haganá agora já coordenava os grupos mais extremistas, isto é, o Irgun Zvai Leumi e o Lehi, que passsaram a sabotar as instalações e ferrovias, atacando os botes patrulheiros ingleses. A comunidade judaica dessa vez se mobilizava para a luta contra o domínio britânico, visando acabar com sua presença no país.

O Movimento Sionista Mundial e a Agência Judaica para a Palestina, em Nova Iorque, presidida por Nahum Goldman, enviariam um relato da situação, em carta escrita em espanhol, de 28 de setembro de 1945, que refletia o estado de espírito reinante quanto à política britânica naquela ocasião em relação a imigração à Palestina, e instruía as organizações sionistas na América Latina sobre as medidas que deveriam tomar diante da questão[1]:

---

1. Col. Jacob Schneider, no Arquivo Histórico Judaico Brasileiro (A.H.J.B.).

Oswaldo Aranha com o respresentante da Grã-Bretanha, Sir Alexander Cadogan, na ONU, 1947.

Campo de *displaced persons* (deslocados da Segundo Guerra Mundial).

Oswaldo Aranha, chefe da delegação brasileira na ONU e presidente da Assembléia das Nações Unidas, que aprovou o plano de partilha da Palestina, 1947.

Estimados amigos

Por meio desta desejo fornecer a Vs. algumas informações acerca da situação política atual e ao mesmo tempo sugerir algumas indicações quanto aos trabalhos que devemos empreender nos vários países da América Latina. Seguramente, Vs. leram sobre a deterioração da situação em Londres. Ainda que não pudemos obter nenhuma informação final e nem oficial, parece que o gabinete britânico decidiu adiar a decisão sobre o problema da Palestina, pelo menos por alguns meses, e nesse ínterim, permanece em pé o *status quo* – o que significa o Livro Branco com uma imigração de 1.500 mensais.

Como vocês sabem, pela imprensa, o Presidente Truman recomendou ao governo britânico que oferecesse os 100 mil certificados pedidos pela Agência Judaica, de modo que os exércitos norte-americano e britânico pudessem liquidar os acampamentos e transferir à Palestina aqueles judeus que se recusam a regressar a seus países de origem e desejam ir à Palestina (aproximadamente seu número é de 60 mil). Não sabemos se o Presidente Truman fez alguma recomendação aos ingleses quanto à questão principal do futuro da Palestina e o estabelecimento de um Commonwealth Judaico. No entretanto não parece provável que o tenha feito. Aparentemente o governo britânico tomará a posição de que a concessão de 100 mil certificados significa uma ab-rogação *de facto* do Livro Branco, o que não podem fazer até que decidam substituir a política do Livro Branco por outra nova política. É por esta razão que eles se mostram inclinados a conceder os 100 mil certificados até que se consiga uma decisão total sobre o problema da Palestina. Também parece que o governo britânico não quer, por si mesmo, chegar a tal decisão senão que quer que os Estados Unidos e outras grandes potências compartam a responsabilidade.

Pelas informações distintas da imprensa se depreende que o governo britânico poderá deixar toda a questão em mãos da Organização das Nações Unidas.

Espera-se que durante a abertura do Parlamento Britânico, em 9 de outubro, o Sr. Atlee faça uma declaração sobre a Palestina. Até agora não foi possível para nenhum dos líderes sionistas encontrar-se com o Sr. Atlee ou o Sr. Bevin, somente foram visitados o Secretário das Colônias e outros membros do Gabinete.

É necessário destacar a seriedade da situação. Naturalmente a Agência Judaica não aceitará os 1.500 certificados mensais. De fato, enquanto se encontrava em Londres no mês de agosto passado, o Executivo decidiu recusar os 1.500 certificados que o governo britânico nos ofereceu para o mês de outubro.

Ao mesmo tempo, nós informamos ao governo britânico que não discutiríamos os problema da imigração e outros assuntos se as discussões se realizavam tendo como base o Livro Branco.

A situação na Europa está piorando a cada dia. A posição dos refugiados judeus nos acampamentos está se deteriorando e será ainda pior com a chegada do inverno. No Polônia e outros países europeus o anti-semitismo está aumentando e os judeus clamam por uma possibilidade de sair e ir à Palestina. Se tivermos que aguardar por mais seis meses ou um ano (a transferência da decisão sobre a Palestina para a Organização das Nações Unidas pode significar uma demora de um ano ou mais) seria catastrófico para centenas de milhares de judeus europeus e a maior injustiça para com eles. A tensão na Palestina está aumentando, todos os judeus palestinenses tem familiares e amigos na Europa, os quais estão ansiosos por receber na Palestina e a paciência do *ishuv* está a ponto de se esgotar.

Portanto, é necessário fazer um último esforço para influenciar a decisão do governo britânico, ainda que esta decisão seja de caráter temporário. Como vocês sabem, o Conselho Sionista Americano de Emergência está organizando grandes demonstrações de massas incluindo um *meeting* no Madison Square Garden de Nova Iorque, e uma Conferência de Emergência dos Líderes Sionistas Norte-Americanos e que se realizará em Washington. Sugiro a vocês, queridos amigos, que façam o mesmo em seu país. Sugeriria a vocês o seguinte:

1) Convocar uma demonstração solene e conferência que deva representar todos os grupos sionistas e pró-sionistas que desejam associar-se. Tirar uma resolução contra o adiamento da decisão sobre a Palestina, especialmente em vista da trágica situação que exige uma decisão imediata. Exigir que se abra a Palestina a uma ilimitada imigração judaica e o estabelecimento de uma Commonwealth Judia.

2) Mobilizar a imprensa, especialmente a imprensa não-judia de seu país, para que publique editoriais apelando aos governos britânico e norte-americano para que se faça justiça ao povo judeu etc.

3) Aliciar o apoio dos líderes da opinião pública, estadistas, líderes obreiros e outros. Nos países onde existem Comitês Pró-Palestina deve-se fazer uso deles com este propósito; onde não existirem tais comitês deve-se obter o apoio de líderes influentes para que respaldem nosso apelo. Delegações de judeus e não-judeus deverão visitar os Embaixadores e Ministros da Grã-Bretanha em seus respectivos países e submeter-lhes as resoluções, pedindo-lhes ao mesmo tempo que transmitam ao governo britânico os sentimentos das comunidades judia e não-judia de seu país. A resolução deverá fazer referência ao programa pró-sionista do governo britânico que fora adotado no ano passado na Conferência do Partido Trabalhista. Fazer um apelo ao governo britânico pedindo o cumprimento de sua promessa. Seria benéfico submeter estas resoluções aos Embaixadores e Ministros Norte-Americanos, já que os Estados Unidos jogaram um papel importante na solução de nosso problema. Naqueles países em que existem Embaixadas da União Soviética deve-se submeter também as resoluções a elas. As resoluções não devem se referir somente à imigração, senão que ao mesmo tempo à questão do Commonwealth Judaico.

Rogo a vocês que atuem urgentemente, já que o tempo é premente, e agradeceria se me fizessem saber o que tem feito neste sentido.

Proximamente me dirigirei a vocês tratando de outros acontecimentos durante a Conferência Sionista em Londres.

Nahum Goldman

A situação na Palestina tornara-se crítica, o que levou à formação de uma Comissão Anglo-Americana para inquirir sobre a situação dos refugiados na Palestina e na Europa, sob a iniciativa britânica de seu

Comício em comemoração a aprovação pela ONU da partilha da Palestina. Estádio do Pacaembu, São Paulo, 1947.

Um Mandato Britânico na Palestina

ministro do Exterior, Ernest Bevin, em novembro de 1945. Após entrevistar personalidades na Europa e na Palestina, a Comissão enviou em maio de 1946 um relatório aos dois governos sugerindo a admissão imediata de 100 mil refugiados judeus, o que foi recusado pelo governo inglês. A reação do movimento de resistência judaica não se fez esperar e em 17 de junho explodiriam as pontes que ligavam a Palestina aos países vizinhos. Começava assim um período de luta aberta contra a presença britânica na Terra de Israel, que perdurou até maio de 1947, quando a questão foi levada a uma sessão especial das Nações Unidas para uma discussão na qual o representante da União Soviética, Andrei Gromico, manifestou, em nome de seu governo, que apoiaria o estabelecimento de um Estado judeu na Palestina. A partir daí seria formada uma comissão internacional, a United Nations Special Committee on Palestine (UNSCOP) para estudar a questão e propor caminhos para a sua solução. A UNSCOP chegaria, após fazer um levantamento da situação na Palestina e nos campos dos *displaced persons*, a propor claramente o término do Mandato Britânico e a partilha da Palestina em dois Estados independentes, judeu e árabe, mas com uma associação econômica e a criação de uma zona internacional em Jerusalém e seus arredores. Contudo, uma parte minoritária da Comissão apresentaria uma proposta diferente, ou seja, de se criar um Estado Federativo Bi-Nacional. A idéia de um Estado Bi-Nacional vinha sendo ventilada de longa data, quando ainda entre os anos de 1920 e 1930, personalidades e intelectuais do porte de Yehuda Magnes, mais tarde reitor da Universidade Hebraica de Jerusalém, e o pensador Martin Buber, estiveram engajados num entendimento e amizade entre os dois povos através da associação Brith Shalom e mais tarde na associação Ichud. Nesse último participaram membros de destaque da comunidade árabe na Palestina, da própria família Husseini, que sofreram atentados e foram assassinados por elementos radicais que não concordavam com sua política de entendimento com os judeus.

Em 29 de novembro de 1947, com a aprovação de 33 países, a oposição de 13 e 10 abstenções, a Assembléia Geral das Nações Unidas aprovaria o Plano de Partilha.

Essa resolução, que previa também a criação de um Estado árabe, não satisfez boa parte dos nacionalistas árabes mais radicais, fora e dentro da Palestina, inaugurando desse modo um prolongado conflito na região que, apenas agora, após décadas de derramamento de sangue inútil, parece encaminhar-se para uma fase de apaziguamento e solução.

OS PRIMEIROS PASSOS: LEO HALPERN E RUTH KLUGER

O movimento sionista no Brasil, desde os primeiros anos de nosso século, teve ampla liberdade de expressão e o reconhecimento do governo brasileiro em todas as ocasiões em que as aspirações nacionalistas judaicas estiveram na ordem do dia das organizações internacionais. Somente com o Estado Novo é que a Organização Sionista no Brasil, surgida efetivamente em 1922, teve suas atividades cerceadas devido ao decreto de 1938, que proibia a existência de "organizações políticas internacionais" em solo brasileiro.

Os esforços em manter as atividades sionistas, apesar da proibição, se revelam na carta de 25 de agosto de 1938, mandada por S. Brodestki, da Central da Organização Sionista na Palestina e da Agência Judaica, ao encarregado de negócios da Embaixada Brasileira em Londres, após um encontro havido com o mesmo. Nessa carta ele menciona a grande imigração ocorrida na Palestina, da Europa central e oriental, de judeus à procura de um refúgio e um lar, bem como para reconstruir sua terra ancestral; nesse sentido todos os judeus da diáspora demonstravam um interesse, juntamente com a Agência Judaica para a Palestina, reconhecida pelo artigo 4 do Mandato Britânico, em estabelecer ali o Lar Nacional Judaico. Diz Brodestki que o Brasil também foi signatário juntamente com outras cinqüenta nações da Liga das Nações para o estabelecimento do Mandato, em 1922, e o judaísmo brasileiro também tomou parte na recolonização dos imigrantes e refugiados da Alemanha e de outros países da Europa oriental, realizando seu trabalho através da Organização Sionista no Brasil. E, assim, diz o missivista, a finalidade dessa organização, que existe em todos os países, com exceção da Rússia soviética, era a de prover informação sobre assuntos concernentes aos judeus no mundo e na Palestina, realizar encontros para discutir tais questões e coletar dinheiro através de entidades associadas a ela, Keren Hayessod e Keren Kayemet Leisrael, para a colonização e aquisição de terras na Palestina. Continua Brodestki:

> Estou informado que um decreto promulgado recentemente, proibindo atividades de organizações estrangeiras no país teve como conseqüência a suspensão das atividades da Organização Sionista. No entanto, devo destacar que apesar da existência de partidos com vários pontos de vista em relação ao trabalho de colonização e reconstrução na Palestina, a organização como tal não tem qualquer participação nos assuntos políticos dos países nos quais ela possui seções. Não há nenhuma dúvida quanto a sua atuação em relação aos assuntos internos do Brasil ou quanto a qualquer aspecto que venha a se contrapor aos interesses brasileiros. Por outro lado, ela realiza um trabalho de caráter social importante que tem recebido o maior reconhecimento da maioria das nações do mundo. Gostaria, respeitosamente, de solicitar para que o governo do Brasil garantisse à Federação Sionista o direito de retomar suas atividades normais[1].

Brodestki, contudo, não demoveu o governo brasileiro a revogar o decreto 383 e tampouco outras tentativas feitas tiveram qualquer influência sobre a decisão governamental naquele ano. Morris Margulies, secretário da Organização Sionista da América, escreveria em 9 de setembro a Arthur Lourie, da Agência Judaica, em Londres, comunicando que apresentaria a Nahum Goldman, Louis Lipsky e a Stephan Wise, eminentes sionistas americanos, cópias da carta de S. Brodestki, para que se interessassem por seu teor[2]. Na verdade Nahum Goldman havia sugerido que também se contatasse o embaixador brasileiro em Washington sobre o mesmo assunto, conforme podemos verificar em um lembrete de 26 de agosto, redigido por J. Linton a Arthur Lourie, sugerindo que este escrevesse à Organização Sionista da América a fim de inquirir se tal via era recomendável[3]. O Brasil, por estar mudando sua orientação política internacional e se aproximando dos Estados Unidos, talvez fosse sensível a um pedido vindo da Organização Sionista da América. Na verdade a proibição foi oficialmente promulgada pelo decreto 383 de 18 de abril de 1938, coerente com o nacionalismo exacerbado do Estado Novo de Getúlio Vargas, que atrás de todo imigrante estrangeiro via um comunista em potencial ou um espião dos países do Eixo. Em carta de 6 de agosto de 1938, assinada por Moshe Kostrinsky, secretário-geral do Poalei Zion Zeire Zion, de Buenos Aires, ao Executivo de Londres, temos um relato ilustrativo do que se passava naqueles dias, após a proibição, com a tentativa das en-

1. Z4/10229, Central Zionist Archives (CZA).
2. Z4/10229, CZA.
3. Z4/10299, CZA.

tidades de manterem legalmente suas atividades. O relato, na verdade, se baseava num relatório de Leo Halpern, enviado pela Campanha Pró-Palestina Obreira, que naquele ano se encontrava no Brasil.

Transcrevemos na íntegra o conteúdo traduzido do original em ídiche:

6 de agosto de 1938

Do Ichud Poalei Zion Zeire Zion, Comitê Central, Buenos Aires
Ao Executivo Sionista, Londres

Prezados Senhores,

Ouvimos recentemente um longo relatório do senhor Halpern, que esteve durante vários meses no Brasil, em nome do Fundo Pró-Palestina Obreira, e nos apressamos em informar a vocês sobre a situação legal da Federação Sionista naquele país. O telegrama recebido aqui ontem relativo à proibição da Federação Sionista torna o assunto mais urgente e esperamos que V. Sas. prestem a maior atenção a esta carta. O decreto contra as atividades de organizações estrangeiras foi, como vocês sabem, dirigido exclusivamente contra os nazistas. Por razões óbvias o decreto assumiu um caráter geral e legalmente foi aplicado a todas as atividades estrangeiras. Ao mesmo tempo temos que enfatizar que não há anti-semitismo no Brasil, apesar de que agentes alemães tenham ocupado várias posições em diversos níveis do governo, e tenham exercido, inoficialmente, uma influência considerável. Mesmo antes do decreto ser promulgado as organizações tiveram de se apresentar à polícia e elaborar estatutos e fornecer detalhes de sua administração a fim de gozar certo *status* legal. Sob essas circunstâncias a Liga Pró-Palestina Obreira em São Paulo e a Associação Hatchia no Rio se empenharam para prorrogar sua validade, após a publicação do decreto e a obtiveram rapidamente. Infelizmente a comunidade judaica entrou, desnecessariamente, em pânico. Daí surgiu a tendência de transformar as instituições judaicas em uniões brasileiras de fé mosaica. A falta de um adequado grupo representativo na comunidade tornou as coisas mais difíceis. Sob essas circunstâncias a Federação Sionista do Brasil achou necessário fazer uma declaração pública de que iria suspender suas atividades e se submeteria doravante ao decreto reconhecendo que o trabalho feito até agora era ilegal. Ninguém exigiu tal declaração, que criou uma justificável suspeita em círculos oficiais. Daí a Federação, devido a errôneas interpretações político-partidárias, não conseguiu chegar a um entendimento com nossos amigos, sabendo que a Federação visava certos passos, não se dirigiu às autoridades do Rio, a fim de evitar qualquer afirmação que pudesse involuntariamente contradizer a sua política. Esta última, através de um advogado cristão, formulou uma declaração por escrito pela qual estava mudando seus estatutos, afirmando que não possuía qualquer ligação com o Executivo Sionista, e que era apenas um movimento brasileiro pró-Palestina formado para fins religiosos e caritativos para com os judeus da Europa, sendo sua administração sempre composta por uma maioria de cidadãos locais. Esta declaração foi encaminhada ao governo para ser examinada, onde se encontra gente que está ao par do caráter do sionismo, e a solicitação foi rejeitada. É necessário destacar que o Ministro do Interior é um inimigo pessoal do Ministro do Exterior, Aranha, que provavelmente apoiaria a solicitação. A Federação dedicou-se outra vez a sua legalização, mas novamente houve uma recusa. A atual situação de proibir a Federação é provavelmente conseqüência das duas recusas anteriores. O Brasil possui uma comunidade judaica grandemente simpática ao Sionismo, que contribui para os nossos fundos, e que poderá contribuir mais ainda. É nossa opinião que não devemos deixar a Federação Sionista do Brasil abandonada ao seu destino, porém fazer todo esforço para legalizá-la. Isto poderá ser feito antes de tudo utilizando-se de nossos contatos nos Estados Unidos e mobilizando o apoio da Inglaterra. Estamos convencidos que o Executivo tem as necessárias ligações através das quais é possível conseguir uma intervenção indireta. Infelizmente os passos dados pela Federação desse país nos eliminou, por assim dizer, um endereço sionista no Brasil. O governo não anulará seu decreto nem o mudará enquanto for considerado de vital importância para sua política geral. Mas levando em consideração a importância da comunidade no Brasil, e o exemplo que poderá dar a todos os outros países da América do Sul, pedimos que enviem um representante especial que possa estabelecer novamente, sob um novo nome, a Federação Sionista. Vocês naturalmente deverão levar em conta nosso movimento, que atua sob o nome de Liga Pró-Palestina Obreira (que é legal em São Paulo e Rio Grande do Sul), como uma parte do sionismo organizado no Brasil. Aguardamos vossa pronta resposta e nos colocamos, nesse ínterim, à vossa disposição.

Atenciosamente,

M. Kostrinsky, Sec. Geral[4]

Por outro lado, a formação de novas entidades, como a Associação da Mocidade Israelita, em 6 de agosto de 1945 em São Paulo, era possível devido a aspirações e propósitos ao redor do nacionalismo da época, quando pouco antes, em 31 de julho, dar-se-ia a reabertura solene das atividades sionistas em São Paulo, com a presença de A. S. Juris e Leo Halpern. O movimento no Brasil, contudo, dava passos para sua representação mais ampla e Aron Neuman iria, como já vimos, em agosto, participar na Conferência Sionista Mundial, em Londres[5].

Até 5 de abril de 1945, quando o ministro João Alberto, da Segurança Interna, suspendeu a proibição, o movimento nacionalista judaico se confinou a atividades limitadas ao âmbito cultural e, durante os anos da Segunda Guerra Mundial, a uma ajuda aos irmãos necessitados vítimas

---

4. Z4/10229, CZA.
5. *Aonde Vamos?*, 26 de julho de 1945. Um banquete de despedida a ele foi organizado em 24 de julho, com a participação de Leo Halpern e líderes comunitários. Um relato completo sobre o *affaire* Neuman se encontra em carta de Jacob Schneider, de 25 de julho de 1945, a A. Mibashan, delegado da Jewish Agency for Palestina e do Fundo de Reconstrução na América do Sul. Mibashan responderá a Jacob Schneider em 16 de agosto, lamentando o ocorrido. Col. J. Schneider, Arquivo Hitórico Judaico Brasileiro (AHJB).

do conflito que atingiu diretamente as populações do continente europeu. O clima favorável e de boa vontade para a reabertura do movimento sionista estava associado ao momento do término da guerra, que inspirava maior tolerância e liberdades democráticas no país, que estivera mergulhado durante vários anos numa ditadura retrógrada, chauvinista, que escondia seus desmazelos e arbitrariedades sob o sempre obscuro e amorfo manto da demagogia popularesca. Se Aristóteles teve razão em escrever que a demagogia tipifica o regime democrático é porque não teve a possibilidade de observar as ditaduras latino-americanas de nosso tempo.

Graças a uma mobilização da liderança comunitária, que dirigiu uma petição, levada por Jacob Schneider, Salomão Steinberg e Aron Neuman[6,] ao ministro da Segurança Interna é que se obteve a revogação da proibição de 1938. A petição solicitava ao governo brasileiro permitir à comunidade judaica do Brasil "apoiar o Movimento Sionista Mundial em seu objetivo de reconstruir na Palestina o Lar Nacional Judaico e participar na salvação e estabelecimento dos sobreviventes do judaísmo europeu". De certa forma a proibição de 1938, aparentemente, não visava o movimento sionista, e, em relatório da diretora do Departamento Latino-Americano do escritório de Nova Iorque da Jewish Agency for Palestine, Rachelle Sephardi Yarden, ao American Committee for the Weizmann Scientific Institute, publicado em seu boletim de 29 de junho de 1945, informava que na opinião dos estudiosos da lei brasileira a proibição visava "movimentos subversivos internacionais" e não intencionava atingir movimentos nacionalistas como o sionismo[7].

A reabertura das atividades do movimento no Brasil foi recebida com regozijo pela comunidade brasileira e mundial.

Jacob Schneider receberia cartas de congratulações, e é significativo que entre elas se mencione os esforços do embaixador americano no Brasil, Adolph Berle Jr., para conseguir a abolição da proibição de 1938[8,] o que reflete uma virada na política externa brasileira, estudada com profundidade na obra do eminente brasilianista Stanley Hilton em seu livro sobre Oswaldo Aranha[9].

---

6. *Aonde Vamos?*, 6 de abril de 1945. Um relato sobre a questão da permissão foi feito por Jacob Schneider ao representante da Agência Judaica e Keren Haiessod para a América do Sul, dr. A. Mibashan, em 27 de julho de 1945. Col. J. Schneider, AHJB.

7. Col. J. Schneider, AHJB.

8. Col. J. Schneider, AHJB. A carta, assinada pelo rabino S. M. Zambrowsky, é da Mizrachi Organization of America, datando de 24 de junho de 1945. Também em 20 de julho o Hapoel Hamizrachi of America escrevia a Jacob Schneider sobre o mesmo assunto, "ass. Por Israel Schorr, David Telsner e Zev Segal". A Federación Sionista Argentina, em 2 de agosto, se congratularia também com Jacob Schneider pela reabertura das atividades no Brasil. Assinam a carta Samuel Rabinovich e Manuel Graiver.

9. S. Hilton, *Oswaldo Aranha*, São Paulo, Objetiva, 1994.

Naqueles dias havia-se formado um Comitê de Emergência, que além de se preocupar com a legalização das atividades sionistas visava também criar um Comitê Executivo provisório, constituído por Jacob Schneider, David Perez, Eduardo Horowitz, Aron Neuman, Lazer Levinson, Manoel Coslovsky, Israel Steinfeld, Guers Lerner, Salomão Steinberg e Samuel Malamud. Ao mesmo tempo o comitê deveria recepcionar a diretora do Departamento Latino-Americano da JAP., mencionada supra, Rachelle Sephardi Yarden, que passaria a formar um Comitê Brasileiro Pró-Instituto Chaim Weizmann, presidido pelo prof. Inácio de Azevedo Amaral. Em 18 de abril realizar-se-ia no Automóvel Clube, uma manifestação com uma participação numerosa de autoridades, ministros de Estado, personalidades políticas, intelectuais, cientistas, embaixadores, elementos de destaque das comunidades brasileiras, num total de oitocentos convivas. Era uma demonstração extraordinária em homenagem aos setenta anos de Chaim Weizmann, mas também estava implícito que para muitos dos presentes era uma manifestação política de apoio ao movimento nacionalista judaico e suas reivindicações para a criação de um Estado judeu, o que de certa maneira seria ressaltado nos discursos de algumas personalidades que tomaram parte nesse evento. Figuras centrais como a do ministro das Relações Exteriores, José Roberto de Macedo Soares, Ministro da Educação e Saúde Gustavo Capanema, embaixador Adolph Berle Jr., prof. Inácio de Azevedo Amaral, Prof. David José Perez, rabino Henrique Lemle e da representante da JAP., Rachelle Sephardi Yarden, nos seus discursos expressavam a mudança havida com o término da guerra, na qual o Brasil pagara, com seus pracinhas da FEB., um preço elevado, além de manifestarem esperanças nas Nações Unidas para que o povo judeu realizasse suas aspirações nacionais na Palestina. Os dois acontecimentos, ou seja, a legalização do sionismo e a criação do Comitê Brasileiro Pró-Instituto Weizmann, tinham uma profunda relação entre si, considerando-se que o cientista também presidia o Movimento Sionista Mundial. Os dois meses de presença de Rachelle Sephardi Yarden dariam frutos importantes para o judaísmo brasileiro e sua atuação marcaria um momento em São Paulo, quando também se lhe ofereceria um banquete semelhante ao do Rio, em 29 de maio, sob os auspícios do Comitê local, presidido pelo reitor da Universidade de São Paulo, prof. Jorge Americano, e o pintor Lasar Segall na vice-presidência[10]. Era um começo promissor, devido ao trabalho incansável de Rachelle Sephardi Yarden, que não poupou esforços em atingir todos os segmentos e instituições das comunidades brasileiras, seja no Rio, em São Paulo e também em cidades de outros Estados, proferindo inúmeras conferências,

---

10. Entre os papéis da Col. J. Schneider encontra-se um convite de 9 de maio para o banquete do dia 17, adiado posteriormente para 29 do mesmo mês, assinado pelo prof. Jorge Americano, que seria impedido de participar e seria substituído pelo prof. Noé Azevedo.

participando de incontáveis reuniões e encontros, dando entrevistas à imprensa e escrevendo artigos sobre a temática judaica e sionista[11].

Em 12 de maio de 1945 o Comitê Provisório da Organização Sionista organizaria uma manifestação no Instituto de Música do Rio de Janeiro para a proclamação solene do início das atividades sionistas no Brasil, que contou com a presença de 4 mil pessoas aproximadamente. Nessa ocasião falariam Rachelle Sephardi Yarden, Eduardo Horowitz, prof. David José Perez, o rabino Henrique Lemle, Henrique Yussim, Perolina Cohen e Jacob Schneider. Nessa mesma época se encontrariam no Brasil o redator do diário ídiche de Nova Iorque *Der Tog*, Samuel Margoshes, cuja vinda estaria ligada à Campanha de Emergência promovida pelo Centro Hebreu-Brasileiro em prol dos judeus vítimas da guerra, o dr. Moisés Merkin, dirigente da ORT (Organização para o Fomento da Educação Profissional), Leo Halpern, representante do Keren Kayemet Leisrael, dr. A. S. Juris, representante do Keren Hayessod, e que já havia estado várias vezes no Brasil, dr. Jacob Helman, diretor do Bureau Sul-Americano do Congresso Mundial Judaico, e Pinchas Steinvaks, delegado especial do Congresso Mundial Judaico, o que demonstrava o despertar da comunidade, sob todos os aspectos, para as questões locais e internacionais relacionadas à vida judaica. O Comitê Provisório da Organização Sionista do Brasil, presidido por Jacob Schneider e tendo como secretário-geral Aron Neuman, publicava em 12 de junho um comunicado sobre os primeiros passos que o movimento estava tomando[12].

Em 13 de julho Rachelle Sephardi Yarden, que já se encontrava de volta a Nova Iorque, escrevia para Jacob Schneider uma carta na qual se mostrava preocupada com o movimento sionista:

> Estou sabendo, por cartas que recebo do Rio e de São Paulo, que o senhor encontra ainda suficientes dificuldades e problemas para enfrentar as forças destruidoras que não querem saber da tragédia de nossos irmãos na Europa e nem da necessidade urgente de se chegar o mais rapidamente possível a uma solução apropriada para o problema da Palestina. Estive com Goldman [trata-se de Nahum Goldman, Presidente da Agência Judaica] e lhe mostrei algumas cartas do Brasil e por fim ele escreveu a vocês e a São Paulo sobre a necessidade de separar os dois movimentos um do outro. O sionismo no Brasil ficou sufocado durante sete anos. Foi o suficiente. Tenho certeza de que, se não tivessem confundido as cabeças dos verdadeiros sionistas, a proibição (de 1938) teria sido cancelada muito antes. Em todo caso, agora, o movimento precisa estar livre de toda pressão externa para que possa crescer adequadamente. Voltei há pouco de uma reunião

---

11. *Aonde Vamos?*, de 6 de abril de 1945, publica um extenso artigo de sua autoria com o título "O Conceito Errôneo da Segurança".

12. *Aonde Vamos?*, 14 de junho de 1945.

especial de dois grandes Comitês Cristãos Pró-Palestina dos Estados Unidos. Foi resolvido convocar uma Conferência em Washington nos dias 1 e 2 de dezembro (da Declaração Balfour) de todos os Comitês Pró-Palestina do mundo ocidental. Naturalmente todos os Comitês da América Latina tomarão parte. Entrementes já existem na América Latina nove Comitês: na Bolívia, Uruguai, Guiana Holandesa, Chile, Colômbia, Costa Rica, Cuba, México, Peru. É importante que se crie um Comitê em vosso país o quanto antes. Obviamente temos que começar de imediato com o trabalho. Estou segura de que vocês encontrarão as pessoas certas para um Comitê Político que possam esclarecer os não judeus e servirem como seus conselheiros. Gostaria muito que encarregassem uma comissão para preparar uma lista de nomes e endereços de personalidades as quais pudéssemos remeter nosso material de divulgação. Ontem à noite, finalmente, chegamos a um termo da grave crise que aqui perdurou tanto tempo nos círculos sionistas. Aba Hilel Silver foi chamado novamente ao seu posto como Presidente do Executivo do Conselho Sionista e iniciar-se-á uma nova etapa de intensa atividade. Só Deus sabe quanto tempo perdemos devido a isso [...]

Rachelle Sephardi Yarden[13].

Por outro lado, a mobilização da juventude judaica, que vivia um momento único para participar no destino histórico da criação de um Estado judeu, levou a programar a unificação de entidades já existentes e a sua associação em organizações regionais ou nacionais, criando os Departamentos Juvenis da Organização Sionista do Brasil. Mas nem tudo levava à união, pois os revisionistas, que adotaram uma atitude radical em relação às fronteiras geográficas, com o *slogan* "ambas margens do Jordão" para o futuro Estado judeu, criaram uma Nova Organização Sionista do Brasil, recebendo como enviado especial de seu partido político o capitão Zvi Kolitz. A dissidência e a fragmentação política eram uma característica da comunidade brasileira desde os seus primórdios e mesmo em tempos decisivos o fenômeno não deixaria de se manifestar. É o que efetivamente aconteceu devido à viagem de Aron Neuman a Londres para participar de um encontro sionista, que provocou uma crise e a demissão de Jacob Schneider do Executivo Provisório, tendo logo a seguir uma assembléia elegido um novo Executivo sob a presidência de I. M. Karakuchansky.

Em carta de 15 de outubro de 1945, dirigida ao Executivo Sionista de Londres, I. M. Karakuchansky daria um informe sobre a situação do movimento no Brasil após a sua legalização[14]. Ele dirá

que tomou o nome de Organização Sionista Unificada do Brasil, que engloba todas as correntes afiliadas em nível mundial: Sionistas Gerais, Poalei Zion,

---

13. Col. Jacob Schneider, AHJB.
14. Z4/10229, CZA.

לעא האלפערן

די וועג פון השומר הצעיר איז געווען גאליציע

געווען איז עס ערגעץ אין דעצעמבער פון יאר 1911 אין טשארטקאװ, אין גאליציע. די שטאט, וועלכע איז באַ־ קאנט אין דער אידישער וועלט צוליב דעם בארימטן רביש׳ן הױף, דארף אױך באטראכט ווערן אלס די וועג פון דער חלוציישער יוגנט־באװעגונג: השומר הצעיר.

איך וויל באלד באמערקן, אז איך האב נישט צו דער האנט קיין שום מאטעריאלן, פון װעלכע איך זאל קאנען ארויסנעמען פונקטלעכע דאטן און איך וועל זיך בלויז מוזן פארלאזן אויף מיין זכרון. איך האף אבער, אז די אנדערע חברים, וועלכע זיינען צו יענער צייט אויך געשטאנען ביי דער גרינדונג פון דער דערמאנטער יוגנט־באװעגונג וועלן צוגעבן דעם וואס איך האב עווענטועל פארגעסן צו פאר־ צייכענען, איך וועל זיי אויך דאנקבאר זיין, ווען זיי וועלן עווענטועל ריכטיק שטעלן מיינע פארצייכענונגען, וועלכע האבן זיך אפשר ערגעץ פארוויישט אין מיין זכרון.

מיר זיינען דעמאלט געווען סטודענטן פון דער פױלישער גימנאזיע, איינע פון די יונגסטע גימנאזיעס אין גאליציע, אין טשארטקאװ. נישט קוקנדיק אבער אויף איר יונגקייט האט זי שוין באוויזן, ווי אלע פוילישע גימנאזיעס אין גאליציע, צו פארמאגן א שפאר ביסל אנטיסעמיטיזם. געװײנס האט זי נאך נישט געקאנט קאנקורירן אין דעם פרט מיט דער גימנאזיע פון דער שכנותדיקער שטאט,, פון בוטשאטש,, אבער מיט דער צייט האט זי זי באװיזן איבערצושטימען. בכדי לײענער זאלן באגרײפן מיט אײן בײ־ שפיל די פיין און מארעלישע יסורים, וועלכע עס איז אויסגעקומען דורכצומאכן און אויסצושטיין דער באװאוסטזיניקער אידישער יוגנט אין יענער צייט, נישט אינעם צארישן רוסלאנד נאר אינעם פרייען עסטרייך און אין גאליציע, ווען די פאליאקן האבן געהאט אויטאנאמיע, איז גענוג צו זאגן:

אז דער שרייבער פון די שורות האט אין זיין לעבן מיטגעמאכט פארשידנדס און דערביי אויך די מלחמה פון 1914 און פונדעסטוועגן איז פאר מיר דער ערגסטער

Artigo de Leo Halpern sobre as origens do Hashomer Hatzair.

Mizrachi e partidários de um Estado Judeu. Além do mais foi eleito um Executivo Provisório, que tem como finalidade renovar os contatos com as entidades nacionais e internacionais, levar a cabo as orientações do Executivo Mundial, promover um trabalho de esclarecimento, registrar os sócios e chamar uma assembléia a fim de eleger um Executivo Permanente. O trabalho deverá ter início logo após as comemorações da Declaração Balfour, em novembro, quando for eleito o Executivo Permanente. (O autor da carta se reporta aos anos da proibição getulista) ...em que na prática o trabalho em prol dos fundos sionistas nunca foram interrompidos, seja para o Keren Kayemet Leisrael ou outros menores e também para o Keren Hayessod, pois souberam associar essas campanhas às de ajuda à reconstrução de Eretz Israel e ao das vítimas da guerra. E os fundos arrecadados em nome do Congresso Judaico eram divididos igualmente. Dr. Nahum Goldman e o Dr. Jacob Hellman e outros líderes do Congresso Judaico Mundial que nos visitaram são testemunhas de que soubemos preencher nossas obrigações em relação aos nossos irmãos na Europa e os construtores de nosso lar nacional. Atualmente se encontra em visita o Dr. A. S. Iuris, que desempenha um papel extraordinário entre os judeus do Brasil. Também quanto à Juventude precisamos começar um trabalho de informação, pois a Biblioteca Bialik, naquele período, era legalizada e os seus sócios, jovens, sionistas, preenchem naturalmente as fileiras, e recentemente nos chegou da Argentina Leo Halpern, enviado pela direção do Keren Kayemet, que se dedicou especialmente à organização da juventude com significativo sucesso. É de se compreender que o período de transição da ilegalidade, como sempre, é muito difícil, além de outros problemas como os criados por Aron Neuman e Rachel Yarden, que tentaram provocar divisões em nossas fileiras [...]

Karakuchansky se referia provavelmente ao mal-estar provocado por Aron Neuman com sua viagem ao encontro em Londres, mas quanto a Rachelhe Sephfardi Yarden suas palavras eram totalmente infundadas e injustas e não sabemos que motivos o levaram a escrever negativamente sobre sua pessoa.

No Rio Grande do Sul também surgiria um Comitê Pró-Palestina Hebréia, formado por todas as correntes sionistas e simpatizantes, que aglutinaria boa parte dos representantes das antigas associações, sob o estímulo de Pinchas Steinvaks, que se encontrava naquele Estado.

A Organização Sionista do Brasil iniciaria logo após a sua criação oficial uma série de atividades, entre as quais o envio, em outubro de 1945, de um memorial ao embaixador britânico manifestando seu desejo de que levasse uma mensagem do judaísmo brasileiro ao seu governo sobre a questão da Palestina[15]. Em 23 desse mesmo mês dar-se-ia uma grande manifestação no Automóvel Clube do Brasil, no Rio de Janeiro, pela abolição do Livro Branco, com a presença do prof. Inácio de Azevedo Amaral, do deputado da União Democrática Nacional (UDN) Mauricio Lacerda, e ativistas do movi-

---

15. *Aonde Vamos?*, 18 de outubro de 1945.

mento sionista, entre os quais o prof. David J. Perez, Leo Halpern, dr. A. S. Juris e outros. Em São Paulo realizar-se-ia em 12 de novembro outra manifestação com a participação de 10 mil pessoas no Estádio Municipal do Pacaembu, na qual tomaram parte personalidades e representantes do Comitê Russo, do Comitê Austríaco, dos Portugueses Antifascistas, do Centro Acadêmico XI de Agosto, do Partido Comunista do Brasil, professores e intelectuais, tais como prof. Fidelino de Figueiredo, os escritores Sérgio Milliet, Caio Prado Júnior e Jorge Amado, d. Salomão Ferraz, bispo de São Paulo da Igreja Católica Apostólica Brasileira, Horácio Lafer, J. B. Viana de Morais, além de outros. Era presidente da Organização Sionista em São Paulo Marcos Frankenthal, que soube dar o devido impulso para o seu desenvolvimento. Sérgio Milliet faria um discurso tocante e nessa manifestação discursariam ainda o dr. Juris, A. Tartakover e Leo Halpern.

Em 14 de novembro Leo Halpern participaria da abertura da campanha Nachalat Yehudei Brasil no Automóvel Clube, com a participação do dr. Pinchas Steinvaks, do Conselho Mundial Judaico, dr. Arie Tartakover, Jacob Schneider e outros membros das entidades judaicas. A idéia central era adquirir terras, 5 mil *dunams*, para a sua colonização, em nome dos judeus brasileiros. Com essa finalidade formar-se-ia um Comitê Especial composto por Vily Deutcher, prof. F. Feigl, Saul Saubel e Simão Dain.

Mas a Campanha da Nachalat Yehudei Brasil, sob a responsabilidade de Leo Halpern, não teve o pretendido sucesso, uma vez que não teve o devido apoio da Organização Sionista Unificada do Brasil, à testa da qual se encontrava Jacob Schneider[16]. Pela correspondência entre o representante do Keren Kayemet Leisrael em Jerusalém, Nathan Bistritski, e Jacob Schneider, fica patente que este último discordava da orientação imprimida à Campanha por Leo Halpern, que queria total independência em sua organização. Jacob Schneider, respondendo a carta de Bistritski, de 3 de abril de 1946, na qual este recriminava a lamentável situação na qual se dava "preferência" ao Keren Hayessod em detrimento à campanha do Keren Kayemet Leisrael, justificava sua atitude em função de acordos anteriores, que estabeleciam que as várias campanhas institucionais deveriam ser supervisionadas e coordenadas pela Organização Sionista, o que de fato não estava ocorrendo, em particular com a Nachalat Yehudei Brasil, e daí o seu fracasso[17].

As estatísticas, porém, dessa campanha, referentes ao ano de 1946, publicadas pelo escritório do Keren Kayemet Leisrael, apontam valores

---

16. Em São Paulo, Dov (Berl) Werebeczik, em 27 de dezembro de 1945, escreveu a Jacob Schneider em nome dos sionistas locais que, para dirigir o Nachalat Yehudei Brasil, fora indicado Leon Feffer. Col. J. Schneider, AHJB.

17. Veja cartas de N. Bistritski a J. Schneider, de 3 de abril de 1946, e de J. Schneider a N. Bistritski, de 10 de abril de 1946, em ídiche. Col. J. Schneider, AHBJ.

que não são tão decepcionantes quanto transparece na correspondência citada[18]. De fato, em carta de despedida de Leo Halpern a Jacob Schneider, de 16 de dezembro de 1946, ele expressa sua mágoa por não ter recebido o suficiente apoio em seu trabalho no Brasil e, mais do que isso, sofrido devido a oposição de duas ou três pessoas que lhes causaram sérias dificuldades. Porém, o reconhecimento de parte da população judaica e sua presença no aeroporto é o que lhe deu a certeza de que seu trabalho não fora em vão, apesar de tudo. Ele dirá que

contribuiu com sua parte modesta na construção do sionismo. Se não fossem os gratuitos obstáculos poderíamos realizar bem mais, e minha esposa é da mesma opinião. Porém, a mim foi destinado o trabalho pioneiro e carrego o título com orgulho, e agora outros poderão dar continuidade ao que fiz. Naturalmente devemos ficar atentos para que o que foi criado não seja destruído. Essa criança me é muito cara, pois me custou situações amargas e sofrimentos, que somente Deus pode saber a verdade[19].

Leo Halpern se aproximava da vida judaica no Brasil participando de eventos importantes de suas instituições educacionais, culturais e sociais. Em certa oportunidade o vemos na solenidade da inauguração do novo edifício do Colégio Hebreu Brasileiro[20], entre os muitos convidados que compareceram àquela cerimônia.

Nos finais de 1945, em 19 de dezembro, o Congresso dos Estados Unidos aprovaria a resolução, de número 44, apoiando o estabelecimento do Lar Nacional Judaico na Palestina, ao mesmo tempo em que se daria a nomeação de uma Comissão Conjunta Anglo-Americana de Investigação. Seus ecos chegariam a todos os demais países da Diáspora e fortificariam a convicção generalizada entre judeus e não-judeus sobre a necessidade de um Lar Nacional.

O movimento sionista teve um papel cultural e educativo na medida em que passou a organizar cursos sobre história judaica, língua hebraica, história do sionismo, promovidos pela Organização Sionista Unificada do Brasil, que congregava sob essa denominação todos os agrupamentos de jovens. Jacob Schneider seria novamente empossado como presidente do Executivo da Organização em 29 de novembro[21] e uma convenção seria convocada para 29 de abril de 1946, com a presença de Nathan Bistritski,

---

18. "Achnasot un Hotzaot fun Campain Nachalat Yehudei Brasil fun yhor 1946", Col. J. Schneider, AHJB.
19. Col. J. Schneider, AHJB.
20. *Aonde Vamos?*, 31 de dezembro de 1945.
21. Col. J. Schneider, AHJB. A carta em ídiche nomeando a J. Schneider e assinada por Leo Halpern, Artur Sherman e Manoel Coslovski data de 6 de dezembro.

Os Primeiros Passos: Leo Halpern e Ruth Kluger

Leo Halpern e a velha liderança que já demonstrava o quanto seria difícil aceitar novas idéias e também novas forças, mais jovens, que pudessem contribuir com sua visão atualizada para criar diferentes moldes organizacionais para o movimento, o que efetivamente nunca foi possível. Nesses dias também viria ao Brasil o talentoso representante do Keren Hayessod, Josef Tchornitzki, que se destacava pelo brilho de sua oratória num tempo em que as palavras tinham um poder de fascínio sem igual, para jovens e adultos. Mas divergências internas se faziam sentir nesses encontros, em que as ambições e as disputas pessoais criavam sérios entraves para o progresso do movimento, em especial as que se transformavam em posições regionais entre São Paulo e Rio de Janeiro. Contudo, a aproximação do XXII Congresso Sionista, que se realizaria em 23 de dezembro de 1946, foi importante para que o Executivo procurasse coordenar a ação de venda dos *schekalim* com o propósito de o Brasil ter a possibilidade de enviar seus delegados àquele congresso. Por outro lado, a atitude do Mandato Britânico na Palestina, em fins de julho de 1946, ao prender os líderes judeus, e a invasão de colônias judaicas motivaram a convocação de um encontro no Templo Israelita do Rio, num ato de solidariedade com representantes das duas organizações sionistas, ao mesmo tempo que se dava a criação de um Conselho Sionista de Emergência do Brasil. Nessa mesma ocasião passaria pelo Rio a caminho da Argentina o veterano líder do partido Poalei Zion de Esquerda, Jacob Zerubavel, que havia estado no Brasil há muitos anos, e por duas vezes deixara forte impressão a todos os que o conheceram. A agressividade britânica contra o *ishuv* na Palestina, com a prisão de milhares de pessoas, provocou uma reação mundial que atingiu também o Brasil, e em 1º de julho foi convocada uma grande manifestação organizada pelo Comitê de Emergência no Automóvel Clube do Brasil, com a presença do senador Hamilton Nogueira, Jacy de Souza Lima, Gilberto Freire, Luiz de Medeiros, José Lins do Rego, Tito Lívio Santana, Rodolfo Itamar de Carvalho, da União Nacional dos Estudantes (UNE), Leo Halpern, David J. Perez, Eduardo Horowitz, Miguel Weisfeld, de Porto Alegre, S. Bidlovski, de São Paulo, Jacob Schneider e boa parte da liderança sionista do Brasil. Alguns dias após, em 9 de julho, seria organizada uma manifestação no Estádio Municipal do Pacaembu, com a presença de um público de 20 mil pessoas, que juntaram suas vozes às dos protestos mundiais contra a política britânica na Palestina e as perseguições encetadas pelo Mandato[22]. Desse grande comício partici-

---

22. É preciso lembrar que devido a todos esses acontecimentos criar-se-ia no Brasil uma seção da JTA. (Jewish Telegraphic Agency) de Nova Iorque, para a qual viria o dr. Samuel Wohl ao Rio de Janeiro. Col. J. Schneider, AHJB (*JTA Daily News Bulletin*, 19 de abril de 1946, e carta de 4 de julho de 1946 dirigida a J. Schneider, ass. Jacob Landau.

param Arieh Tartakover, membro do Comitê de Ação Sionista, Josef Tchornitzki e a liderança sionista paulista.

Em agosto viria ao Brasil mais um emissário do Keren Kayemet Leisrael, do Escritório Central de Jerusalém, prof. M. D. Beinish, para incentivar a educação para o Fundo Nacional, além do escritor Moshe Gross-Zimerman, do Escritório Central do Keren Hayessod. A situação dos refugiados e vítimas da guerra mereceria em 1946 uma atenção especial do Centro Hebreu Brasileiro, que coordenaria a Campanha Unificada de Socorro aos Israelitas Vítimas da Guerra, lançada em 16 de setembro com a presença do dr. Nurok, enviado do Congresso Mundial Judaico, e dr. Schochkes, delegado do HIAS (Hebrew Sheltering and Immigrant Aid Society). A Campanha visava atender as necessidades de várias organizações, incluindo a ORT-OSE, HIAS e outras sociedades filantrópicas locais. O Brasil receberia também imigrantes da Europa e com isso formar-se-ia um Comitê de Emergência Pró-Imigrante, que mobilizaria elementos da comunidade para recebê-los e ajudá-los em todos os sentidos, incluindo tratamento de saúde, roupas, abrigo etc.

Do mesmo modo o JOINT (Joint Distribution Comittee), com seus delegados Cecília R. Davidson e Isaiah Rachovsky, faria sua campanha de auxílio às vítimas da guerra, e a questão da imigração no Brasil surgiria na ordem do dia sob estes dois aspectos: o da organização comunitária para permitir absorver e integrar os imigrantes que chegavam da Europa e o da política governamental brasileira cm relação à concessão de sua entrada ao país, uma vez que ainda nesse tempo as restrições preconceituosas do Itamaraty e outros organismos se manifestavam e continuariam a se manifestar até mais tarde em relação à "imigração semita"[23]. Em artigo escrito por Aron Neuman na *Aonde Vamos?* com o título "Tarefa Histórica para os Judeus do Brasil", abordava-se a questão mostrando-se, o quanto a comunidade estava pouco preparada para enfrentar o problema que afligia o mundo judaico logo após a Segunda Guerra Mundial[24].

23. *Aonde Vamos?*, 3 de outubro de 1946, em que se anunciava chegada de 150 imigrantes da Europa.
24. *Aonde Vamos?*, 7 de novembro de 1946. Aron Neuman, em artigo, intitulado "Indesejáveis", publicado em 12 de dezembro, aponta a má vontade dos funcionários do Itamaraty e da "campanha sincronizada com a ilegalíssima atitude de alguns funcionários de repartições que impedem os cônsules do Brasil de emitirem vistos de entrada em favor de judeus". Na data aportaram os navios *Campana*, *Jamaique* e *Almirante Alexandrino* com imigrantes judeus e como das vezes anteriores foram impedidos de desembarcar. Em 19 de dezembro, sensível e atento às questões de imigração, Neuman publicava, com o mesmo título "Indesejáveis?" (agora com sinal de interrogação), uma matéria onde recordava a política discriminatória do Governo Vargas, que foi objeto de uma interpelação do senador Hamilton Nogueira ao ex-ditador no momento em que se discutia a imigração japonesa. Hamilton Nogueira perguntou a Getúlio Vargas: "Não foi o governo de V. Exa. que impediu a entrada

Os Primeiros Passos: Leo Halpern e Ruth Kluger

No final de 1946, por ocasião das eleições dos delegados do Brasil para o primeiro encontro após a guerra, o XXII Congresso Sionista, que se realizaria em dezembro daquele ano em Basiléia, o movimento não pouparia esforços para manter uma representação condigna, ainda que a tensão entre as correntes partidárias levasse, em São Paulo, à anulação das eleições, realizadas em 27 de outubro, no Círculo Israelita, devido à conduta pouco ética de certos participantes.

A Organização Sionista Revisionista do Brasil, com a campanha Keren Tel Chai, receberia o enviado Miron Scheskin, assim como anteriormente recebera o capitão Zvi Kolitz, numa fase em que seu braço militar atacava as forças inglesas na Palestina, cuja agressividade contra o *ishuv* atingia proporções nunca anteriormente vistas. A política do Mandato, de interceptação de navios de refugiados-imigrantes e seu confinamento em Chipre, impedindo o desembarque em Eretz Israel, acirrou o ódio da população judaica e fortificou as posições dos grupos extremistas do tipo Irgun Zvai Leumi, que confiavam apenas na luta armada para expulsar os ingleses da Palestina.

À medida que a luta armada foi se intensificando, todas as organizações militares passaram a coordenar sua luta contra o domínio britânico. Entre 30 de abril e 4 de maio de 1947, realizou-se a Primeira Convenção Territorial da Organização Sionista Unificada do Brasil, no Rio de Janeiro, cuja abertura aconteceu no Automóvel Clube do Brasil. A inauguração dos

---

de judeus no Brasil? Não houve a proibição do visto no passaporte dos judeus que queriam vir para o Brasil?" A resposta do sr. Getúlio Vargas foi a seguinte: "Se alguns funcionários estabeleceram essa medida, a mesma não chegou ao meu conhecimento". Não sabemos, diz Neuman, quão boa é a memória do sr. Getúlio Vargas, mas uma coisa é indiscutível: aqueles funcionários a que se referiu existiam e ainda continuava a existir. O artigo narra com amargura os descalabros e a crueldade da "política" imigratória discricionária que vigiu durante o Estado Novo, período em que os judeus estavam sofrendo as maiores perseguições na Europa dominada pela besta nazista. Aron Neuman, ainda em 13 de fevereiro de 1947, publicaria mais um artigo, "Por Falar em Imigração...", onde faz referência a um artigo anterior, publicado em 6 de fevereiro sobre o "caso dos 9 judeus", que apesar de seus papéis estarem em ordem, foram impedidos de desembarcar no Rio de Janeiro pelas "autoridades", tendo que seguir para Buenos Aires com o navio *Argentina*, até que sob pressão das organizações comunitárias da capital conseguiu-se o seu retorno às terras brasileiras. Em seu artigo Aron Neuman escreve: "Ao mesmo tempo, cumpre esclarecer que já estão novamente saindo dos esconderijos os nazistas alemães e seus amigos e que não é destituída de base a desconfiança de que nestes últimos meses têm entrado na América Latina numerosos alemães fugitivos da justiça das Nações Unidas e que, portanto, certa propaganda contra a imigração judaica, tentando produzir pânico, gritando – Pega – em relação aos judeus não visa outro objetivo senão desviar a atenção daquela outra imigração... Nem ao menos grita aos céus a injustiça que se faz aos imigrantes judeus taxados de indesejáveis, eles, as vítimas de um crime horrendo, os poucos sobreviventes de uma das maiores tragédias de todos os tempos, tragédia que abalou também o Brasil, cujos filhos heroicamente lutaram e tombaram ao lado destas vítimas, contra seus opressores".

trabalhos contou com a presença do senador Hamilton Nogueira, e por essa ocasião veio ao Brasil, a convite do governo brasileiro, o renomado escritor e diretor do *La Nación* de Buenos Aires, Alberto Guerchunoff. Sua missão era entrar em contato com a intelectualidade e esclarecê-la sobre a questão da Palestina. Sua presença foi muito importante graças a sua respeitabilidade como intelectual e pessoa de contato com o Comitê Cristão-Brasileiro Pró-Palestina. Guerchunoff seria um embaixador da causa judaica no Brasil e nesse tempo criaria laços de amizade com Manasche Krzepicki, que já havia sido conquistado para o sionismo. Já em 24 de setembro de 1946, Manasche Krzepicki escrevia ao seu primo Samuel Sonnenberg, que vivia nos Estados Unidos, uma carta em que ele se expressava do seguinte modo:

Às vésperas do Rosh Hashaná, deixe-me enviar a você e tua família meus melhores desejos para um Leshaná Tová e que possa o Ano Novo trazer um fim para o Galut de nosso povo, em especial para aqueles que necessitam de um lar e abrigo, e que lamentam a perda de seus familiares. Enquanto o significado de ser judeu, em todos os tempos, era equivalente a ser forte, em nossos dias significa ser herói. Tenho uma fé inquebrantável que teremos sucesso em nossas esperanças de viver e conseguir renascer a Nação Judaica, não somente com *tefiles* [orações] mas com braços fortes, e seremos senhores de nossos destinos.

A linguagem que Manasche emprega nessa carta pessoal aponta claramente sua identidade com a causa sionista, mostrando ainda que estava espiritualmente pronto para aceitar as responsabilidades que de fato assumiria pouco depois. Quem o teria aproximado do sionismo e do nacionalismo judaico?

Sabemos que nesse tempo, como vimos anteriormente, encontrava-se no Brasil, vindo da Argentina, o ativista do movimento sionista Leo Halpern, que teria contatado, para contribuir para a instituição que representava, Manasche Krzepicki. Em lista da Campanha do Keren Kayemet Leisrael, publicada em 19 de dezembro de 1946 na *Aonde Vamos?*, ele já aparece como contribuinte no Livro de Ouro, junto com J. Schneider, A. Kogan, A. Steinberg e outros, o que demonstrava sua adesão ao sionismo "prático", que iria caracterizar sua personalidade e que daria a ele um papel central nas Campanhas da Haganá no Brasil. Nos dois artigos que publicou na revista *Aonde Vamos?*, assinando como "Manasche", ele parece revelar o que já dissemos sobre o que o teria motivado a atuar. No artigo "Mobilização", publicado em 16 de janeiro de 1947, ele escreve:

Temos nós agora de tomar sobre os ombros a herança desses grandes heróis e nobres dos ghettos, de Maidanek e Treblinka, de Bergen Belsen. Tornemo-nos judeus completos, de coração, no mais puro e elevado sentido da palavra e assim o conduzamos avante: conosco, para nós e em nós... Temos de cerrar fileiras disciplinadas; somos nós agora o quadro efetivo, fé e vontade, perseverança fanática no coração até alcançar a meta de reconstrução de nossa terra! Nisso consiste a salvação de nosso povo.

Em outro artigo, "Deus e nosso Direito", que escreveu em 20 de março, em tom indignado, devido ao seqüestro de mais dois navios pelos ingleses, levados para a ilha de Chipre, ele dirá que

grande é o nosso desespero. Nossas mãos se transformaram em punhos de aço e o seu martelar sobre as portas de nosso lar fará com que o mundo estremeça. Não há mais caminho de volta – também agora exigimos: "Deus e nosso Direito".

Como já dissemos, o conhecimento de Manasche Krzepicki com Leo Halpern deu-se no Brasil, por ocasião da vinda deste como enviado de parte do Keren Kayemet Leisrael. Mas quem era exatamente Leo Halpern? Pouco sabemos a seu respeito pois não encontramos qualquer biografia sobre sua pessoa, e o que sabemos se deve ao acaso de termos encontrado aqui e acolá, em publicações de língua ídiche da Argentina, alguns artigos escritos por ele mesmo e que revelam certos traços de sua personalidade. Em um artigo intitulado "Di vig fun Hashomer Hatzair iz gueven Galitzie" ("O Berço do Hashomer Hatzair Foi a Galitzia"), publicado no *Pinkas Galitzie (O Livro da Galitzia)*, editado por Nechemia Zucker sob os auspícios da União Israelita dos Imigrantes da Galitzia na comemoração do vigésimo aniversário de sua fundação (1925-1945), ele revelará muito de sua origem, infância e juventude. Parece, ou ao menos assim podemos inferir, que nasceu em Tchortkov, Galitzia, pois ele se refere ao ginásio polonês dessa cidade onde estudou e que segundo sua narrativa foi o berço do movimento Hashomer Hatzair. Ele participou e ajudou, juntamente com outros quatro estudantes judeus, a introduzir no movimento, isto em 1911, o caráter escáutico que teve no início, imitando com fidelidade o modelo das agremiações dos estudantes poloneses que haviam adotado o método educacional de Baden Powell. Antes, o grupo estudava história judaica e "palestinografia", rapazes e moças em separado, até que o grupo conseguiu convencer os pais a permitirem atividades em conjunto, estabelecendo uma estrutura de movimento juvenil judaico que na época era nova e inovadora. Pouco tempo depois formaram-se grupos em Lemberg, Cracóvia e outros lugares, e em 1913 as iniciativas locais se unificariam em um único movimento após um encontro central realizado em Lemberg. Ele atuou e liderou o Hashomer Hatzair de sua cidade durante vários anos e no final da Primeira Guerra Mundial serviu como soldado, após o que continuou a se dedicar ao movimento como o fizera antes. A guerra entre poloneses e ucranianos levou a uma situação na qual o movimento teve de se recolher e dispersar, mesmo porque o grupo mais velho, dos fundadores, seguiu caminhos pessoais diferentes. Leo Halpern, conforme nos revela, casou-se com sua companheira Ester Weinroib e preparou-se para viajar a Viena a fim de estudar. Nesse ínterim o movimento foi alvo da agressividade da polícia polonesa, proibido de atuar e seus membros perseguidos e presos, os quais com muita dificuldade seriam libertados posteriormente.

O anti-semitismo polaco se manifestava agora com mais violência, uma vez que a Galitzia já não fazia mais parte do Império Austro-Húngaro e a Polônia estava em processo de ser um país independente. A polícia polonesa havia, naquela ocasião, se apossado e rasgado os passaportes de Leo e sua esposa, que, percebendo a gravidade da situação, não mais voltaram para a sua residência e conseguiram, com falsos passaportes, chegar a Lemberg e de lá alcançar Viena. Nesse ponto, lamentavelmente, Leo Halpern interrompeu sua crônica pessoal, tão rica de lembranças sobre sua juventude e pela qual podemos inferir sua formação escolar e, parcialmente, seus ideais sionistas. Na associação dos judeus da Galitzia, na Argentina, ele atuou em um grupo amador de teatro ídiche, e pelo visto, seu interesse pelo teatro já vinha da Europa e dos tempos de juventude no Hashomer Hatzair. No *Segundo Almanack* dos judeus da Galitzia, editado em Buenos Aires em 1929, ele escreveria um artigo intitulado "Di Landsmanschaften un dos Theater" (As Associações de Imigrantes e o Teatro), o que confirma seu interesse nessa área. No *Yohr Buch* (Livro do Ano) do judaísmo argentino de 1945-1946, em um artigo que resume a história do teatro ídiche naquele país, Leo Halpern aparece como a figura central na criação do grupo Yung Argentine (Jovem Argentina), juntamente com Nechemia Zucker, Leib Malach, J. Botochansky, Misha Schwartz e outros. Leo Halpern tornou-se o dirigente principal do grupo, que se destacou pelo nível das representações que encenou[25]. Por outro lado, sua esposa Ester tornar-se-ia a atriz e declamadora de certo prestígio no meio teatral e literário de Buenos Aires, e ao acompanhar seu marido ao Brasil teria a oportunidade de declamar e participar de eventos literários para o público brasileiro. Podemos concluir portanto que Leo Halpern era um homem culto, nacionalista desde a juventude e impregnado de idéias que o levariam a atuar no movimento sionista muitos anos antes da formação do Estado de Israel.

Pelo visto escreveu, também, um romance, impresso no *Di Presse*, com o título *In Kampf far a Man* (*Em Luta por um Homem*), representado como peça[26] por atores do Teatro Soleil. No Brasil ele também

---

25. Yohr Buch fun idishen ishuv in Argentine, Buenos Aires, 1945-1946, pp. 203-217.
26. Klos, Max, Baim schain fun rampelicht, Buenos Aires, 1972, p. 254.

Os Primeiros Passos: Leo Halpern e Ruth Kluger

dava conferências sobre teatro, entre múltiplos temas diretamente vinculados à sua missão[27]. Em meados de 1938 ele já se encontrava em missão no Brasil para fazer a campanha Pró-Palestina Obreira, e possivelmente é a partir dessa data que passará a vir freqüentemente da Argentina ao país vizinho[28]. Sua participação na campanha Pró-Palestina Obreira revela que Halpern manteve os ideais de juventude, uma vez que estava ligada ao movimento *kibutziano* e à Histadrut, isto é, a Confederação dos Sindicatos Obreiros na Palestina. Até o ano de 1945, com o término da Segunda Guerra Mundial, Leo Halpern viria esporadicamente ao Brasil como enviado do Keren Kayemet Leisrael para a América Latina[29] e é a partir desse ano que sua presença entre nós far-se-ia mais constante. A razão para tanto se prende ao período de decisões de vida ou morte no cenário internacional que levou a Organização Sionista Mundial a mobilizar todos os esforços para a criação de um Estado judeu. A consciência da tragédia do Holocausto, a boa vontade das nações em solucionar os conflitos no mundo, a sensibilidade maior para a autodeterminação dos povos, tudo isso fazia daquele momento o indicado para favorecer uma decisão sobre a Palestina. Pessoas como Leo Halpern nunca poderiam ficar alheios à história e tampouco o movimento nacionalista judeu poderia dispensar os seus serviços para sua causa. Eram aqueles os anos que aproximavam "a vinda do Messias", tão esperado no passado e que agora o olhar esperançoso de um povo sofrido em seu exílio milenar, começava a vislumbrar no horizonte. Centenas e milhares de Leos Halperins dariam sua vida para participar desse momento. Tudo o que acontecera e o que estava acontecendo naqueles anos era considerado como "as dores de parto da vinda do Messias", tempos de sofrimento e de esperança, não mais dependendo de um grande milagre, como na Idade Média, mas de uma ação política bem coordenada no plano concreto da história. Leo Halpern, acompanhado de sua esposa, encontrava-se em 1945[30] no Brasil como enviado do Keren Kayemet Leisrael, a instituição tradicional fundada em 1901 para angariar fundos para a compra de terras em Eretz Israel e favorecer a colonização agrícola judaica na Palestina. No ano de 1946 Ester Halpern se mostraria tão ativa quanto seu marido, em particular

---

27. Um volante no Arquivo da BIBSA (Biblioteca Israelita Scholem Aleihem) anuncia uma sua conferência sobre "Teatro e os Israelitas" para 15 de dezembro de 1945. Arquivo da BIBSA, Rio de Janeiro.

28. *San Pauler Idiche Tzeitung*, 1º de maio de 1938. Arquivo Nachman Falbel.

29. L. Halpern mandaria uma mensagem de Ano Novo à juventude no boletim "Hatikva", números 7-9 (agosto-setembro de 1945), publicado pelo Círculo Cultural Iavne, em Porto Alegre. Arquivo Nachman Falbel.

30. *Aonde Vamos?*, 5 de julho de 1945. O Centro Hebreu Brasileiro o recepcionaria no mesmo mês, conforme notícia de 12 de julho.

dando espetáculos patrocinados pela Organização Juvenil Sionista Unificada do Brasil e em seu benefício, colocando seu talento à disposição da causa nacionalista. Seu, currículo mostra que foi uma líder sionista e membro destacado nos círculos filo-dramáticos da Galitzia, de Viena e, mais tarde, em vários países latino-americanos. Ela havia, de fato, formado grupos de jovens no Uruguai, Chile e Argentina e era membro do Executivo da Liga Pró-Palestina Obreira, além de organizadora do Comitê Feminino de Amigas da Histadrut na Argentina[31]. De seu lado, Leo Halpern percorria todas as capitais do país[32], ao mesmo tempo que publicava artigos sobre a instituição que representava[33]. Além do mais, tinha uma atividade organizacional intensa pois deveria criar comitês do Keren Kayemet Leisrael onde fosse possível. Em novembro de 1946 o vemos discursando numa Comemoração da Declaração Balfour, ao lado do dr. Jacob Hellman, do Congresso Judaico Mundial, e outros representantes de entidades que formariam um comitê local do Fundo Agrário[34].

A legalização das atividades sionistas no Brasil ensejou a oportunidade para a renovação e a criação de movimentos juvenis judaicos que, antes da proibição getulista de atividades de associações e da publicação de órgãos ou jornais em língua estrangeira, já haviam existido, desde os anos 30. Durante a Segunda Guerra Mundial, mais exatamente em 29 de setembro de 1942, um grupo de jovens do Centro Hebreu Brasileiro criaria em São Paulo um Departamento Juvenil que seria uma incubadora para os futuros movimentos sionistas-socialistas. Em meados de 1945 surgiria o Hashomer Hatzair que já existia anteriormente e agora reativada sua organização, tal como o movimento Betar e, nos finais do mesmo ano, o movimento Dror (ainda com o nome de Freiheit), o que demonstra o

---

31. *Aonde Vamos?*, de 25 de julho, informa que ela se apresentou na ABI (Associação Brasileira de Imprensa), com declamações em ídiche que causaram profunda admiração no público do Rio de Janeiro.

32. Em 22 de agosto de 1946 o *Aonde Vamos?* anunciava sua ida a Porto Alegre para participar da Campanha do Nachalat Yehudei Brasil.

33. Desde 1945 ele publicava na *Aonde Vamos?*, a começar pelo número de 2 de agosto, uma "Carta a um Jovem Judeu"; em 16 de agosto, "Encanta-me uma Orquestra Sinfônica"; 23 de agosto, "Oifn Pripetchik Brent a Faerl" (Na Estufa da Lareira Arde um Fogo); 6 de setembro, "Democracia e Paz"; 13 de junho de 1946, "As Funções de uma Organização Sionista"; 29 de agosto, "Os Sionistas e o Keren Kayemet" e outros. Sua esposa, também publicaria na *Aonde Vamos?*, em 12 de setembro de 1945, um artigo sob o título "Ignorância como Virtude (Carta a uma Amiga)". Em fins de novembro de 1946 seria publicada uma brochura de autoria de Leo Halpern, "Fundos da Organização Sionista Unificada", em ídiche e português. Ele também colaboraria com o *Jornal Israelita* do Rio de Janeiro, publicando em 29 de setembro de 1945 o artigo "A Mãe e o Filho"; em 15 de dezembro, "Artistas e Comparsas"; em 29 de dezembro, "Sobre uma Ponte de Papel..." e vários outros.

34. *Aonde Vamos?* de 7 de novembro de 1946.

Grande Recital de Poesias em Idisch

A CARGO DA

Sra. Esther Halperin

Dia 18 de Agosto
Domingo, às 20,30 hs.

Associação Brasileira de Imprensa

RUA ARAUJO PORTO ALEGRE, 71

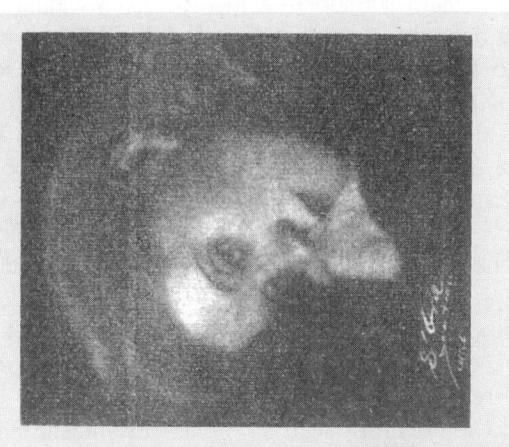

EM BENEFÍCIO DA ORGANIZAÇÃO
JUVENIL SIONISTA UNIFICADA
DO BRASIL

Esther Halpern, esposa de Leo Halpern, em recital no Rio de Janeiro, 1946.

quanto a tensão ideológica do pós-guerra teve um poder mobilizador de todas as camadas da população judaica.

Nos anos 30 já haviam surgido movimentos juvenis judaicos de caráter ideológico bem definido, como os já referidos Betar e Hashomer Hatzair, mas que não tiveram continuidade e sofreram as conseqüências da proibição getulista. Agora, com a legalização do movimento sionista, o Centro Hebreu Brasileiro de São Paulo, que vinha realizando atividades para jovens, imprimia às suas *moshavot* (acampamentos) uma orientação de estudo sobre a história do sionismo, conhecimento da geografia da Palestina e história judaica, que serviram para introduzir a muitos no conhecimento do judaísmo e do nacionalismo judaico. O prof. David J. Pérez, em um pequeno artigo publicado na *Aonde Vamos?* de 12 de abril de 1945 sob o título "Impressões da Moxabá de 1945", descreve o papel das *moshavot* como "a possibilidade de educar e aperfeiçoar o caráter humano, buscando a realização de um ideal".

Portanto, quando se dá a formação do movimento Hashomer Hatzair e do Dror, o elemento humano que os compõe é de jovens que já possuem uma concepção muito clara de seus objetivos e finalidades nacionais e sociais. Em 28 de junho de 1945 a *Aonde Vamos?* anunciava a fundação do Hashomer Hatzair no Brasil, cuja sua Hanhagá Harashit (Diretório) era composta de Uron Mandel, Paulo Feldman, Nachum Mandel, Moishe Strauch, Ana Illoz, Miriam Wilensky e os conselheiros Noé Feiguelman, Nachum Berger, Isaac Ostrovsky, Emilio Blay e Isaac Shapiro. O mesmo número informava que uma Hanhagá Elioná (Diretório Nacional) havia-se formado com Nachum Mandel, Moishe Strauch, Ana Illoz, Pola Schwartuch, Miriam Wilensky, Luiz Schechtman, Samuel Oksman, Henrique Fégies, Michel Legher, Henrique Rosset e Benjamin Raicher. Meses mais tarde, em 25 de novembro, o Hashomer Hatzair fazia no Clube Macabi de São Paulo uma festa de inauguração do movimento, de cuja mesa a *Aonde Vamos?* de 13 de dezembro dava os detalhes da composição, com Uron Mandel, Pinchas Feldman, Nachum Mandel, Amnon Yampolsky, Moishe Glat e Abrão Levandovski, representando aquele movimento, além de Aron Lerner, da Organização Sionista setor São Paulo, Mauricio Blaustein, do Keren Hayessod, Mordechai Hocherman, do Keren Kayemet Leisrael, I. Aizemberg, do Linke Poalei Zion, Leão Zitman, da Liga Pró-Palestina Obreira, J. B. Friesel, do Macabi, Julio Neuman, da Federação das Organizações Juvenis Judaicas de São Paulo, e o prof. Karolinski, do Irgun Hamorim (Associação de Professores). Em fins do mesmo ano de 1945, em 29 de dezembro, o *Jornal Israelita*, e no dia 31 a *Aonde Vamos?* publicavam uma nota sobre a fundação da Organização Juvenil Sionista Socialista Freiheit em São Paulo, tradicional movimento juvenil europeu que já existia na Argentina desde 1934, na qual se informava a constituição de uma comissão provisória com os seguintes membros: Isaac Fuks, Abrahão de Weber, Israel Steinbaum e Henrique Ritenband. O Dror nome que substituiu o ídiche Freiheit, teria, assim como os demais movimentos, *sniffim* (filiais) em outras capitais do país, tornando-se um catalisador dos anseios da juventude judaica após guerra. A história dos movimentos juvenis no Brasil ainda está por ser escrita, mas ela encerra um dos capítulos mais importantes que a juventude judaico-brasileira desempenhou na disseminação de ideais sociais, não somente no âmbito restrito de sua comunidade, mas na sociedade brasileira como um todo.

Leo Halpern, estando no Brasil e voltado permanentemente ao papel da juventude, também teve uma atuação direta no incentivo às organizações que davam seus primeiros passos como movimentos juvenis definidos ideologicamente como sionistas-socialistas. Ele participou no desenvolvimento do Dror em Porto Alegre e Curitiba, que, em setembro de 1946, em encontro com seus dirigentes para dirimir questões internas e ajudá-los a superar dificuldades organizacionais, confirmou a liderança sulina daquele movimento à frente da Lishká Latino-Americana (Central Latino-Americana) em Buenos Aires.

Em meados de 1946 ele estaria a serviço do Fundo Nacional Judaico, junto com o excelente e vibrante orador, Nathan Bistritski, que naqueles tempos empolgava as multidões que o ouviam, auxiliado não somente pelo *pathos* de sua oratória mas também pela sua figura carismática[35].

A mobilização da Diáspora era um dos pilares da política sionista que se fazia em vários planos abrangendo o político propriamente dito, o econômico que se revelava pelas múltiplas campanhas de auxílio aos refugiados, às vítimas da guerra, aos vários setores da colonização da Palestina incluindo-se a aquisição de terras para o Fundo Nacional Judaico, para o plantio de árvores bem como para fins educacionais e culturais. A transformação de entidades de ajuda aos necessitados da guerra na Europa,

---

35. *Aonde Vamos?*, 14 de março de 1946. Em 27 de março eles estavam presentes em um Manifesto da OJSUB (Organização Juvenil Sionista Unificada do Brasil), realizado no Automóvel Clube do Rio. Leo Halpern falou sobre o papel da juventude na libertação de um povo. Em 29 de abril, na Primeira Conferência dos Sionistas do Rio, ambos estariam participando com várias conferências tais como "Sionismo em 1946" de Bistritski, e "As Funções da OSU no Brasil", de Halpern, conforme anunciava *Aonde Vamos?* de 25 de abril daquele ano. Bistritski ainda falaria na A.B.I. no dia 17 sobre o tema "Palestina como Ponte entre Oriente e Ocidente". Também vemos a Leo Halpern participando da abertura dos cursos de hebraico e história do sionismo pela OJSUB em 25 de abril. O seu passado de membro de movimento juvenil o manteve ligado aos desenvolvimentos das organizações juvenis, tanto na Argentina quanto no Brasil, onde participou em vários encontros dos mesmos. Na Argentina publicava na revista do movimento Dror *Yugent Avangard* (Vanguarda Juvenil), escrevendo no nº 51, de junho de 1948, editado pelo Escritório Latino-Americano, um artigo sob o título "Organizatzie" ("Organização"), em que expõe certas idéias para difundir os seus ideais entre a juventude.

entre elas o veterano Centro Hebreu Brasileiro de Socorro aos Israelitas Vítimas da Guerra fundado em 1940, dar-se-ia naturalmente com o término da mesma e a perspectiva da criação de um Estado Judeu. No plano interno a comunidade judaica no Brasil, a despeito da continuidade da política discriminatória do Governo Vargas de aceitarem imigrantes judeus ainda nesses anos após a guerra, deveria se articular para absorver e ajudar os que aportavam por aqui.

A mobilização política em 1947 tornou-se mais e mais intensa, pois o debate sobre a questão da Palestina já estava na Ordem do Dia das Nações Unidas e sabia-se que o grande momento aproximava-se, tornando-se importante contar com o apoio dos países agrupados nessa entidade, que deveria decidir o destino do povo judeu.

O movimento nacionalista judaico também entraria numa fase de atuação febril e a Organização Sionista Unificada do Brasil organizaria, em 30 de abril de 1947, no Rio de Janeiro, a Primeira Convenção Territorial, à qual já nos referimos. Cuja abertura dar-se-ia no Automóvel Clube do Brasil, com a presença de representantes do Comitê Cristão Brasileiro Pró-Palestina e um grande público. Jacob Schneider, presidente da Comissão Executiva Provisória, saudaria os delegados vindos de vários Estados do Brasil. Estariam presentes o *sheliach* do Keren Kayemet Leisrael do Executivo Sionista Mundial, Josef Krelenboim[36], José Leão Padilha, secretário do Comitê Cristão Brasileiro Pró-Palestina, Rabino H. Lemle, Jacob Helman e o vereador Tito Lívio de Santana. Na ocasião se enviaria um telegrama de congratulações ao ministro Oswaldo Aranha pela sua eleição ao alto cargo de presidente da Seção Extraordinária da ONU que deveria discutir o problema da Palestina. Na ordem dos trabalhos constavam as campanhas para o Keren Kayemet Leisrael, Keren Hayessod, Educação e Cultura, Divulgação e Política Sionista etc. Pela primeira vez reuniam-se representantes das organizações sionistas de todo o país para avaliar sua força, seus objetivos e sua ação frente às comunidades brasileiras e Eretz Israel. Como vimos, nessa ocasião o escritor argentino Alberto Gerchunoff também viria ao Brasil e estaria presente no Congresso[37]. A juventude e os movimentos juvenis estariam amplamente representados nesse I Kinus (Congresso) Nacional, em que, além de Jacob Schneider e outros veteranos, participariam os líderes do movimento Hashomer Hatzair, Dror e demais organizações[38].

---

36. Josef Krelenboim, segundo depoimento de Hilda, teve influência sobre Manasche em sua aproximação para com os assuntos da Haganá.

37. V. Relatório da OSUB (Organização Sionista Unificada do Brasil) – Setor Rio Grande do Sul. Col. Jacob Schneider, AHJB.

38. Entre os jovens estavam Amnon Yampolski, Moisés Glatt, Bernardo Cimring (Dov Tzamir), que teriam um papel importante na liderança daqueles movimentos.

A presença de personalidades de fora que viajavam em nome de suas organizações era extraordinária naqueles dias. Assim como viera anteriormente Nathan Bistritski, chegara ao Brasil outro orador de talento e que empolgava a quem o ouvisse, o ativista do Keren Hayessod Yossef Tchornitzki, que viajava de cidade em cidade divulgando os ideais sionistas, além de fazer uma campanha de fundos para sua instituição. Também em meados de 1947, passaria pelo Brasil em nome do Congresso Judaico Mundial o dr. Nahum Goldman, que teria uma atuação decisiva na vida pública judaica durante muitos anos[39].

Importante seria a atuação do Comitê Cristão Brasileiro Pró-Palestina, que desde os inícios de 1947 surgira para formar uma opinião pública favorável à causa sionista na Palestina. Foi resultado de uma Conferência Mundial Pró-Palestina, reunida em Washington em 2 de novembro de 1945 com a participação de 31 nações, ocasião na qual foi fundado o Comitê Mundial Pró-Palestina[40]. Instalado na Avenida Calógeras, nº 15, no Rio de Janeiro, contava com a participação de intelectuais de renome no país, passando a ter um papel moral significativo em seu apoio à criação de um Estado judeu. O Comitê era presidido pelo prof. Inácio Azevedo do Amaral, reitor da Universidade do Brasil, o senador Hamilton Nogueira, Euryalo Canabrava, deputado Campos Vergal, vereador Tito Lívio de Santana, o escritor José Lins do Rego, as professoras Celina Padilha, Maria Luiza Azevedo Cruz, a poetisa Elora Possolo, o jornalista Eloi Pontes, a escritora Ana Amélia de Queiroz Carneiro de Mendonça, dr. Carlos Luiz de Andrade Neves e muitos outros[41].

A figura central do Comitê era o prof. Inácio de Azevedo Amaral, que fora diretor da Escola Nacional de Engenharia, personalidade de prestígio e idealista com raras qualidades humanas, que tinha presidido anteriormente o Comitê Brasileiro Pró-Instituto Científico Chaim Weizmann desde 1945, por ocasião de seu septuagésimo aniversário, quando se homenageou o grande cientista num banquete memorável em 18 de abril no Automóvel Clube do Brasil, com a presença de altas personalidades como embaixador dos EUA, Adolf Berle Jr., o embaixador José Roberto Macedo Soares, o ministro interino das Relações Exteriores e outros membros do governo. Na ocasião, como já lembramos anteriormente, encontrava-se no Brasil, Rachelle Sephardi Yarden, diretora do Departamento Latino-Americano da Agência Judaica (Jewish Agency for Palestine), que

---

39. *Aonde Vamos?*, 10 de julho de 1947. Encontravam-se nessa ocasião em campanhas do Joint e HIAS o jornalista George Greenspun e Mark Turkow respectivamente, que organizaram um grande *meeting* na ABI., com a participação do prof. Hamilton Nogueira, os rabinos M. Tzikinovski, M. Zinguerevitz, H. Lemle e o escritor Ernesto Feder.
40. *Aonde Vamos?*, 31 de dezembro de 1945.
41. *Aonde Vamos?*, de 21 de agosto de 1947.

já se havia encontrado com o ministro Leão Velozo e fora recebida como uma verdadeira embaixatriz do povo judeu na Palestina. Os discursos proferidos durante o banquete revelavam a admiração universal pela obra científica de Weizmann, o pesar pela perda do recém-falecido Franklin Delano Roosevelt, tendo como fundo as expectativas em relação ao povo judeu com a aproximação do término da Segunda Guerra Mundial.

Por ocasião do banquete oferecido a Alberto Guerchunoff na Associação Brasileira de Imprensa em maio de 1947 os membros do Comitê Cristão Brasileiro Pró-Palestina enviaram um telegrama a Oswaldo Aranha, delegado brasileiro na Onu com o seguinte teor:

Reunidos num almoço da ABI em torno do jornalista Alberto Guerchunoff, acabamos de ouvir as comovidas referências ao seu nome e a esperança ardente de toda comunidade judia pela sua ação a favor da grande raça, eternamente perseguida, e a quem tanto deve o ser humano. Às palavras do jornalista argentino unimos as nossas, fazendo um apelo ao seu generoso coração para o seu ativo idealismo no sentido de fazer triunfar a grande causa da Pátria Judaica. a) J. E. Macedo Soares, Costa Rego, Edmundo da Luz Pinto, Augusto Frederico Schmidt, Francisco de Assis Barbosa, Alberto Guerchunoff, Renato Almeida, João Melo, Jarbas de Carvalho, Samuel Wainer, Lopes Gonçalves, Bastos Tigre, Gastão de Carvalho, Guerra Fontes e Herbert Moses[42.]

Como já dissemos, Manasche Krzepicki travaria conhecimento com Guerchunoff e manteria com ele uma longa amizade, conforme pudemos constatar em sua correspondência.

Em agosto de 1947 realizava-se no Rio de Janeiro uma Conferência Interamericana com representantes de vários países do continente, o que era uma ocasião propícia para membros do Comitê Cristão Brasileiro Pró-Palestina atuarem, assim como outros que vieram de fora, com a finalidade de focalizar o problema da Palestina junto aos diplomatas que ali se encontravam[43]. Como já dissemos, o Comitê Cristão Brasileiro Pró-Palestina, fazia parte do Comitê Mundial Pró-Palestina sediado em Nova Iorque e que reunia cerca de 30 associações espalhadas em todo mundo.

Os meses que antecederam a resolução da Assembléia Geral da ONU de 29 de novembro sobre a Partilha da Palestina, presidida por Oswaldo Aranha, sob o aspecto diplomático envolveram aqueles intelectuais e políticos brasileiros filo-sionistas, que não pouparam esforços para difundir e influir a opinião pública sobre a questão em pauta durante aquele ano de 1947. O Comitê chegou a publicar um boletim que visava esclarecer a necessidade da criação de um Estado judeu e tudo indica que seus membros

42. *Aonde Vamos?*, 8 de maio de 1947.
43. *Aonde Vamos?*, 28 de agosto de 1947.

procuraram influir nos altos escalões do governo brasileiro para que apoiasse a causa sionista através de seu representante na ONU. É interessante observar que Jacob Schneider, anos mais tarde, durante a visita do Ministro das Relações Exteriores do Estado de Israel Moshé Sharet e a recepção preparada especialmente a ele, ao relatar sobre o papel do sionismo no Brasil, diria que

> naquele mês de novembro eu recebi um telegrama de Moshé Toff pedindo para que influíssemos para ganhar o Brasil à nossa causa. Na ocasião me dirigi ao atual Ministro das Finanças, Horácio Lafer, na época deputado, que prometeu ajudar na questão e logo no segundo dia, com cinco líderes da Câmara teve uma audiência com o ministro das Relações Exteriores Raul Fernandes, que lhe respondeu: "hoje mesmo instruirei por telegrama nossa delegação para votar em favor da Partilha". Após dois dias recebemos um telegrama de Moshé Toff [dizendo] que com o Brasil estava tudo certo. Porém, entrementes, não nos satisfizemos e quando Oswaldo Aranha foi designado como presidente da Assembléia da ONU, solicitamos que o senador Hamilton Nogueira contatasse telefonicamente a Oswaldo Aranha pedindo que, como presidente, [fizesse] todos os esforços para que nos favorecesse. E Aranha lhe prometeu que faria tudo para alcançar o desejado sucesso. E de fato ele assim se conduziu, e quando o delegado francês apresentou uma proposta para adiar a votação Oswaldo Aranha não a considerou e a colocou em votação. Sua Excelência, eu trouxe tudo isso ao senhor para que, como ministro do Exterior, soubesses que os sionistas no Brasil estavam atentos e fizeram todo o possível[44].

Logo após a resolução sobre a Partilha da Palestina, os distúrbios e conflitos armados entre judeus e árabes se intensificaram acentuadamente, e no início de 1948 a luta naquele território e em suas fronteiras, ainda com a presença inglesa, era visível em muitos lugares, antecipando a guerra generalizada que iria ocorrer com a proclamação do Estado de Israel em 14 de maio daquele ano. A atmosfera que pairava no ar e criava tensões que eram compartilhadas pelo judaísmo da Diáspora indicava que o Estado judeu iria enfrentar uma batalha decisiva pela sua sobrevivência e, nesse sentido, todos os sacrifícios eram poucos para ajudar os irmãos que lutavam na Palestina em nome de um povo que esperara dois mil anos por seu renascimento. Tudo isso implicava, na prática, a compra de armas para a Haganá, isto é, o exército judeu que vinha defendendo havia longo tempo a população judaica da Palestina contra ataques de bandos árabes, que nem sempre eram desse território, mas que se infiltravam de fora, dos países ao redor, o que passou a ser, naqueles dias, algo comum.

---

44. Col. J. Schnaider, AHJB (discurso em ídiche).

No Brasil como em outros países, a Partilha da Palestina, foi um momento de glória e regozijo que se manifestou em grandes assembléias e comícios, aos quais acorriam milhares de pessoas, tal como o já referido evento realizado no Pacaembu em São Paulo, que lotou o estádio com homens, mulheres e crianças que vinham de todos os bairros da cidade a fim de externarem a sua euforia[45]. Ao mesmo tempo se proclamava a Campanha de Emergência Pró-Haganá, com a presença da figura extraordinária de Ruth Kluger, que viera ao Brasil com essa finalidade.

Ruth Kluger, que já tinha uma folha de serviços invejável, nascera em Kiev em 1910 e fizera seus primeiros estudos em Chernovitz, ainda na Romênia, formando-se mais tarde em Direito, em Viena. A partir de 1930 foi viver em um *kibutz*, Mishmar Haemek e depois Givat Haim, na Palestina. Em 1939 ingressou no Mossad para assumir uma missão da Aliá Beit, a imigração ilegal, na Romênia, juntamente com outros companheiros espalhados em alguns países da Europa sob a perseguição nazista. Forçada a sair daquele país em 1941, em plena guerra, continuou seu trabalho na Turquia e depois no Egito, onde organizou a imigração ilegal de judeus dos países árabes à Palestina. Essa fase de sua atividade na Europa, narrada em seu livro *The Last Escape*, mostra uma mulher destemida que se entregou à causa de seu povo. Com a libertação da França, em 1944, ela foi, como agente do Mossad, a Paris com a finalidade de resgatar e salvar crianças judias que se abrigaram em mosteiros e casas de cristãos para escaparem do extermínio. Auxiliada por franceses e membros do Maquis, estabeleceu contato com o Supremo Comando Aliado, então sob a chefia de Dwight Eisenhower. Os americanos puderam com isso ajudá-la em seu trabalho colocando a sua disposição o navio de tropas *Ascaia*, no qual ela remeteu, em outono de 1945, 2.600 judeus à Palestina, burlando as proibições dos ingleses, que procuravam agora impedir que se repetisse tal feito. Assim mesmo, Ruth conseguiu enviar com sucesso um outro navio de refugiados. Foi Ben Gurion que sugeriu a mudança de seu nome para Aliav (seu nome de família original era Polissuk), que corresponde à a expressão "Aliá Beit". Posteriormente, em 1947, ela foi agraciada pelo general Charles de Gaulle com a Cruz de Lorena pela sua atuação no movimento subterrâneo francês, e no mesmo ano ela receberia do governo francês a Legião de Honra. Durante a Guerra da Inde-

---

45. Também as autoridades brasileiras não deixaram de manifestar seu apoio à Partilha, tal como ocorreu em vários Estados do País. Em Porto Alegre, o deputado Flores Soares proferiu um entusiástico discurso na Assembléia em 1º de dezembro de 1947 (Col. A. Schneider, AHJB). Mas, por outro lado, certos líderes sionistas, como Marcos Frankenthal, de São Paulo, em carta a Jacob Schneider, de 30 de dezembro de 1947, exigia uma ação mobilizadora da comunidade, que a seu ver se mostrava pouco informada sobre os acontecimentos na Palestina (Col. J. Schneider, AHJB).

pendência de Israel ela se dedicou a angariar fundos para a compra de armas para o exército, estendendo sua atuação ao continente sul-americano, bem como a outros lugares. Nos últimos anos de sua vida, além de escrever, dedicou-se a várias causas civis e passou a atuar na Companhia de Transportes Marítimos de Israel (Zim). Ruth viria a falecer em 1980. Quanto a sua vinda ao Brasil em 1947, sem dúvida era a pessoa indicada, devido à sua experiência, a incentivar a ajuda que deveria se dar ao exército judeu em luta contra os seus inimigos naqueles anos decisivos.

Em 1º de dezembro, dias após a Partilha, Manasche se encontrava em Santiago do Chile e assim escreve em carta a Hilda que ele fora "descoberto" e convidado a ir a Buenos Aires para festejar o grande acontecimento. Foi Moisés Senderey que, ao saber que estava no Chile, o fez com que viesse até Buenos Aires. Esse dinâmico ativista nasceu na Rússia em 1891 e imigrou em 1912 para a Argentina com seus pais, para se estabelecer na colônia Mosesville. Mais tarde passaria a viver em Buenos Aires, onde estudou medicina e ciências humanas. Foi professor e diretor de estabelecimentos de ensino e se entregou à vida comunitária judaica argentina, atuando como jornalista e escritor nos órgãos de imprensa mais importantes do país. Sionista convicto, foi um dos seus melhores divulgadores e propagandistas, não somente na Argentina mas em vários países da América Latina, incluindo o Brasil, para onde vinha freqüentemente a fim de auxiliar em campanhas e participar de encontros e congressos. Viria a falecer em 1970 em Buenos Aires, após prestar um imenso serviço à causa sionista. Durante as campanhas da Haganá promovidas pelo Clube Chaim Weizmann, Senderey viria ao Brasil a convite de Manasche Krzepicki[46].

Senderey, que havia estado várias vezes no Brasil e conhecia bem a Manasche, introduzia a nossa personagem nas comemorações de forma "bombástica", elogiando-o ao ponto dele escrever: "tenho vergonha em ser de longe aquilo que me fazem parecer... Assim agüento firme, calado, e isso, parece, ainda vem aumentar a curiosidade e as reverências". Manasche jantaria com Guerchunoff, numa casa repleta de intelectuais, ocasião em que seria apresentado como "uma espécie de Schacht" às pessoas que o rodeavam. Nessa época, em Buenos Aires, também se encontrava Ruth Kluger, à qual ele se refere como "uma fábrica que trabalha a todo vapor, apesar de adoentada, das 7 da manhã até as 3, ou mais, tarde da noite". A carta de 1º de dezembro revela o quanto o trabalho de Manasche Krzepicki já era conhecido lá fora e o quanto seu nome era respeitado

---

46. Veja carta de Senderey a J. Schneider de 21 de fevereiro de 1948, em ídiche. (Col. J. Schneider, AHJB). Nessa carta ele se escusa por não poder vir e atender aos apelos de Manasche.

nos círculos sionistas e judaicos compromissados com a reconstrução de Eretz Israel. Uma prova adicional de sua respeitabilidade se encontra no teor da carta de Senderey, escrita a Manasche em 10 de março de 1948, na qual ele o consulta sobre a aproximação do Comitê do Brasil com o da Argentina, idéia sugerida por Ruth Kluger[47] a respeito da qual ele, Senderey, quis ouvir a sua opinião.

Além da campanha pró-Haganá, eram realizadas outras campanhas paralelas, tais como a do Keren Tel Hai, dos revisionistas, que na Palestina eram identificados com o Irgun Zvai Leumi, que formava, até sua fusão com a Haganá, um corpo militar à parte. Organizaram-se *meetings* Pró-Haganá com a presença de Ruth Kluger, além de outro enviado de Eretz Israel, Arie Chill. Ruth Kluger havia fundado o Clube Chaim Weitmann em 1947, composto de simpatizantes da Haganá no Brasil e cujo endereço servia para centralizar e administrar as contribuições de todo país. A fundação oficial dera-se em setembro de 1947 e o clube contava com os ativistas dr. Adolfo Basbaum, Adolfo Schechtman, José Adler, Manasche Krzepicki, Jaime Novak, Israel Dines e Bernardo Dain. Uma entrevista coletiva à imprensa judaica, concedida em março de 1948 e publicada em 11 daquele mês, revela bem o estado de espírito que animava o seu Executivo ante a situação de guerra na Palestina e a disposição de prestar toda a ajuda à sua população judaica. Uma seção feminina do Clube Chaim Weitmann seria criada em 25 de maio de 1948 por iniciativa de Esther Schechtman[48].

Em 25 de março de 1948, durante a intensificação das escaramuças militares na Palestina entre judeus e árabes, o Comitê Central de Emergência Pró-Haganá, afirmava que estava em contato com os altos dirigentes da Agência Judaica e da Haganá, garantindo que não havia qualquer razão para desespero, mas era necessário multiplicar os esforços para ajudar os soldados que lutavam pela sobrevivência da população em Eretz Israel[49].

A Campanha Pró-Haganá contava com ativistas do porte de Israel Dines, Aron Bergman, dr. Bernardo Dain, que viajavam às capitais dos Estados para angariar fundos. Presidia o Comitê Adolfo Basbaum e Manasche Krzepicki era seu secretário geral. Israel Dines, que era um dos líderes, juntamente com Aron Bergman, do Partido Poalei Zion no Brasil e tinha um passado de militância partidário-ideológica no sionismo-socia-

---

47. Ruth Kluger, após ter realizado seu trabalho no Brasil, seguiria para Montevidéu e Buenos Aires. Ainda em junho de 1948 ela se encontrava no continente, pois escreveu a Manasche e Hilda duas cartas de Montevidéu (15 e 16 de junho).
48. *Aonde Vamos?*, 27 de maio de 1948.
49. *Aonde Vamos?*, 25 de março de 1948. Anteriormente, em 26 de fevereiro, o mesmo periódico publicava um "Apelo da Haganá ao Ichuv do Brasil, em Nome do Clube Chaim Weitzman, Av. Venezuela, 27 – sala 7", pedindo contribuições.

lista, além de uma folha de serviços extraordinária prestada às instituições comunitárias beneficentes de ajuda ao imigrante, bem como às culturais e ao movimento nacionalista, era sem dúvida um nome bem indicado para integrar tal comissão. E é significativo o fato de que ele, juntamente com Bergman e Levinsohn, também do Poalei Zion, tenha recebido uma carta de David Wertheim, diretor do Departamento Latino-Americano do Comitê Nacional Pró-Palestina Obreira, em 20 de fevereiro de 1948, que se referia à interrupção da campanha que se vinha fazendo no Brasil para a entidade que presidia, devido à prioridade da campanha de emergência da Haganá. A discussão sobre prioridades sempre existiu no movimento sionista e nas instituições em relação a tais campanhas. Para Manasche a campanha de emergência da Haganá estava acima de qualquer discussão, porém Wertheim pedia que não se confundissem os argumentos e que os responsáveis se esforçassem em agendar a continuidade da campanha "Obreira", da Histadrut, que havia sido interrompida[50].

Às vésperas da proclamação do Estado judeu, em 12 de maio, o Comitê Central do Clube Chaim Weizmann reuniu-se para acompanhar os acontecimentos na Palestina, enviando telegramas a Ruth Kluger, a Chaim Weizmann, ao Alto Comando da Haganá, ao Governo Provisório do Estado de Israel, aos Comitês da Haganá em todo o Brasil. Eram dias de júbilo e tensão na comunidade, iluminada por uma auréola de profunda emoção coletiva e individual[51]. A expressão hebraica "hainu que cholmim" (como se estivéssemos sonhando) se aplicava perfeitamente àquela atmosfera singular que envolvia a todos em um momento único e inigualável, incapaz de se repetir em toda uma vida.

Não é de estranhar que sob a influência de um enviado de Israel, Schlomo Lipski, delegado do Keren Kayemet Leisrael, cerca de cinqüenta pessoas resolvessem se estabelecer em Israel naqueles dias. Em boa parte eram ativistas das organizações sionistas e jovens de todas as origens. A ida a Israel a ajuda para a construção do novo Estado eram um velho ideal dos movimentos juvenis judaicos de todos os matizes ideológicos, de direita e esquerda, e é justamente nesse tempo que se criaria a primeira *hachshará* (fazenda de treino agrícola) do movimento juvenil Dror, em 27 de março de 1949, a alguns quilômetros de Jundiaí, para servir de centro de preparação de jovens judeus para o trabalho agrícola em Israel[52].

O Departamento Feminino do Clube Chaim Weizmann de São Paulo, juntamente com as Mulheres Pioneiras, ajudaria nos preparativos festivos

---

50. Col. Israel Dines, AHJB
51. *Aonde Vamos?*, 20 de maio de 1948.
52. *Aonde Vamos?*, 31 de março de 1949. Leo Halpern estava presente na inauguração, assim como Israel Dines, Marcos Frankenthal, Simon Dain e Febus Gikovate, do Partido Socialista do Brasil.

Leo Halpern discursando em comemoração da Declaração Balfour. Rio de Janeiro, 1946.

da inauguração. Mas não seria a única *hachshará*, pois o Betar e o Hashomer Hatzair também inaugurariam as suas, o que justificaria a formação de um Misrad Aliá (Escritório de Imigração) da Organização Sionista Unificada, que trataria de assuntos relativos às pessoas que desejavam ir a Israel[53].

Em março de 1949 já se comemorava o primeiro ano da independência de Israel e o Comitê Pró-Palestina reunir-se-ia para um almoço com a presença de todos seus membros, entre eles Austragésilo de Athayde, Josué de Castro, Dante Costa, Francisco Augusto Xavier e muitos outros. A parte judaica contava com Jacob Schneider, Wolf Klabin, Samuel Malamud, cônsul honorário, e Abraão Kogan. O Comitê continuava ativo e mostrava sua participação em eventos como a exposição organizada por Lily Roth, *Israel Ressurge*, na ABI, que atraiu membros da intelectualidade brasileira ligados àquela entidade, tais como o reitor da Universidade Católica do Rio de Janeiro, padre Paul Bannwarth, o diretor da Agência Nacional, Vieira de Melo, Heitor Moniz, diretor da Divisão de Imprensa daquele órgão, jornalistas e escritores como José Lins do Rego, Dante Costa, Barreto Leite, Aristeu Aquiles, Samuel Wainer, Benedito Coutinho, além do prof. Inácio de Azevedo Amaral e o senador Hamilton Nogueira. O presidente do Clube Chaim Weizmann, Manasche Krzepicki, também estava presente e naqueles mesmos dias estaria recepcionando o coronel David Shaltiel, que viria a ser o primeiro embaixador de Israel no Brasil e sobre o qual falaremos mais adiante. Um almoço seria programado no Copacabana Palace com o coronel Shaltiel e representantes do exército brasileiro, com a presença do ministro da Guerra general Canrobert Pereira da Costa e outras patentes. A figura de Manasche Krzepicki estava também presente entre os que representavam a comunidade local[54].

A missão do coronel Shaltiel estava associada a questões militares de Israel e ao possível estabelecimento de relações com membros dos exércitos dos países sul-americanos. Além do mais, ele viria para a Campanha de 1949 como representante do Bitachon, isto é, da segurança de Israel, conforme carta de 17 de junho de 1949 de Rahel Mizrachi e Arieh Manor, representante do Bitachon e do Departamento Latino-Americano

---

53. *Aonde Vamos?*, 7 de abril de 1949. A composição do Escritório de Aliá era formada por representantes de vários partidos políticos e da OSU do Rio e São Paulo, sendo presidida por Abram Ribinik, veterano do movimento no Brasil. Sobre a *hachshará* do Dror, poucos meses após a inauguração seria ventilada uma jocosa notícia no jornal *A Época* de que "rapazes estariam recebendo preparo militar, com armas modernas, inclusive projetos e desenhos de bombas atômicas em miniatura", o que vem comprovar, mais uma vez, que a imbecilidade jornalística não tem limites.

54. Em foto publicada no *Aonde Vamos?* de 7 de julho de 1948, vemos Manasche ao lado dos militares brasileiros e o coronel Shaltiel brindando aos dois países. Sua foto aparece também na exposição *Israel Ressurge*, em número anterior da mesma revista.

do Ministério de Defesa de Israel, dirigida ao Clube Chaim Weizmann. Shaltiel, após passar pelo Brasil, seguiria para Montevidéu, Buenos Aires e Santiago do Chile, permanecendo cerca de uma semana em cada lugar com os mesmos objetivos de sua missão.

Nessa época, isto é, o ano de 1949, as campanhas em favor de Israel se faziam sem o mesmo entusiasmo inicial dos anos que precederam a formação do Estado judeu. Por outro lado, a falta de capital monetário do novo Estado, que vivia uma situação de guerra desgastante, exigia um esforço imenso por parte das comunidades da Diáspora, o que pode ser sentido em carta enviada por Henry Morgenthau Jr. ao enviado Josef Tchornitztki, encarregado da Campanha no Brasil (carta de 30 de setembro de 1948), em que aponta a sua premência. Do mesmo modo Josef Israeli, homem do Bitachon, em carta dirigida a Manasche em 5 de setembro de 1949, dirá que "a necessidade de dinheiro é muito urgente e quanto mais cedo conseguir-se as somas requeridas, mais seremos aptos a superar as dificuldades que enfrentamos hoje em dia".

A sucessão de visitas importantes ao Brasil, em curto período nesses meses, tais como Moshe Toff, diretor do Departamento Latino-Americano do Ministério Exterior de Israel, o veterano Itzhaq Grinbaum, do Executivo da Agência Judaica, David Zakay, da redação do *Davar*, e outros, ensejou motivo para banquetes e recepções no Rio, em São Paulo e demais centros comunitários do país. Menachem Beguin, líder do Partido Revisionista, a caminho de Buenos Aires, também passaria pelo Rio de Janeiro em 2 de setembro.

Manasche Krzepicki, que vivera afastado do sionismo durante todos esses anos, fora contaminado pelo vírus nacionalista nessa segunda metade dos anos 40, quando raramente um judeu poderia permanecer indiferente aos grandes acontecimentos que marcariam o destino de seu povo. Realizado profissionalmente e plenamente identificado com a cultura judaica ao mesmo tempo que se mostrava sensível ao momento histórico, facilmente seria atraído para uma causa nobre em favor de seu povo. Pela correspondência que encontramos em seu arquivo pessoal podemos deduzir que Leo Halpern e mais tarde, Ruth Kluger o levaram a se aproximar do nacionalismo judaico e mais do que isso, assumir um papel central na direção da Campanha Pró-Haganá. Mas antes disso já o vemos participando da política sionista local ao enviar em 7 de outubro de 1946 um telegrama, juntamente com Adolfo Basbaum, Samuel Malamud e Nathan Jaffe, ao presidente Harry Truman, dos Estados Unidos, congratulando-se com a posição americana sobre os direitos dos judeus em relação à Palestina. Em resposta, o diretor de Informação do governo americano, W. J. Convery Egan, da Embaixada Americana no Rio de Janeiro, informava em nome de seu presidente que havia recebido o telegrama e "os comentários do mesmo foram devidamente assinalados e fique certo que foram recebidos com muita consideração".

Foi nesse mesmo ano de 1946 que Leo Halpern, atuando como enviado do Keren Kayemet Leisrael, passou a ter um contato pessoal maior com Manasche e sua esposa Hilda. Pelo teor das cartas podemos inferir que se criou uma amizade mais duradoura entre os dois casais, a ponto de Leo e Ester escreverem sobre seus sentimentos e impressões sobre coisas e pessoas, bem como sobre o seu trabalho sionista. Em carta de 19 de janeiro de 1947, Leo escreveria a Manasche, entre outras coisas, pedindo uma informação sobre navios, uma vez que a sua organização Pró-Palestina Obreira pretendia comprar um navio "para a Histadrut". Manasche responderá, em 31 de janeiro, dando um informe detalhado sobre os tipos de navios apropriados às necessidades da Histadrut. A precisão dos detalhes e a adição de folhetos explicativos sobre os navios, bem como o conhecimento comercial e o bom senso, devem ter impressionado o seu amigo Leo Halpern, que lhe respondeu de Montevidéu, em 4 de março, agradecendo muito a informação recebida. Portanto, Leo Halpern introduziria Manasche em algo que iria significar mais do que uma contribuição em campanhas sionistas, mas algo vital que seria a aquisição de apetrechos e armas para a Haganá, prevendo-se um futuro conflito armado, ao se proclamar o Estado judeu, com os países árabes ao seu redor.

Leo Halpern, reconhecendo as qualidades humanas e o talento de Manasche para tais responsabilidades, escreveria-lhe, em ídiche, em 25 de agosto de 1948, quando o Estado judeu recém-criado enfrentava uma de suas piores fases de sua existência:

> Não penses que estou aborrecido por não me escreveres, pois sei que estás muito ocupado, e isto me alegra em demasia, pois sei com o que estás ocupado. Minha alegria é dupla, pois, além da coisa propriamente dita, tenho certa satisfação em ter contribuído para que estejas ocupado com esses assuntos. Agora compreendes por que naquela ocasião, em casa de Samuel, discuti que esse grupo deveria trabalhar em separado, pois já então eu tinha em mente essa atividade com a qual eu estava ligado. Porém veio o tempo e começastes um trabalho frutífero. Estou seguro de que não te arrependestes

Na mesma carta Leo dizia que havia servido a Eretz Israel durante doze anos e que agora não poderia mais viajar e se preparava para aceitar um cargo de administrador de um escritório sul-americano da Histadrut, notificando que viria no mês seguinte ao Brasil um representante da organização para uma campanha de ajuda.

O ano de 1948 foi um dos mais trabalhosos e intensivos para o Clube Chaim Weizmann, encarregado da Pró-Haganá como veremos adiante, campanha que, porém, não foi a única campanha realizada, uma vez que as demais, como a do Keren Kayemet Leisrael, com a vinda de Lily Roth Abramovich, do Bureau Central, e Samuel Drori, continuaram após o mês de abril, conforme podemos constatar, neste caso, pela recepção oferecida ao casal de representantes daquela instituição.

Manasche se engajaria de corpo e alma nas Campanhas de Emergência e da Haganá, liderando-as efetivamente pela sua seriedade e suas qualidades pessoais, além do profundo senso de responsabilidade que o animava em tudo o que fazia. Em agosto de 1948 a Organização Sionista do Brasil do Rio publicava uma relação dos participantes da Campanha de Emergência e, em sua Comissão de Finanças, apareceria o nome de Manasche Krzepicki, apontando claramente sua entrega e o papel central que exerceria nas campanhas em favor das necessidades do Estado judeu em formação.

Do mesmo modo, ao se comemorar o primeiro ano da Partilha da Palestina, em 28 de novembro de 1948, no salão da ABI no Rio, quem falaria em nome da Haganá seria Manasche Krzepicki, conforme consta no volante em ídiche distribuído pela Biblioteca Scholem Aleichem. Na ocasião falariam em nome daquela instituição o prof. P. Tabak, além do dr. Samuel Malamud, cônsul honorário de Israel, e o rabino Henrique Lemle, em nome da Federação Israelita do Rio de Janeiro.

Leo Halpern voltaria ao Brasil em 1949 como representante da Histadrut, dirigindo o seu Bureau Latino-Americano, sediado em Buenos Aires[55] e proferindo conferências sobre o tema de sua missão.

Em inícios de 1949, o Itamaraty estranhamente ainda não se havia decidido a reconhecer o novo Estado de Israel, e certas declarações de Oswaldo Aranha mostravam o quanto o governo brasileiro titubeava para dar esse passo diplomático[56]. O ranço anti-semita existente entre certos membros no Itamaraty deveria também contribuir para tanto, pois ainda em meados de 1948 o conselheiro Guimarães Gomes, da Divisão de

---

55. *Aonde Vamos?*, 20 de janeiro de 1949. Halpern participaria de um Oneg Shabat do Movimento Juvenil Dror e do Poalei Sion Hitachdut em São Paulo, respectivamente nos dias 28 e 30 de janeiro. Dias antes, no dia 25 de mesmo mês, dera uma conferência no Círculo Israelita.

56. *Aonde Vamos?* publicava em 3 de fevereiro de 1949 que Oswaldo Aranha declarara à imprensa que a criação de Israel não correspondia à execução da resolução da ONU... mas sim, ao contrário, constituía uma violação... porque não fora criado o Estado Árabe previsto na mesma resolução (a da Partilha em 29 de novembro de 1947). O responsável pela Comissão de Diplomacia e Tratados do Congresso, José Afonseca, era conhecido pela sua inclinação filo-árabe e era considerado "o deputado dos árabes de São Paulo". O jogo de influências se fazia sentir no governo e no Itamaraty. Mas, logo após, o Brasil reconheceria o Estado de Israel, o que seria motivo para uma grande comemoração no Automóvel Clube, com a participação do senador Hamilton Nogueira, que em sua fala mencionaria os esforços do Comitê Cristão Brasileiro Pró-Palestina.

Os Primeiros Passos: Leo Halpern e Ruth Kluger

Passaportes do Departamento Econômico e Consular do Ministério das Relações Exteriores, tentava a todo custo impedir que se desse o visto de entrada a Morris Schwartz e sua trupe teatral, que vinham da Argentina a São Paulo e Rio para algumas apresentações programadas pelo empresário Wolf Vipmans. Desde Roberto Marinho, diretor do jornal *O Globo*, até de militares, diplomatas e os próprios funcionários do Itamaraty não conseguiam demover o empedernido anti-semita, que não desejava a presença de judeus e desses artistas "que só falavam hebraico", que, "como não podem ser entendidos pelas autoridades brasileiras, se aproveitarão disso para fazer propaganda comunista!". Por fim esse homúnculo do aparato administrativo acabou tendo de fornecer o visto ao perigoso "comunista" Morris Schwartz, porque o consulado americano fez notar ao presidente Eurico Dutra que um cidadão americano, de nome Morris Schwartz, fora barrado de entrar no país por se lhe recusarem o visto[57].

Entre os visitantes, viriam, em julho de 1949, o secretário da Segurança de Israel, Josef Israeli, que tinha passado anteriormente pelos EUA e seria recepcionado pelo Clube Chaim Weizmann e seu presidente Manasche Krzepicki, e outros representantes da comunidade judaica[58]. Sobre ele nos referiremos mais adiante.

Manasche faria parte da Comissão de Finanças da Campanha de Emergência pela Defesa e Construção de Medinat Israel, que deveria fiscalizar a campanha de 1948 e fazer uma revisão do trabalho realizado. Nessa comissão se encontravam também Jacob Schneider, Zeev Schindler, Adolfo Schechtman, Israel Steinberg, Natan Waisman, Israel Saubel e José Adler.

Quanto ao Comitê Cristão Brasileiro Pró-Palestina, sabemos que existiria ainda pelo menos até meados de 1949, desempenhando um papel mediador entre Israel e políticos, militares e intelectuais brasileiros. Assim, em julho de 1949, o comitê recepcionaria Moshe Toff, chefe do Departamento Latino-Americano do Ministério das Relações Exteriores de Israel, em um almoço na ABI, com a presença de Herbert Moses, o embaixador Oswaldo Aranha, senadores Arthur Bernardes Filho e Hamilton Nogueira, os deputados Souza Costa e Horácio Lafer, os vereadores Osório Borba e Tito Lívio de Santana, os escritores Manuel Bandeira, José Lins do Rego e Augusto Frederico Schmidt, os cientistas Dante Costa e Antônio Augusto Xavier, os professores Inácio de Azevedo Amaral, presidente do Comitê, Euryalo Canabrava, o cônsul honorário dr. Samuel Malamud, os jornalistas Austregésilo de Athayde, do *Diário da Noite*, Pompeu de Souza, do *Diário Carioca*, Antônio Callado, do *Correio da Manhã*, Samuel Wainer, de *O*

---

57. *Aonde Vamos?*, 17 de junho de 1948.
58. *Aonde Vamos?*, de 14 de julho de 1949. Em foto vê-se M. Krzepicki junto com as outras pessoas e o visitante.

Jornal, Raimundo de Magalhães Júnior, do *Diário de Notícias*, Leão Padilha, da *Aonde Vamos?* e da *Agência Nacional*, e Aron Bergman, Tocker e Mayer da imprensa judaica. O clima, após o reconhecimento de Israel pelo Brasil, era entusiástico e Toff foi saudado, além de Herbert Moses, por Oswaldo Aranha, que na ocasião recordou as horas de inquietação que precederam a aprovação da resolução da Partilha da Palestina. Em sua fala, Oswaldo Aranha lembrou a ajuda que Toff lhe prestara naquela ocasião e os telefonemas do Comitê Cristão Brasileiro Pró-Palestina, que o instavam para que empenhasse esforços em prol da causa sionista[59].

Em fins de 1949 Manasche já havia deliberado fechar o Clube Chaim Weizmann no Rio de Janeiro e em São Paulo, o que seria comunicado ao secretário-geral Pinchas Sapir, do Ministério da Defesa de Israel, bem como a Aryeh Manor, da Israel Supply Mission, em Nova Iorque. Quais foram as razões que o levaram a isso não sabemos exatamente, mas provavelmente se devem ao fato de que Israel não necessitava mais de ajuda externa para adquirir material e armamento para sua defesa, o que não impedia que as Campanhas de Emergência continuassem ser feitas, porém não mais as campanhas especiais para a Haganá.

Em carta de 10 de janeiro de 1950 dirigida a Arieh Manor, Manasche comunicava que o Clube Chaim Weizmann havia sido dissolvido, "uma vez que achamos desnecessário lhe dar continuidade, devido a somente acarretar despesas, sem um resultado concreto". Contudo, ele dirá, "nossos membros permanecem sempre a sua disposição no que for necessário e pessoalmente continuarei a aceitar tudo o que me for solicitado até que você decida o contrário". Também lembra que seria interessante escrever uma carta apropriada para publicação agradecendo a todos os membros do Clube e sua diretoria pelos serviços prestados, expressando a esperança de que cada um deles estará pronto a dar de sua parte sempre que for necessário. De fato, em 7 de abril Pinchas Sapir escrevia uma carta a Manasche com o seguinte teor:

> É com grande pesar que recebemos a notícia sobre vossa resolução em fechar o Clube Chaim Weizmann no Rio de Janeiro e São Paulo. Nessa oportunidade quero expressar nosso profundo agradecimento em nome do Ministro da Defesa, e em meu, pelo trabalho dedicado e eficiente que vocês prestaram a nós durante este período difícil e decisivo para a construção do Estado de Israel. Não temos a menor dúvida de que se não fosse a ajuda de amigos como vós, que nos foi dada com todo o coração em momentos de necessidade, os resultados obtidos na Guerra de Independência seriam outros. Ainda que os Clubes Weizmann foram dissolvidos, seus feitos e sua fidelidade serão lembrados para sempre. Nós esperamos que o encerramento dos Clubes não mudará o relacionamento profundo

---

59. *Aonde Vamos?*, 14 de julho de 1949.

de nossos amigos que nos ajudaram em nossa luta e que responderão também no futuro a todo chamado que fizermos a eles. Com as nossas mais calorosas saudações, P. Sapir, Secretário-Geral do Ministério da Defesa[60].

Em São Paulo Júlio Goichberg[61] receberia uma carta de Manasche, datada de 9 de maio, contendo uma cópia da carta enviada por Sapir, em que pedia para difundi-la entre os membros do Clube local e aproveitava para informar a vinda do diretor do Departamento Sul-Americano do Ministério das Relações Exteriores, sr. Drapkin, conforme informação contida em uma carta de Ruth Kluger, solicitando ajuda a ele em sua missão, à qual nos referiremos novamente em outro capítulo de nosso trabalho.

Júlio Goichberg, em carta de 22 de maio, acusa o recebimento do que Manasche lhe enviara anteriormente e sugere a tradução da carta de Sapir, "que deverá também dar o 'toque' final no encerramento do assunto". Ele diz a Manasche que deixaria de enviar qualquer sugestão a respeito "porque sobra-lhe capacidade e competência para a maneira de fazê-lo, deixando o assunto inteiramente em suas mãos". Diz também que iria encerrar definitivamente o Clube no dia 25 daquele mês, data para a qual foi convocada a Assembléia dos Sócios[62].

---

60. A carta de Sapir seria divulgada na *Aonde Vamos?* de 25 de maio de 1950. Vejá no Anexo a reprodução da carta em português e hebraico.
61. Júlio Goichberg centralizava as atividades do Clube Chaim Weizmann em São Paulo. Originário da Rússia, imigrou ao Brasil em 1927.
62. Em entrevista pessoal em 13 de maio de 1995, Júlio Goichberg informou-me que a composição do Clube Chaim Weizmann em São Paulo era de jovens apartidários que despertaram para o trabalho sionista, porém sem se vincular formalmente à organização oficial. Entre seus membros se encontravam Schil Kuperman, Simão e Isai Lerner, e outros.

UM CERTO ESCRITÓRIO EM NOVA IORQUE

Com o término da Segunda Guerra Mundial, a Europa encontrava-se caótica, tendo em boa parte de se preocupar em eliminar a miséria advinda com a grande destruição provocada pelos longos anos de conflito bélico. Também na Palestina os distúrbios ocorridos durante o Mandato Britânico, que levaram a criar o corpo de defesa da população judaica naquela região – a Haganá –, exigiam uma demanda permanente de armas, que deveriam ser adquiridas ilegalmente, uma vez que os britânicos proibiam qualquer atividade nesse sentido. À medida que a população judaica na Palestina sofria um número maior de ataques de bandos árabes, maior se fazia a necessidade da Haganá de adquirir armamentos. O clima gerado imediatamente após a guerra, em que as aspirações nacionalistas judaicas se chocavam contra a oposição árabe em tolerar a existência de um Estado judeu na região do Oriente Médio levava a concluir, como já dissemos, que o conflito armado seria inevitável. Nessa perspectiva, naquele momento, a população judaica na Palestina e sua liderança estava empenhada em duas ações que foram denominadas *Brichá*[1], isto é, "fuga", que significava a organização no solo europeu da retirada dos sobreviventes do Holocausto dos países daquele continente, em especial da Polônia e países vizinhos, onde eles sentiam-se ameaçados, uma vez que já haviam ocorrido vários *pogroms* em algumas cidades polonesas cuja população não aceitara o retorno dos judeus às suas cidades de origem. Em Kielce e outros lugares judeus, que haviam conseguido escapar milagrosamente, durante os anos de guerra, dos campos de extermínio foram assassinados por poloneses ao voltarem para suas casas. O perigo pairava no ar e os judeus se sentiam

---

1. Sobre a Brichá escreveu Yehuda Bauer um dos melhores trabalhos a respeito sob o título *Flight and Rescue: Brichah*, (New York, Random House 1970).

inseguros. O caminho era sair da Europa para tentar chegar à Palestina. Um movimento organizado, com elementos de Eretz Israel, que, sobretudo, deveriam resgatar crianças e jovens, órfãos de guerra, assim como adultos, foi criado, e desse modo centenas de pessoas conseguiram chegar à Palestina. Por outro lado, um outro desafio deveria exigir uma organização, tão delicada quanto para a Brichá, e à qual se denominou Rechesh, ou seja, a aquisição de material bélico para a Haganá.

A quantidade de armamento disponível com o término da guerra em solo europeu era enorme e se o comercializava como sucata, o que facilitava a sua compra para quem tivesse o interesse para tanto. Por sua vez agentes especiais da Haganá que foram designados para atuarem nessa missão, auxiliados muitas vezes por soldados judeus desmobilizados da Brigada Judia que haviam lutado junto ao exército inglês, conseguiram realizar façanhas extraordinárias para fazer chegar esse material bélico a seu devido lugar, isto é, à Palestina.

Mas a Europa não foi o único lugar de atuação dos homens do Rechesh. Nos Estados Unidos, que durante a guerra haviam sido o maior produtor de armamento (graças a sua indústria os exércitos aliados em luta contra a besta nazista conseguiram alcançar a vitória que custou tão caro à humanidade), encontravam-se estoques imensos de armamentos de todo o tipo, que, agora, com a desmobilização, se acumulavam em seus depósitos, sem uso.

Mas os Estados Unidos eram aliados políticos dos ingleses e sua atitude em relação ao sionismo, ainda que fosse de simpatia, era rigorosamente adstrita a uma política mundial mais ampla que exigia uma rigorosa proibição de saída de armamento de seu país. Ao estourar a Guerra de Independência de Israel, em 1948, os EUA declaram o embargo para a exportação de armas ao Oriente Médio, que atingiu diretamente a Israel, uma vez que os árabes tinham um abastecimento estável dos britânicos e do mercado europeu. Assim mesmo a Haganá estava interessada em adquirir armas americanas e em especial aviões, que no cômputo de forças da região em conflito no Oriente Médio deveriam ter um peso decisivo a favor dos países árabes, já que Israel não possuía senão alguns poucos aparelhos. Mas a tentativa de adquirir armas nos Estados Unidos antecedeu à criação do Estado judeu e a Haganá já tinha estabelecido, logo após o fim da guerra, em 1945, um escritório atuante nesse sentido, sob as chefias sucessivas de Yakov Dori, mais tarde chefe das forças de defesa de Israel, de Shlomo Shamir, que fora major do Exército Britânico durante a Segunda Guerra Mundial, e do veterano Yehuda Arazi, que tinha uma longa folha de serviços prestados à Haganá, pelo menos desde 1936, quando já estava empenhado em comprar armamento na Polônia[2].

---

2. Veja T. Kollek, *For Jerusalém*, op. cit., p. 67.

Um Certo Escritório em Nova Iorque

Em outubro de 1947 viria se juntar à missão da Haganá em Nova Iorque um outro veterano, que no futuro, entre outras funções, acabaria sendo o prefeito de Jerusalém: Teddy Kollek, cuja amizade com Manasche e sua esposa perduraria até hoje. Teddy Kollek, que já havia sido incumbido de missões de segurança extremamente delicadas desde que viera à Palestina para viver em um kibutz, Ein Guev, às margens do lago Kineret, tinha certa proximidade com Ben Gurion e foi por ele designado a se juntar à missão da Haganá nos Estados Unidos. Conforme ele mesmo nos relata, passou a se envolver em várias atividades, que iam desde o conhecimento de tipos de armas e suas indústrias, acompanhamento na compra de navios, ligações com agentes de informação, políticos, professores, industriais, jornalistas e tudo aquilo que exigia a aquisição de armas. Entre essas atividades havia também aquelas ligadas a uma unidade especial que lidava com a compra de navios, equipamentos e recrutamento de pessoal para levá-los à Europa, embarcar os imigrantes, em sua maioria da França e Itália, e levá-los à Palestina. A aquisição de armas tinha um lado legal, pois certos negociantes compravam excedentes do exército americano para revendê-los; porém, havia também aspectos ilegais por causa do embargo que o país decretara logo após a guerra. Mas comprava-se de qualquer modo e através de navios as armas eram enviadas via México, Havaí e Filipinas para a Palestina. Também procurava-se comprar tanques e armamento mais pesado de países sul-americanos para contrapor ao armamento que os exércitos árabes regulares do Egito, Arábia Saudita, Líbano, Síria, Iraque, Jordânia e Yemen iriam logo mais usar contra o Estado judeu. O lado legal se resumia a bem pouco, isto é, ao equipamento dos excedentes do exército americano, desde cobertores, barracas etc., que intermediários podiam vender sem dificuldades formais.

A missão da Haganá em Nova Iorque contava também com uma unidade que recrutava voluntários para o trabalho agrícola que antes era feito por homens que agora deveriam se engajar no exército. A premência na aquisição de armas tornou-se maior com a proximidade da decisão da Partilha da Palestina, que dar-se-ia em 29 de novembro de 1947. Já desde os inícios de 1947 a campanha em prol da Haganá estava em pleno andamento e Manasche, ao escrever a Hilda em 12 de agosto daquele ano, refere-se a Ruth Kluger, "que se mostra cada vez mais multicor e versada, e sempre com a mesma discrição, porém absoluta capacidade". Manasche afirma ter conhecido naquela ocasião o senhor Zuckerman, na verdade o veterano Baruch Z., que era membro do Comitê de Ação da Organização Sionista Mundial e diretor executivo da Agência Judaica para a América Latina, entre os anos de 1948 e 1956.

As campanhas em prol da Haganá estavam agora na ordem do dia e tinham a primazia em relação às demais. A Agência Judaica, que representava um governo que ainda não se estruturara, promovia essas campanhas em todo mundo e as contribuições que chegavam a ela de todo os lugares serviam para a compra de armas. Mas era preciso superar um problema vital, mesmo após ter sido declarada a Partilha da Palestina, pois os ingleses consideravam ilegal tais compras, uma vez que ainda não se havia proclamado oficialmente um Estado soberano, argumento com o qual impediam o ingresso de armas na região. Disso resultava uma clara ameaça à existência do Estado judeu que deveria surgir após a proclamação de 14 de maio de 1948, já que se sabia com certeza que no dia seguinte os Estados Árabes ao redor invadiriam a Palestina para destrui-lo. Daí a procura de um país que pudesse comprar armas legalmente e em seu nome "furasse" o bloqueio inglês, levando as armas até o lugar desejado[3]. Naquele tempo a sorte jogou a favor da Haganá, quando se conseguiu através de um judeu que simpatizava com a causa sionista e era amigo de Somoza que a Nicarágua aceitasse comprar armas na França e Suíça, e que os carregamentos fossem autorizados pelos consulados para serem embarcados nos portos de Marselha, Trieste e Gênova.

Teddy Kollek narra em suas memórias que o FBI, assim como a Inteligência Britânica, estavam constantemente acompanhando os membros da Missão nos Estados Unidos e que, entre acertos e fracassos, houve prisões e condenações de alguns cidadãos americanos, que participaram nessas atividades, numa época que a Guerra Fria estava em pleno andamento e o pavor em relação ao comunismo era dominante na opinião pública, sem os quais o resultado da Guerra de Independência poderia ter sido outro. Em dado momento a compra de aviões americanos com a ajuda de cidadãos locais foi decisiva para a Haganá, e isso se deveu aos que estavam ligados à Missão americana e ao arrojo pessoal daquela gente, que muitas vezes teve que abandonar os Estados Unidos às pressas[4].

Teddy Kollek, em sua autobiografia, faz referência ao trabalho dedicado de Manasche Krzepicki, que estava em contato com o escritório de Nova Iorque, pois encabeçava a campanha Pró-Haganá no Brasil[5], e o descreve com profunda admiração ("the outstanding personality of them all was Manasche, a Polish Jew with the unpronounceable surname of

---

3. A literatura sobre o Rechesh, ainda que, em boa parte, fudamentada nas autobiografias de pessoas que participaram na organização já conta com sínteses históricas importantes, escritas até agora em hebraico. Das autobiografias destacamos *Schlichut Aluma* (Missão Secreta) de Meir (Munia) Meridor, Ed. Maarachot, 1957; *Hamessimá Rechesh* (O Objetivo Rechesh), de Pinchas Vaza, Ed. Maarachot, 1966.

4. É o que aconteceu com o extraordinário Yehuda Arazi. Sobre ele, veja o artigo de Haviv Kenaan no *Jornal Haaretz* de 27/03/1959: "Y. Arazi, Guibor Alilot Ha-Machteret" (Y. Arazi, Herói dos Feitos da Clandestinidade).

5. T. Kollek, *op. cit.*, p. 75.

Krzepicki").Kollek manteria contato "profissional"com Manasche até abril de 1949, quando foi substituído por Arieh Manor.

Pouco antes, em 4 de abril, Teddy Kollek escreveria uma carta ao Clube Chaim Weizmann, presidido por Manasche, comunicando que partia para Israel e agradecendo a devoção e lealdade a Zva Haganá l'Israel, lamentando ao mesmo tempo não poder visitar o Brasil, mas afirmando que o povo de Israel saberia o quanto a comunidade judaica estivera ao seu lado nas horas de necessidade, e que seu trabalho seria continuado por Arieh Menzel (Manor) e Rahel Mizrachi.

Arieh Manor passou a escrever a Manasche logo que assumiu a direção da Israeli Supply Mission, e já em 7 de maio Manasche relatava, entre outras coisas, o que se passava com a campanha no Brasil. Nesse ínterim Manasche Krzepicki faria uma visita a Israel e teria tomado contato com o secretário-geral do Ministério da Defesa, Josef Israeli e outras personalidades do país. Já em 22 de maio Josef Israeli, enviaria duas cartas, uma referente à questão do uso de porcentagem das campanhas para necessidades locais, reafirmando e endossando que o destino dos fundos angariados não poderiam ser dispersados e desviados para outros fins. A outra carta, assinada também pelo diretor do Ministério da Defesa, E. Pern, aborda os graves problemas que a guerra provocava em Israel, em especial a desmobilização dos soldados e a reabilitação dos inválidos, colocando esperanças nos resultados da campanha daquele ano, pois

nos difíceis anos de nossa aspiração em criar o estado de Israel o Clube Chaim Weizmann no Brasil foi o endereço certo e a representação apropriada em assuntos de segurança e questões de defesa bem como contato com outras instituições sionistas e temos a certeza que no corrente ano vocês demonstrarão a mesma compreensão e fidelidade na área de interesse da segurança e do Zva Haganá l'Israel como o fizeram nos anos passados.

Josef Israeli visitaria o Brasil durante o mês de agosto de 1949 e logo ao voltar, Manasche, em 15 de setembro, lhe escreveria, orientando-o quanto às possibilidades de fazer um intercâmbio comercial com o Brasil, incluindo explosivos, madeira e outros produtos de interesse de Israel. A, a lucidez e o talento de Manasche se revelariam na compreensão das necessidades do país nesse período difícil de massiva absorção de imigrantes, propondo na mesma carta a aquisição, através de uma firma americana, de casas pré-fabricadas conhecidas sob o nome de "Balloon Houses" ou "Airform Houses", cuja patente já era fabricada no Brasil por uma pessoa conhecida de Manasche[6].

---

6. Josef Israeli responderá em carta de 14 de outubro sobre as questões levantadas por Manasche, e em especial se referia às Balloon Houses, cujo assunto encaminhara a Joe Bo-

Mas a campanha de 1949 não se mostrava bem-sucedida e Manasche lamentava-se a Josef Israeli que em boa parte o fracasso se devia aos detratores e inimigos do sionismo e também aos velhos militantes que davam motivos e argumentos aos seus opositores, que não escolhiam meios para injuriá-los. Mesmo assim o pessimismo de Manasche relativo aos resultados da Campanha de 1949 não eram acompanhados por outros, como podemos verificar em carta que David Shaltiel, que havia passado pelo Brasil em meados daquele ano, escreveu em 11 de julho, de Buenos Aires, em que afirmava "que aprendera uma lição com a atuação do círculo que vira trabalhar e aprendera muito com sua viagem sobre seus métodos, tão eficientes".

Nem sempre o trabalho transcorreria com tranqüilidade, se podemos usar tal expressão em relação àqueles tempos de tensão e de complexas decisões para o povo judeu e suas instituições. Apesar do alto nível de consciência sobre as necessidades do novo Estado, que enfrentava uma guerra de vida ou morte com seus vizinhos, os conflitos deflagradas por causa dos interesses imediatos das instâncias comunitárias locais se faziam sentir e intervinham no trabalho do Clube Chaim Weizmann. Assim, em janeiro de 1949, uma resolução de uma Assembléia da Campanha de Emergência da Organização Sionista Unificada, deliberada contra a vontade do Clube Chaim Weizmann, que decidia usar uma parte dos fundos arrecadados para subvencionar escolas locais gerou uma crise[7].

Podemos imaginar a indignação de Manasche, que era solicitado a participar e atender às campanhas da Haganá, entre outras a promovida sob a denominação Kits for the Army of Israel, sob a iniciativa da sociedade Material for Israel de Nova Iorque[8], ao tomar ciência do assunto. O Clube Chaim Weizmann reagiria escrevendo ao escritório da Missão em Nova Iorque, isto é, a Teddy Kollek, pedindo que interviesse junto ao presidente da Organização Sionista Unificada, na época o veterano Jacob Schneider, que a resolução sobre as Campanhas de Emergência, que destinava 5% às escolas, fosse cancelada. Teddy Kollek responderia ao pedido de intervenção escrevendo a Jacob Schneider e Samuel Malamud sobre o assunto[9], com cópia a Manasche, esclarecendo que as instâncias sionistas não concordavam com a atitude tomada naquela assembléia que havia resolvido tal coisa e a consideravam incorreta. O Clube Chaim Weizmann se dirigiria ao público contribuinte esclarecendo sua posição em circular em que apre-

xenbaum, de Nova Iorque, um ex-major do exército americano que passara a ajudar a Missão nos EUA.
7. *Aonde Vamos?*, 27 de janeiro de 1949.
8. Carta de 14 de janeiro de 1949, assinada por Rema Weitz.
9. Carta de 26 de janeiro de 1949, assinada por Teddy Kollek.

sentaria os objetivos de sua atuação e o destino que deveria ser dado às campanhas da Haganá.

Não era a primeira crise, pois, próximo ao mês de outubro de 1948, em razão dos *political stinkers*, "que nada tinham a ver com nossas atividades" em carta dirigida a Teddy Kollek[10], Manasche se demite da presidência do Clube Chaim Weizmann, ao mesmo tempo que recrimina fortemente a atitude contemporizadora de seu missivista quanto 'aqueles ativistas que, segundo Manasche, nada representavam para a causa na qual ele se engajara. Não temos detalhes do que ocorreu exatamente, mas a carta revela o caráter forte, decisivo e impoluto de Manasche, que escreve nesses termos: "desde minha infância eu orientei minha vida e minhas ações pela verdade e para a verdade, de modo que fiquei chocado que você respondesse como respondeu", isto é, "de que minha informação não era verdadeira". Podemos supor que Teddy Kollek se desculpou e aceitou o "sermão", pois Manasche voltaria atrás e continuaria a trabalhar por muitos anos naquilo que ele mesmo definiu, na mesma carta, como "a minha causa sagrada", e o Clube Chaim Weizmann continuaria desempenhando o papel que assumira na comunidade judaica do Brasil até finais de 1949.

Os contatos de Manasche Krzepicki nos EUA, por força de sua profissão e atividade comunitária, sem dúvida foram também úteis a Teddy Kollek e à Missão da Haganá naquele país. Arieh Manor, que o substituiu, continuou esse contato durante vários anos, conforme comprova a correspondência havida entre ambos, e a forte amizade do casal Krzepicki com o casal Kollek se manteria nas várias etapas da vida pública de Teddy, desde seu desligamento de sua função nos Estados Unidos, para pouco tempo após assumir em 1952 a diretoria do escritório do primeiro ministro Ben Gurion. Mais tarde tomaria posse na Prefeitura de Jerusalém, na qual revelou-se o prefeito por excelência de todos os seus pares em Israel.

---

10. Datada de 14 de outubro de 1948. Manasche, pelo visto, era muito crítico em relação aos ativistas do sionismo local.

O ANO DE 1948 E O
CLUBE CHAIM WEIZMANN

O resultado do trabalho feito na campanha da Haganá em 1947 foi acima do esperado e, em março de 1948, Manasche viajaria aos Estados Unidos, onde, em Nova Iorque, paralelamente a seus negócios pessoais, teria contato com o escritório da Haganá. Hospedado no hotel The Ambassador ele em várias cartas, relata a Hilda a atmosfera de tensão que envolvia as pessoas que tinham uma participação ativa na criação do Estado de Israel, que estava prestes a nascer num momento em que a força das armas decidiria seu destino. Manasche, em carta de 26 de março de 1948, escreve a Hilda que

a nossa situação não é boa e foi a maior traição, que se cometeu sem piscar, uma clara demonstração dos valores morais dos povos – e a disposição do direito! Estão reunidos aqui todos, Ruth também chegou, estamos em reunião quase permanente. Uma coisa é certa, lutar-se-á desesperadamente, mesmo que seja contra quem for. Ben Gurion já declarou tachativamente que após 15/5 será proclamado o Estado Judaico e seu respectivo governo. Os nossos estão lutando, cada dia que passa leva consigo dezenas de vidas valiosas, mas parece que nesse mundo nada se consegue sem lágrimas e sangue, e para uns poderem viver, outros tem que deixar a sua vida! Embora, parece, que estamos lutando contra um mundo hostil e estúpido, intimamente ainda tenho esperança que esse mundo apenas está dormindo e que a qualquer momento acordará e com carinho e justiça fará as coisas em ordem, mas até lá a luta deverá continuar e continuará sem tréguas. Tornei-me mais agressivo, pois trata-se duma luta onde os "vencedores" apenas querem viver em paz num pedaço de deserto que Deus esqueceu e os homens abandonaram.

O estado de espírito de Manasche não era diferente do de todos os que acompanhavam os acontecimentos na Palestina quando se previa o

Coronel Shaltiel em visita às Forças Armadas do Brasil. Rio de Janeiro, 1949.

Josef Tchornitzky, representante do Keren Hayessod e propagandista da causa sionista no Brasil, 1948.

fim do Mandato Britânico naquela região do Oriente Médio. Em 27 de março ele escreveria a Hilda que

> as coisas não vão bem, e isso mais me entristece. É lutar contra um mundo brutal e bestial, desprovido de qualquer sentimento de justiça. Em tudo prevalecem os interesses e interesses incalculáveis. A podridão, a corrupção tornam-se virtude e cinicamente convertidas em moral... e aqui um grupinho de gente, cheios de ideais e boa vontade, prontos a sacrificar-se. É triste, é desolador ver esse espetáculo! Observo atentamente a nossa gente, em regra geral inocentes, carregando nos ombros uma carga tremenda e cada vez que adiantam um passo são jogados 20 para trás, para começar de novo. O pessoal está completamente desnorteado, procurando orientar-se na nova situação (sempre nova situação). Amanhã começa a debandada, cada um volta para seu lugar, ou posição. Ruth está completamente arrasada, mas mesmo assim segue para nova posição, que ainda não foi determinada, mas tudo indica que segue para Eretz ou USA, West Coast. É horrível de ver a depressão dessa gente, mas tenho fé que vencerão, pois não é possível crer no contrário. Sinto vergonha de uma porção de coisas...

Manasche, nesses dias em Nova Iorque, passou por exames médicos intensivos por causa de fortes dores que sentia no estômago, provavelmente associadas ao seu estado mental e às tensões que vivia no contato com os homens da Haganá. Pouco tempo depois, em junho, ele voltaria novamente a Nova Iorque, e com o mesmo estado de espírito, uma vez que a luta sangrenta pela sobrevivência de Israel, numa guerra desigual, era incerta quanto aos seus resultados. Assim mesmo, e ainda com os problemas estomacais não resolvidos, ele estava a postos, escrevendo para Hilda, dando-lhe instruções ligadas às suas responsabilidades comunitárias. Em carta de 29 de junho ele orienta a Hilda:

> Devia ter chegado ontem um telegrama da Golda Meyerson, aliás o 2º, pois o 1º foi despachado no dia 17/6 para o apartamento 802 e me parece que os nossos "vizinhos" receberam o telegrama e lá ficou! Peço traduzir o telegrama e entregar ao Adolpho Schechtman. Também uma carta devia ser recebida, mas é uma cópia, aqui vai o original que também peço-te traduzir e entregar a Esther Schechtman. Como verás, trata-se de ambulâncias.

Em Nova Iorque, assim ele relata em 4 de julho, o calor era infernal, mas assim mesmo é obrigado a fazer exames no Hospital Hopkins, visitar Golda Meyerson, que havia sofrido um acidente de automóvel naqueles dias e que ele considera uma mulher "interessante, alegre e dá prazer de estar em sua companhia". Também nos informa que chegou uma missão militar de Israel e "passei com eles uma tarde e hoje almoçamos juntos". Em carta de 17 de julho ele se refere aos "amigos" com os quais passa todo o tempo e por meio dos quais se informa de tudo. Em dado momento dirá:

É incrível a valentia e habilidade desses rapazes "inexperientes", assim são as coisas. Terei que contar muito, e coisas interessantes, que já se pode contar, e até dar nomes de pessoas conhecidas e desconhecidas. Junto a fotografia da ambulância que foi para Israel com o nome "Brasil". Assisti até ao embarque. Favor entregar a fotografia a E. Schechtman com os agradecimentos para a "Seção Feminina" das autoridades competentes.

Todo o ano de 1948, assim como o ano anterior, foi de uma atividade incansável para Manasche e o grupo do Clube Chaim Weizmann, assim como tinha sido o ano anterior. O Comitê Feminino entrara na campanha de arrecadação de fundos para a compra de uma ambulância, que de fato seria adquirida com o dinheiro arrecadado e portanto batizada com o nome "Brasil". Teddy Kollek escreveria, em 28 de junho de 1948, que o Escudo Vermelho de David agradecia muito tal donativo para a compra da ambulância no valor de US$ 3 mil, e de fato o diretor da Material for Palestine Inc., em Nova Iorque, Isaac Imber, mandaria uma carta acusando o recebimento daquele valor e agradecendo a importante contribuição. Também em São Paulo, Julio Goichberg atuava com muita dedicação pessoal, e procurava cumprir com os objetivos da campanha do Clube Chaim Weizmann local. O Departamento Feminino, em 1948, conseguiria mais duas ambulâncias, uma em nome de Clarice Basbaum e outra em nome da própria instituição.

A necessidade de capital provocada pela guerra era muito grande, e na época, que coincidia com a trégua estabelecida entre os beligerantes, Kaplan e Ben Gurion haviam escrito sobre o imperativo de apressar a coleta de fundos para Israel. Esperava-se coletar de toda a América do Sul cerca de US$ 6 milhões, sendo a metade colocada sob a responsabilidade da Argentina, US$ 1,5 milhão ao Brasil e menores valores ao Uruguai, Chile, México e outros países. Por outro lado, procurava-se evitar que o dinheiro arrecadado fosse desviado para outras causas. Assim, decidiu-se dividir o coletado em 50% direcionado a questões de Defesa, 25% ao Keren Kayemet Leisrael, e 25% ao Keren Hayessod a fim de evitar conflitos locais e prejudicar a disposição e o voluntarismo existente entre os ativistas das comunidades daqueles países. Um telegrama de Kaplan e Ben Gurion, de 13 de agosto, dirigido ao representante da Agência Judaica em Nova Iorque, sr. Hammer, definia claramente a vontade do assim chamado Governo Provisório de Israel. Teddy Kollek, em carta de 15 de setembro, escrevia a Manasche sobre esta resolução e entre outras coisas falava da possibilidade de Ruth Kluger vir ao continente para ajudar na coleta de emergência. Jacob Schneider, que representava a Organização

Manasche com Josef Israeli, secretário de defesa de Israel, 1949.

Manasche com ativistas da comunidade, entre eles, Jacob Schneider, Israel Dines, Samuel Malamud. Rio de Janeiro, anos 40.

O Ano de 1948 e o Clube Chaim Weizmann

Sionista no Brasil, também seria informado da resolução relativa às porcentagens, pois sabido era que o movimento sionista sofria pressões internas devido a interesses locais para que parte dos fundos arrecadados fossem utilizados em outras causas, o que Manasche e os membros do Clube Chaim Weizmann jamais poderiam admitir. Teddy Kollek, em carta de 14 de setembro, pergunta se Manasche se disporia a visitar um ou dois países sul-americanos para ajudar a apressar a coleta dos fundos e sua transferência urgente a Israel, o que ele responderia ora que não poderia fazê-lo, pois não poderia ficar ausente de seu trabalho, já que seu "chefe" viajaria logo mais ao exterior. Ainda no mês de setembro, dia 16, Teddy Kollek escreveria uma carta aos membros do Clube Chaim Weizmann com o seguinte teor:

O Ministro da Defesa do Governo Provisório de Israel me solicitou transmitir a V. Sras. seus sinceros agradecimentos e gratidão pela ajuda e devoção que vossa Organização prestou ao Exército de Defesa de Israel. Fiquem certos que grande parte do sucesso de nossas Forças Armadas é devido aos seus dedicados e incansáveis esforços. Permitam-me congratular-me convosco pela compra das ambulâncias que são tão necessárias na batalha pela nossa vitória. Saudações, T. Kollek.

Em setembro, Ruth Kluger seria indicada para ajudar na campanha e viria ao Brasil, à Argentina e ao Chile com essa finalidade, comunicando o fato a Manasche por telegrama do dia 8 daquele mês. Manasche, em telegrama de 9 de setembro, congratulava-se com Ruth Kluger e pedia que esta comunicasse sua missão à Unificada do Brasil. Mas, nesse ínterim, houve certa tentativa de evitar e conturbar a vinda da veterana ativista, o que levaria a Manasche intervir em seu favor junto a Teddy Kollek e outras autoridades em Israel.

Na verdade, não era a primeira vez que se tentava obstaculizar a ação de Ruth Kluger, que provavelmente se mostrava pouco disposta a aceitar qualquer orientação local da Organização Sionista Unificada do Brasil em relação a campanhas da Haganá, a qual deveria ser diferenciada das demais instituições sionistas tradicionais. Podemos entender sua posição conhecendo o caráter de Ruth Kluger e seu passado vinculado ao Mossad, que era um braço de elite para missões especiais da Haganá. Jacob Schneider e outros membros da Organização Sionista local não viam com bons olhos a atuação independente do Clube Chaim Weizmann, que discordava da tendência excessivamente centralizadora que sempre caracterizou sua liderança. Na ocasião, a Campanha de Emergência estava em andamento e associava todas as entidades sionistas, com exceção da ala revisionista, que passou a fazer uma campanha em separado em favor do Irgun Zvai Leumi, corpo militar formado por seus adeptos. Em carta de 23 de janeiro de 1948, do Executivo da Organização Sionista, em

Jerusalém[1], dirigida ao Brasil, dava-se a orientação para que os revisionistas interrompessem sua campanha particular e, entre outros assuntos, tratava-se também da atividade e missão de Ruth Kluger. Pelo visto o assunto fora ventilado em carta do Brasil ao Executivo queixando-se da Campanha Pró-Hagana na forma em que estava sendo realizada. A resposta do Executivo, na carta citada, foi de que não cabia a ele a responsabilidade sobre o modo com que estava sendo levada a cabo tal campanha, e que, segundo seu entender, deveria ser provisória e não permanente, com sócios que pagam mensalmente os valores prometidos. Por outro lado, afirmava-se nessa carta, o Executivo via como natural que essa campanha devesse estar sob a égide da Organização Sionista Unificada, assim como as demais campanhas. "Porém, uma vez que isto já é um fato consumado e também pelo fato da sociedade dos amigos da Haganá reunirem pessoas que estavam até bem pouco afastadas do sionismo mostrando-se úteis ao movimento preciso é que não se o abandone, ainda que eles deverão ser parte da Organização Sionista Unificada." Pela resposta do Executivo, vemos que este não estava inteiramente a favor nem de um lado nem de outro, e nem poderia estar, porém tentava contemporizar uma solução que satisfizesse ambas as partes. O assunto foi levantado em encontro meses mais tarde, em 4 de maio de 1948, com a participação de representantes do Executivo da Organização Sionista Unificada, Jacob Schneider, Aron Bergman, Jacob Glezer, Israel Saubel e membros do Clube Chaim Weizmann, Manasche Krzepicki e dr. Bernardo Dain, que acabaram por assinar um Protocolo onde se manifestava que de ambos lados havia a intenção de colaborarem um com outro através da seguinte resolução: "Fica resolvido que ao existente Comitê Central do Clube Chaim Weizmann no Brasil serão indicados dois representantes da Unificada eleitos pelo seu Executivo Nacional". Assinaram o Protocolo Manasche Krzepicki e Jacob Schneider[2]. O resultado do acordo é que motivou a Comissão Organizadora da Campanha a unificar as diversas entidades para: a) atuarem em conjunto e reunir as listas do KH, do KKL e do Clube Chaim Weizmann, selecioná-los e classificá-los, para obter um conjunto em cada bairro e dos dirigentes e responsáveis e seus colaboradores responsáveis; b) organizar listas de pessoas, das diversas classes de profissionais, ramos de negócios, e de coletividades organizadas; c) entrar em contato direto com as pessoas, convidando-as, ou ir ao seu encontro a fim de combinar os serviços a realizar; 4) procurar conseguir um número de voluntários que dedicassem todo o seu tempo para a campanha; 5) anotar no registro dos colaboradores o tempo disponível para a campanha. São indicadas cinco pessoas de in-

1. Carta em ídiche de 23 de janeiro de 1948, Col. J. Schneider, AHJB
2. Col. J. Schneider, AHJB

Manasche e o Coronel Shaltiel. Anos 40.

Manasche com o embaixador Shaltiel e ativistas. Anos 50.

fluência para a execução destas instruções: Schneider, Adler, Levinson, Schechtman, Samuel Fridman. O texto foi redigido por José Adler em 7 de junho de 1948.

Outras instruções dirigidas ao escritório da Campanha de Emergência ampliam os detalhes técnicos sobre o modo como a mesma deve ser efetivada, indicando-se Samuel Malamud, José Adler e Rachel Geiger para a organização e controle da campanha[3].

Em 17 de agosto de 1948 o Clube Chaim Weizmann, em sua Assembléia Geral, apresentava um relatório da Gestão da Diretoria Provisória, onde se apontava o papel formador e inspirador de Ruth Kluger nas atividades da instituição. Transcrevemos o seu texto, quase na íntegra, pois revela em boa parte o espírito que animava as pessoas a se mobilizarem naquela época ao redor do ideal sionista.

Relatório da Gestão da Diretoria Provisória do Clube Chaim Weizman apresentado aos seus Consórcios, na Assembléia Geral de 17 de agosto de 1948.

Srs. Consórcios

De acordo com os termos da convocação feita por carta, boletins e 3 editais publicados no Diário Oficial, temos o prazer de vos apresentar relatório das atividades deste Clube, desde a data de sua constituição em setembro do ano passado (1947) até hoje, quando essa Assembléia deverá escolher os membros da nova Diretoria de conformidade com os seus estatutos, visto como os membros da Diretoria ora reiniciante foram, como é do conhecimento dos nossos consórcios, escolhidos pela Chaverá Ruth Kluger, que veio ao Brasil especialmente para organizar o nosso Clube, em cumprimento das determinações dos representantes de Eretz.

Muitas, incompreensíveis e injustificadas, foram as dificuldades que o nosso Clube teve de enfrentar para cumprir as suas tarefas.

Mas delas saiu-se, de modo a merecer o mais decidido apoio e contínuo estímulo, assim como as mais desvanecedoras referências, dos altos membros dos Departamentos com os quais colaboramos.

A Digna Assembléia julgará, pelo que nos é dado vos informar se tal apoio e tais referências são ou não justas.

Começamos as nossas atividades com a criação de grupos e sub-grupos de bairros e comunidades, tendo encontrado uma entusiástica colaboração da parte de todos a quem recorremos.

Desde o início, fixamos o sentido rigorosamente apolítico do nosso Clube, o que nos valeu vermos enriquecidas as nossas fileiras com a quase totalidade da Diáspora, que acorreu ao nosso chamado e atendeu prontamente ao nosso apelo, em prol da elevada causa que nos foi confiada.

3. Col. J. Schneider, AHJB

O Ano de 1948 e o Clube Chaim Weizmann

Foi comovedor ver a espontaneidade e o elevado espírito de abnegação de elementos de todas as camadas que jamais colaboraram em quaisquer outras iniciativas da nossa coletividade, afastados que se viam pelas competições e rivalidades políticas de agrupamentos e facções.

O Clube Chaim Weizmann, pelos membros do seu Comitê, apresentou o trabalho e venceu, nada pedindo para si, mas apenas para a causa mais sagrada de qualquer judeu, a defesa de Israel.

Decorridos apenas cerca de um ano, conseguimos mobilizar em todos os recantos do país a opinião de quase todos os nossos correligionários despertando-os da letargia e da indiferença em que vivíamos, adormecidos, desunidos ou repelidos pelo espetáculo, contristados dos choques de interesses políticos a criar confusão e desarmonia.

Sem que nos fosse dado contar com enviados ou técnicos, a não ser a orientação e estímulo inicial de Ruth Kluger, o de sócios "amadores" e de "novos" que constitui a Diretoria de nossos Clubes conseguiu criar profundas raízes em toda a parte.

Não somente aqui, onde o nosso Clube conta com mais de 900 sócios, mas também em São Paulo, Belo Horizonte, Campos, Bahia, Recife e Porto Alegre, foram fundadas instituições congêneres, dentro do programa fixado pelo Kinus que sob os nossos auspícios se realizou em São Paulo, em janeiro deste ano.

O Clube Chaim Weizmann cristalizando e unindo a opinião e espírito dos sócios de qualquer origem e de qualquer conceito político não somente realizou algo impossível na opinião dos antigos veteranos do Sionismo no Brasil desde a existência de uma agremiação de caráter Sionista, sem finalidade política ou discriminação regional.

E fez muito mais. Preparou os nossos correligionários para a evolução e o início de outras iniciativas tal como a aceitação e a repercussão no seio de toda coletividade, da atual Campanha de Emergência a que membros da nossa Diretoria dão a mais decidida colaboração e apoio.

Ainda como prova viva das nossas atividades singra os mares, desfraldando o pavilhão de Israel o navio Mayflower, que já conduziu para ali cerca de 1.000 pessoas e muitas toneladas de material de vital importância e cuja aquisição foi inteiramente custeada por nós.

* * *

Além do valor de três ambulâncias e de cheques em libras que nos foram doados e remetidos ao destino, os Clubes auxiliaram no Rio e em São Paulo no envio para Israel de vários valiosos elementos que para ali foram estudar e estreitar os laços que unem a nossa coletividade ao Ishuv.

Tendo encerrado a nossa campanha financeira, havendo ainda a receber apenas cerca de Cr$ 300.000,00 e tendo mudado para uma sede mais confortável e melhor localizada, que se acha a vossa disposição no 14º pavimento neste Edifício, ali estamos organizando a nossa Biblioteca e preparando-nos para vos oferecer outras atividades sociais e culturais, no mais profundo sentido, a que decerto dará seguimento a Diretoria que deveis eleger.

Manasche: Sua Vida e seu Tempo

Há outras tarefas de grande significação para Israel e intraduzível desvanecimento para nós, sobre os quais vos informaremos em tempo oportuno, que nos foram confiadas e executadas.
E outras tarefas nos esperam em futuro bem próximo.
Para que possamos atendê-las, cerrai fileiras. Ficai firmes em torno do ideal que difundimos debaixo do lema de "Tudo por Israel, nada para nós". Lembrai-vos que a sobrevivência do Ishuv e a salvação de centenas e de milhares de entes humanos aprisionados em campos de concentração também depende de nós.

Contudo, a questão da porcentagem continuaria sendo um *casu belli* com os dirigentes da Organização Sionista e, nesse sentido, Teddy Kollek remeteria uma carta, em 5 de dezembro, ao seu presidente Jacob Schneider, nos seguintes termos:

Veio ao meu conhecimento que a Campanha Unida decidiu deduzir 5% para educação. No que concerne ao Ministério da Defesa, devo opor-me que haja sequer dedução de qualquer centavo dos 50% que nos cabe em vossa campanha, uma vez que ficou claro e estabelecido que seriam 50% plenos que deveriam chegar para nós. Obviamente não posso emitir uma opinião sobre a dedução de valores sobre as partes do Keren Kayemet Leisrael e Keren Hayessod, mas penso que o senhor deverá chegar a um acordo com eles antes de fazê-lo. Peço, portanto, para reconsiderar vossa decisão e deixe-me informado dos próximos desenvolvimentos. Cópia para M. Krzepicki e Dr. Malamud. ass. T. Kollek.

No mesmo dia Kollek enviaria uma carta a Manasche, na qual se referia às providências que tomara a respeito da dedução dos 5%, mandando telegrama a E. Dobkin e escrevendo a J. Schneider. Também ele lembrava que estava enviando fotos das ambulâncias doadas pelo Brasil e ainda a campanha especial ligada aos Kits for the Army of Israel. Esta última, ligada ao Material for Palestine Incorporated em Nova Iorque, foi também promovida por Manasche e o Clube Chaim Weizmann, conforme podemos constatar por carta de 6 de dezembro, remetida a ele por Irving Hockmore, que assinalava a meta de vender 2 mil kits entre Rio de Janeiro e São Paulo.
A visita de Dobkin ao Brasil[4] se deu naqueles dias e Manasche, em carta de 28 de dezembro dirigida a Kollek, relata que ele se inteirou da situação e

lutou ao nosso lado (contra a Unificada) para eliminar qualquer dedução de porcentagem, e as instruções que ele deixou sobre isso são definitivas, de que nenhum centavo deve ser tirado da Campanha sem que ele tenha a oportunidade de apresentar o assunto às autoridades que devem considerar sobre a questão.

4. Ruth Kluger enviaria um telegrama a Manasche em 3 de dezembro comunicando que Dobkin saíra no dia 1º do mesmo mês, levando também consigo filmes de propaganda sobre a "imigração ilegal". No *affaire* dos 5% Ruth também interferiria a favor de Manasche.

Manasche com Golda Meyerson. Rio de Janeiro, anos 50.

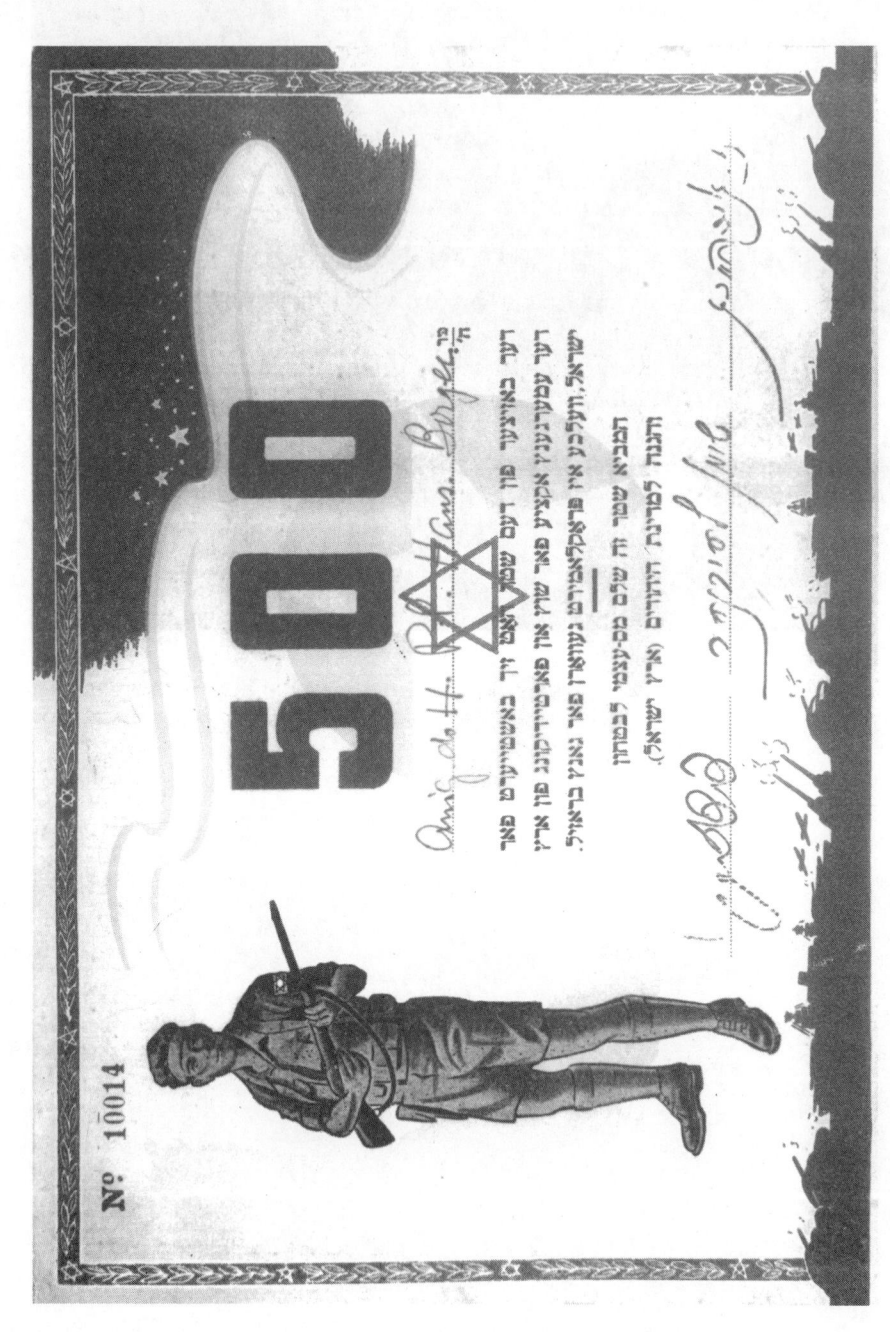

Contribuição para a Campanha da Haganá. Documento cedido por Hans Borger.

O Ano de 1948 e o Clube Chaim Weizmann

Mas as tentativas da liderança sionista de tomar decisões arbitrariamente e por conta própria se revela na carta de Manasche, na qual relata que Dobkin ficara muito bem impressionado com os ativistas do Clube Chaim Weizmann, assim como se mostrara duro com os membros da Unificada. Manasche também cobraria as fotos das ambulâncias doadas pelos Médicos Judeus do Rio de Janeiro e a das Mulheres Sefaraditas do Rio de Janeiro, confirmando o recebimento das fotos da que fora doada pelas Mulheres de Pernambuco, todas resultado do trabalho do Departamento Feminino do Clube Chaim Weizmann. Ele, na mesma carta, manifestaria contentamento pela criação de um departamento Latino-Americano no escritório nova-iorquino e pedia que o mesmo se encarregasse de remeter material de propaganda em ídiche, pois a maioria dos mil membros do Rio e outros tantos de São Paulo não liam em inglês. Também, assim o diz, o Clube estaria disposto a pagar as despesas desse material informativo que poderia ser em forma de um boletim. Manasche, que não deixava escapar detalhes em tudo que fazia, não deixa de lembrar que seria interessante e importante que Kollek visitasse o Brasil, do mesmo modo que ele o comunicava que pretendia chegar, em fevereiro próximo, a Nova Iorque.

O trabalho do Clube Chaim Weizmann sob a direção de Manasche já era reconhecido nas altas esferas do Governo Provisório de Israel e sua opinião era ouvida e acatada em assuntos que eram concernentes às Campanhas no Brasil. Mesmo a Campanha dos Kits for the Army of Israel mereceu a deferência de Levi Eshkol, que mandara um telegrama em 24 de dezembro ao escritório de Nova Iorque e que chegaria ao Brasil com o seguinte conteúdo:

200 kits distribuídos ontem por Ben Gurion entre os soldados feridos no Hospital Dajani – 1.400 foram distribuídos em outros hospitais – Soldados receberam os kits com satisfação e agradecimento – Profundamente gratos por vosso magnífico trabalho. ass. Eshkol.

Levi Eshkol chegaria anos mais tarde a ser primeiro-ministro de Israel, e receberia a Manasche em suas visitas ao país, do mesmo modo como fariam muitos outros da cúpula governamental, dedicando-lhe o respeito que merecia, isto é, como um que ajudou o Estado judeu nos primeiros anos críticos de sua existência.

APÓS A TORMENTA

A Guerra de Independência de Israel terminaria com um armistício entre os países envolvidos no conflito, assinado durante os meses de fevereiro de 1949 com Egito, março com o Líbano, abril com a Jordânia e julho com a Síria.

No entanto a palavra armistício sempre teve uma conotação de trégua e não de paz definitiva. Para ser um acordo de paz as partes deveriam reconhecer-se como Estados soberanos. O Estado de Israel, que vencera militarmente seus inimigos nos anos de 1948-1949, não alcançara uma paz segura e estável mesmo porque os países árabes continuariam alimentando a destruição do Estado judeu, favorecendo o ódio programado contra sua presença no Oriente Médio. Nesse sentido a situação das comunidades judaicas nos países árabes derrotados e envolvidos diretamente no conflito militar de então tornou-se dramática e sobre muitas delas caiu uma verdadeira catástrofe. *Pogroms*, prisões de líderes comunitários, apropriação de seus bens e discriminações de toda natureza abateram-se sobre elas, desde a África do Norte até o Oriente Médio, causando sua ruína e destruição. Os judeus passaram a ser prisioneiros em países onde viviam há séculos e séculos, senão milhares de anos. Desde a Partilha da Palestina, e mesmo antes, as explosões populares antijudaicas nos países muçulmanos passaram a ser comuns e a tragédia que se abateu sobre essas comunidades tem sua própria história que perdurou décadas até os nossos dias.

A expressão *assirei zion* (prisioneiros de Sião) aplicou-se tanto a esses judeus quanto às comunidades existentes sob o domínio comunista, incluindo Rússia e as ex-democracias populares, até que terminasse o tempo da Guerra Fria, das perseguições stalinistas, com o advento da queda do Muro de Berlim e da desagregação do mundo comunista, favorecendo a sorte dos judeus.

A existência do Estado de Israel para os judeus de todo o mundo, mundo da perseguição e mundo da liberdade, passou a significar não apenas uma identidade nacional-política, mas um porto seguro para o qual era possível chegar quando a necessidade os impelisse. Mais do que isso, era uma ilha que ressurgiu no oceano da História após dois mil anos de naufrágio, insegurança e marginalização social. Daí ter sido fácil serem vítimas do mal organizado para sua destruição durante a Segunda Guerra Mundial.

A geração de Manasche Krzepicki, nascida na Europa, que vivenciou o anti-semitismo agressivo e cruel da Polônia e outros países, não tinha ilusões quanto à solução da "questão judaica".

As ideologias que formularam uma solução da "questão judaica", que desde a modernidade preocupou os espíritos mais lúcidos da Europa, acentuadamente com o despontar da *Aufklärung* no século XVIII e o movimento da Emancipação no século seguinte, tinham consciência de que se defrontavam com um desafio histórico que, acima de tudo, exigia uma compreensão intelectual, moral e política de um problema extremamente complexo. A questão, antes de tudo, resvalava por um emaranhado conceitual que deveria definir esse agrupamento humano, que a história quis tornar presente em todos os quatro cantos do mundo e que, antes que muitos outros povos tivessem ingressado na História, ele já tinha sedimentado uma civilização própria. Israel, entre as nações, era e foi sempre um desafio à compreensão dos homens e daí decorrendo a multiplicação de concepções e definições – é uma religião? é uma raça? é uma nacionalidade? Como captar esse agrupamento humano disperso pela fatalidade histórica e que sobrevive aos seus cataclismas através dos tempos? Lembro-me bem, quando militante no movimento juvenil sionista-socialista, nos anos 50, que ainda tais conceitos eram objeto de especulações que visavam definir como resposta final à questão que se encontrava na ordem do dia: que é o povo judeu? E na época, assim como em décadas anteriores, a questão se apresentava com toda sua importância ideológica para a busca de um caminho, seja em direção à autodeterminação ou à assimilação, e perda de identidade, através do amálgama e participação no meio onde se encontrassem as diversas comunidades judaícas. O conceito de nacionalidade, após a Primavera dos Povos, de 1848, também foi utilizado e aplicado, agora, ao povo judeu, que o Iluminismo tentou eludir afirmando ser apenas uma *Glaube*, uma religião ou uma fé. Passamos, em nossa juventude, muito tempo tentando compreender o que era uma nacionalidade e as diversas concepções que procuravam definir esse conceito rico de conotações sociais e culturais, a respeito do qual um Dubnov, Jitlovsky, Borochov e outros teóricos, marxistas ou não, serviram como fonte de leitura e informação para a nossa geração. Essa mesma busca de caminhos

Manasche durante visita a Israel. Anos 50.

caracterizou a segunda metade do século passado, quando o problema nacional passou a ser um fato que se apresentou no cenário político da Europa, contaminando a todas as minorias. No caso judaico, já no fim do século XIX se encontravam estratificadas três visões: a territorialista, que apregoava a autonomia dos judeus em determinado território com a preservação de sua identidade nacional; a assimilacionista, que não via nenhum motivo para considerar e preservar qualquer identidade nacional, já que os judeus eram apenas diferenciados por sua religião, religião essa que poderia ser trocada por outra na medida do desejo e vontade do indivíduo; e a sionista, que admitia a existência de uma nacionalidade judaica que deveria, como outra qualquer, a aspirar sua auto-determinação, e no território de sua origem histórica. Todas essas visões se dividiriam em sub-correntes e variantes que se diferenciariam entre si por nuances ideológicas que, com o passar do tempo, gerariam inúmeras formações político-partidárias que buscariam seu espaço na assim denominada "rua judaica", isto é, nas comunidades espalhadas em toda a Diáspora. Os ecos ideológicos e, mais do que ecos, suas divisões partidárias acompanhariam a imigração judaica, do solo europeu, onde brotaram e se desenvolveram, para chegarem também às Américas e ao Brasil.

O interessante é que Manasche Krzepicki veio para o sionismo, tardiamente sob o aspecto pessoal, como em direção a uma ideologia de redenção nacional que visava a restauração de um Estado judeu em sua pátria histórica, sem qualquer posicionamento político-partidário e sem qualquer identificação com alguma corrente ideológica mais específica, de direita ou esquerda. Ele atrelou-se ao nacionalismo judaico, como muitos o fizeram naqueles anos decisivos, como um imperativo derivado da tragédia do Holocausto e da consciência de que este fora resultado da impossibilidade de auto-defesa e da extrema fragilidade de um povo extraterritorial que vivia sob o abrigo da tolerância, enquanto ela existiu, das nações do mundo. Mas quando as forças do Mal predominavam esse povo era facilmente tragado por elas, tornando-se uma vítima indefesa das circunstâncias que ele não tinha provocado e tampouco tinha o poder de dominar. Um olhar mais atento para a história judaica na Diáspora revelará que os judeus raramente tiveram o direito de se auto-defenderem e sua segurança estivera nas mãos das autoridades "que deviam protegê-los". Desde pelo menos a Idade Média, no Ocidente cristão e no mundo muçulmano, onde o conceito de *dhimmi* significava "protegido", a vida pessoal e comunitária dos judeus, apesar da obrigatoriedade e do compromisso das autoridades dos lugares onde viviam não era defendida na prática, e em certas situações, mesmo que tais autoridades quisessem, seria impossível a elas enfrentar multidões armadas e hostis. O fenômeno das explosões populares contra os bairros judeus nas urbes medievais ilustra o que estamos afirmando e a leitura das crônicas sobre as Cruzadas, em especial a de 1096, revela a impotência dos bispos das cidades alemãs, que por direito deveriam proteger seus súditos mas que se mostravam atemorizados e impotentes ante a ameaça dos cavaleiros exaltados que deveriam libertar os lugares sagrados na Terra Santa, mas que em seu caminho praticavam as maiores atrocidades contra os judeus. A mesma incapacidade de defender os súditos judeus atravessa os tempos e mostra sua face dramática durante os *pogroms* de Chmielnitzki, em 1648, e chega até os nossos dias. O Holocausto representou, numa dimensão inimaginável, um drama que fazia parte da existência de Israel entre as nações, como entidade tolerada ou não, e exposta às arbitrariedades e contradições da sociedade humana e seus governos e poderes. A Diáspora esteve sempre assentada sobre um vulcão que poderia se manifestar leve ou furiosamente, a ponto de varrer do mapa comunidades inteiras. A existência judaica dependia de situações e circunstâncias que fugiam ao seu controle e que poderiam mudar seu destino de um momento para outro. O que os teóricos do nacionalismo judaico tentaram formular é que esse processo indicava a anormalidade da Diáspora de um povo que vagava de lugar a lugar, de acordo com as oscilações da "tolerância", e cuja errância e instabilidade eram acompanhadas de sintomas que marcavam uma existência anômala com características negativas.

Os judeus, segundo essa visão, enquanto não voltassem ao solo de origem, isto é, à Terra de Israel, continuariam sofrendo os males da extra-territorialidade, que se poderia caracterizar pela simples ocupação de espaços sociais e econômicos limitados à vontade dos reis, príncipes e de governos dos lugares onde habitavam, politicamente submissos e sem direitos de participar na direção da sociedade mais ampla, confinados a certas atividades econômicas e profissionais por legislações que os excluíam de outras pela condição de súditos ou cidadãos "especiais" que poderiam perder facilmente sua situação formal, sempre outorgada como "benemerência", "retribuição", "favor", e sob determinadas condições. Os teóricos do nacionalismo judaico, ao retratarem esses males da Diáspora, que "enfermavam" a alma judaica, apontavam a "cura" na criação de um Estado judeu soberano que pudesse devolver a um povo milenar o poder de decidir seu próprio destino e ser responsável por si próprio. Não cabe aqui examinar a variedade e as nuances teóricas que desde o século passado foram elaboradas por pensadores judeus e que tiveram um papel decisivo no despertar da consciência nacional em amplas camadas de suas populações na Europa e também em outros continentes. No fundo, a milenar expectativa messiânica de Redenção que acompanhara os judeus desde a Antigüidade passava a ser canalizada e transmutada, na modernidade, em nacionalismo vivo e atuante que se revestiu de uma linguagem que tocava fundo não somente as elites, ao judeu "sabático", porém àqueles que representavam amplos setores dos humildes e modestos habitantes das aldeias e dos *schtetels* das regiões da Europa oriental aos trabalhadores das oficinas e fábricas das grandes cidades, assim como os estudantes das *ieshivot*, que muitas vezes chegariam a freqüentar as universidades ocidentais, despontando como líderes do movimento sionista.

Manasche Krzepicki foi essencialmente um sionista "prático", que na segunda metade dos anos 40 encontrou-se "consigo mesmo" para dar um novo sentido à sua vida. Mas esse "novo sentido pessoal" tinha raízes mais profundas em seu ser judaico, ao qual "momento histórico" apelava para uma ação concreta que exigia total entrega de si mesmo. O que o levou a se sobrepor aos demais foi o conjunto de qualidades pessoais que integrava uma personalidade sólida, coerente e disposta a assumir sacrifícios. Assim como o místico procura a comunhão com a Divindade ou vislumbrar a sua Luz, e esse é o sentido de sua existência, do mesmo modo encontramos homens que possuem o dom de se sensibilizar, como uma espécie de *iluminatio*, entregando-se a uma causa. O Estado judeu era sua causa e mesmo após os anos decisivos de sua criação, 1947-1949, ele não mais a deixaria até o final de sua vida. Sua pessoa se identificara com a "causa" e, doravante, ele se preocuparia com a existência do Estado de Israel como um pai zeloso que se preocupa ininterruptamente com seu filho que ajudara a nascer.

Após a tormenta dos anos 1947-1949, Manasche não se retiraria da atividade sionista e, como já dissemos, ele se voltaria continuamente a atender a todos os apelos que lhe fizessem, para contribuir com todo tipo de instituições com seu conselho de homem maduro e experimentado nas coisas do mundo, e também com ajuda material quando era necessário. O prestígio que angariara em Israel era extraordinário, e isso podemos constatar pela deferência que lhe concedida pela cúpula política e militar daquele país. Quando se encontrava em fevereiro de 1949 em Nova Iorque, ele escreveu a Hilda, em 3 daquele mês:

> O Teddy quer forçar-me para seguir viagem a Israel, pondo desde a saída do avião a minha disposição todo o exército, inclusive avião, para em quatro dias no máximo ver Israel de lado a lado, e ver mesmo coisas que poucos de fora viram.

É que ainda em 1949 Manasche deveria continuar ativo nas campanhas, bem como na vida pública judaica do Brasil, que o solicitava a participar em encontros com visitantes de Israel que se revezavam continuamente em suas vindas ao continente latino-americano. No judaísmo brasileiro ele era um endereço e um nome respeitado que passara a ser procurado pelas personalidades do mundo judaico, e de Israel, que chegavam ao Rio de Janeiro. Se considerarmos que em 6 de fevereiro de 1949 o Brasil reconheceu o Estado de Israel, após um longo período de indecisão de parte do governo, as conseqüências desse fato não demorariam a se fazer sentir. Além de manifestações públicas que se realizariam no Rio de Janeiro e outras capitais do Estado[1], num clima de júbilo e verdadeira euforia, dar-se-ia também alguns acontecimentos significativos no movimento sionista, entre eles a partida de um primeiro grupo de *aliá*, como já lembramos antes.

Um grande número de visitantes, entre eles alguns que haviam estado no Brasil anteriormente, e muitos outros que pela primeira vez entravam em contato com a comunidade brasileira, deram ao ano de 1949 um significado especial, juntamente com a comemoração do 1º aniversário do Estado judeu e da instalação do Consulado daquele país no Rio de Janeiro, para o qual seria indicado cônsul honorário Samuel Malamud[2]. Representantes dos partidos políticos de Israel visitariam o Brasil, tais como Aminadav N. Bentley (Ben-Toow), dr. Israel Lifschitz do Herut, Clara Dachner da Wizo e figuras do Movimento Sionista como I. Gruenbaum, Moises Toff, diretor do Departamento Latino-Americano do Ministério de Relações Exteriores de Israel, Lily Roth Abramovich, que viera para preparar a exposição Israel Ressurge, inaugurada em 26 de maio na Associação Brasileira de Imprensa no Rio de Janeiro e em 27 de junho em São Paulo, Henry Shoskes da HIAS, e também o coronel David Shaltiel, na ocasião inspetor geral da Tzavá Haganá Leisrael, que viria a convite da Organização Sionista Unificada e do Clube Chaim Weizmann. Manasche Krzepicki escreveria em 7 de julho à Hilda sobre a presença de David Shaltiel, que chegara naqueles dias ao Brasil e fora recebido pelos círculos militares brasileiros; por causa de seu contato anterior com Shaltiel e o Clube Chaim Weizmann, teve de acompanhá-lo durante boa parte de sua estadia no país, o que se tornara extremamente cansativo.

Shaltiel chegaria no dia 25 de junho e seria recebido no aeroporto do Rio de Janeiro pelo cônsul honorário Samuel Malamud, por Manasche Krzepicki, agora presidente do Clube Chaim Weizmann, Abrahão Kogan da Unificada e representantes da imprensa. Em nome do ministro da Guerra estaria presente o major Alfredo Pinheiro. Ele proferiria uma conferência a um grande público na ABI e seria saudado por Manasche em nome do Clube Chaim Weizmann, além de outros. Três dias depois seria recepcionado no Ministério da Guerra pelo general Canrobert Pereira da

---

1. *Aonde Vamos?*, 10 de fevereiro de 1949. Em São Paulo a Organização Sionista daria um coquetel à imprensa paulistana em 8 de fevereiro. Na época era presidida por Marcos Frankenthal, Vitório Camerini, dr. Moisés Hoff, entre outros.

2. Apesar de Oswaldo Aranha ter presidido a sessão histórica da Partilha, o Brasil se absteria na votação para o ingresso de Israel na ONU

Manasche com Ruth Kluger em Israel.

Após a Tormenta

Costa e outros generais no Gabinete Ministerial e seria convidado a visitar a Vila Militar. No dia seguinte, em nome do Exército de Israel, Shaltiel faria uma homenagem ao consolidador da República do Brasil, colocando uma coroa de flores no Monumento do Marechal Floriano Peixoto[3]. Seu programa de visitas era intenso e incluiu também uma palestra no Centro Israelita Brasileiro Bnei-Herzl com a presença do coronel Levy Cardoso, que o saudou como colega e membro da colônia sefaradita brasileira. A presença de David Shaltiel, que seria designado mais tarde embaixador de Israel no Brasil, coincidiu também com a abertura da Campanha de Emergência Pró-Israel de 1949, que contaria com o incentivo de dois visitantes presentes naquele mesmo momento, Itschak Grinbaum e Jehuda Taubman, da Agência Judaica.

Apesar de tudo, o ano de 1949 também seria o último da missão que o Clube Chaim Weizmann à frente das Campanhas da Haganá. Desde o final do ano anterior vinham se realizando uma série de discussões sobre a aplicação dos fundos angariados na Campanha de Emergência e em 20 de janeiro, em uma sessão plenária, ficou evidente que havia posições discordantes em relação à utilização de uma porcentagem, 5% dos fundos, para as necessidades locais da comunidade judaica. Os progressistas, isto é, anti-sionistas e adeptos da esquerda de orientação pró-soviética e representantes das sociedades beneficentes – os primeiros, mais tarde se retirariam da Campanha de Emergência de 1949 – se manifestavam a favor, apoiando assim a posição da Unificada, presidida por Jacob Schneider, enquanto que os adeptos do partido Mapai e o Clube Chaim Weizmann, seguindo uma orientação das instituições de Israel, firmariam o princípio de que dos fundos coletados para defesa (*bitachon*) nada deveria ser deduzido. Em artigo intitulado *Consumatum est*, possivelmente escrito por Aron Neumann, publicado no *Aonde Vamos?* de 27 de janeiro daquele ano, acusava-se a Unificada e os representantes progressistas, um total de 76 pessoas, de terem "menosprezado a vontade de milhares de contribuintes" e "desviarem" 5% da Campanha para outros fins. Podemos imaginar o quanto este assunto afetava os sentimentos de Manasche e o grupo de ativistas do Clube Chaim Weizmann.

Em julho de 1949, uma vez proclamada a Campanha Unida Pró-Israel, que reunia a da Haganá, Keren Hayessod e Keren Kayemet Leisrael, Manasche ocuparia várias funções centrais e seu nome apareceria na Comissão Central Adjunta da Unificada, de Finanças, Propaganda, indicando

---

3. *Aonde Vamos?*, 30 de junho de 1949. Veja também *Jornal do Comércio* de 30 de junho de 1949. No livro *David Shaltiel, Jerusalém 48*, publicado em hebraico em 1981, há um relato sobre sua vinda ao Brasil em 1949 e em 1952 como embaixador de Israel. O livro, editado pelo Misrad Habitachon (Ministério da Defesa), organizado por Josef Shapira, trata fundamentalmente da campanha de Jerusalém durante a Guerra da Independência.

o quanto estava entregue a essa atividade. Viria nesse mesmo mês o secretário-geral do Ministério da Defesa, Josef Israeli[4], que também daria várias palestras sobre o recém-criado Estado de Israel. Ao mesmo tempo, em inícios de setembro, o Partido Revisionista receberia o seu líder maior, Menachem Beguin, acompanhado do deputado Chaim Landau, que ajudariam a promover com suas conferências uma verdadeira arregimentação de seus adeptos à Campanha Unida[5]. O jornalista e redator do Davar, amigo de Manasche e que se correspondeu com ele, David Zachai, viria como enviado especial e proferiria várias conferências para o Clube Chaim Weizmann. A quantidade de representantes e enviados de Israel naquele ano ainda mostrava o quanto o movimento sionista no Brasil era ativo em sua política-partidária e em seu engajamento ao redor das questões que tangiam o Estado judeu e a Diáspora. Mas, por outro lado, mostrava que o mundo judaico, uma vez criado o Estado, se encontrava perante uma nova situação, isto é, a de consolidar o que fora duramente conquistado em termos políticos e militares[6].

Para Manasche o Clube Chaim Weizmann, em fins de 1949, já tinha cumprido sua missão e em 22 de novembro ele convocaria, para o dia 6 de dezembro, uma Assembléia Geral Extraordinária na sede da Av. Rio Branco, nº 114, 14º andar, para discutir a dissolução da entidade[7]. A convocação se repetiria para dar continuidade à Assembléia, pois o assunto era delicado e não foi possível terminá-la com uma única sessão[8].

Com a dissolução do Clube Chaim Weizmann em dezembro de 1949, Manasche continuou em contato, como já dissemos, com o escritório da Missão (agora Israel Supply Mission ou Government of Israel Supply Mission) em Nova Iorque. A confiança depositada em sua pessoa se estendia a assuntos de responsabilidade como a compra de explosivos, que em finais de 1949 e durante o ano de 1950 o novo Estado demandava. A Companhia Brasileira de Explosivos Cobrex oferecia um catálogo de preços a Manasche, ainda em agosto de 1949, com os produtos que fabricava

---

4. Josef Israeli chegaria em 12 de julho e seguiria depois para São Paulo e Porto Alegre, voltando no dia 23 ao Rio para ficar até o dia 3 de junho e voltar a Israel. Veja carta de Manasche a Hilda de 13 de julho de 1949.

5. Menachem Beguin seria recebido no Senado com todas as honras de um líder político estrangeiro.

6. Por causa da Guerra de Independência muitos soldados, inválidos, deveriam receber uma assistência especial para sua reabilitação e nesse com esse fim isso foi fundada uma associação, Shelach, para os combatentes do Irgun Zvai Leumi, e para esse fim viriam ao Brasil líderes do Herut, como deputados da Knesset Arie Ben Eliezer e o líder Rubem Franco.

7. *Aonde Vamos?*, 1 de dezembro de 1949. Na ordem do dia constava o "exame e votação da proposta de encerramento das atividades do Clube e o destino a ser dado ao acervo".

8. *Aonde Vamos?*, 15 de dezembro de 1949. Esta convocação era assinada pelo presidente da Assembléia Geral, Israel Dines.

em sua indústria e outros que importava. Em 18 de novembro daquele ano A. Sirkin, secretário-geral em exercício do Ministério da Defesa, respondia a Manasche especificando que produtos, explosivos e outro tipo de material tinha interesse em adquirir, solicitando uma informação de especificações técnicas e preços. Ao que Manasche respondeu com carta de 10 de janeiro com cópia a Arieh Manor, do escritório de Nova Iorque, e na qual também comunicava a dissolução do Clube Chaim Weizmann, porém, como já dissemos anteriormente, colocando-se à disposição para tudo o que lhe fosse solicitado. Em 17 de janeiro Manasche receberia uma carta de Shimon Peres, que confirmava que chegara as suas mãos o que escrevera a Arieh Manor, contendo a informação desejada, e que tinha passado ao devido setor o assunto da mesma, que se referia a produtos químicos para explosivos. Nesse ínterim, em 19 de abril, ele lembrava a Arieh Manor que havia pedido para que remetessem uma carta, que pudessem publicar, agradecendo aos amigos do Clube Chaim Weizmann, que havia se dissolvido, mas que, como já lhe dissera antes, nada mudaria para ele Manasche em relação à Israel. E, de fato, no mesmo mês de abril, Ruth Kluger escreveria também a ele sobre a vinda de Abraham Drapkin, diretor do Departamento Latino-Americano do Ministério das Relações Exteriores, para uma viagem a vários países do continente. Ela lhe pedia para encontrá-lo e orientá-lo porque, assim ela se expressa, "Er weiss von mir dass Du der einzig Mensch bist mit dem er sich vertraulich beraten kann und deine Beurteilung gevicht hat sowohl ueber Menschen als auch ueber die Lage als solche". (ele sabe através de minha pessoa que você é a única pessoa que ele poderá confiadamente aconselhar-se e apoiar, e seu julgamento sobre pessoas, e sobre a situação em geral, é que terá maior peso.) A. Drapkin chegaria em início de agosto, na mesma época em que estariam no Brasil Hadassa Samuel, Moshe Kol, diretor da Aliat Hanoar, Josef Tchornitzki, com sua experimentada oratória, e Yoseph Leron, diretor do abastecimento civil de Jerusalém, que participariam na abertura da Campanha Pró-Israel de 1950. Na verdade Drapkin viria apenas para manter contato com os governos de alguns países sul-americanos.

No Brasil ele entrou em contato com o Ministro das Relações Exteriores, Raul Fernandes, com o qual conversou sobre o estabelecimento de relações diplomáticas entre os dois países[9], o que de fato dar-se-ia logo depois. O Comitê Cristão Brasileiro Pró-Palestina o recepcionaria com um almoço no Jockey Clube Brasileiro com a presença de seus sócios e os representantes das instituições comunitárias. Ele antes estivera em Buenos Aires com a mesma finalidade e, por ter vivido no Chile e atuado como

---

9. *Aonde Vamos?*, 17 de agosto de 1950.

advogado em Santiago, além de ter fundado, em 1940, o Poalei Zion naquele país, tinha um perfeito domínio do espanhol, o que o qualificava para a sua missão. Como já vimos anteriormente, Manasche escreveu a Júlio Goichberg de São Paulo sobre a vinda de Drapkin em carta de 9 de maio e sobre quanto Ruth Kluger pedia-lhe para ajudá-lo em sua missão, o que ele prometeu fazê-lo também em "teu nome". Em carta escrita em alemão, de 20 de julho, endereçada a Ruth Kluger, na qual agradece as lembranças enviadas por Senderey[10] a ele, dirá que deveria viajar, porém que voltaria dentro de quinze dias, quando esperava encontrá-lo e ajudar no que fosse possível. Mais tarde Manasche informaria a Ruth, em cartas de 18 de agosto e 2 de setembro, que Drapkin teria um total sucesso em sua missão junto ao governo brasileiro: "Devo congratular-me com você pelo grande sucesso de Drapkin em sua missão entre nós e os excelentes resultados obtidos comprovam uma vez mais o velho provérbio de que nada pode ser ganho sem trabalho".

Mas os assuntos da Rechesh ainda estavam na ordem do dia e em carta de A. Manor de 25 de abril, além de telegramas de 18, 24, 26 de Manasche a Manor, ficamos sabendo que o Estado judeu, que saíra recentemente de uma guerra que lhe custara caro em vidas e perdas materiais, ainda estava preocupado com a aquisição de armas. É o que depreendemos do seguinte parágrafo da carta de Manor, que diz que

espera receber logo maior informação a respeito das "máquinas de costura e agulhas" e obviamente no caso dessa informação passar a ser positiva, eu mesmo ou alguém de meu escritório irá ao Rio e discutirá o assunto no local. Quero acrescentar que isto é um assunto muito urgente e agradeceríamos muito se você pudesse apressá-lo.

De fato, A. Manor viria ao Brasil, e pela carta de Manasche, escrita em inglês em 19 de julho de 1950, dirigida ao Setor de Munição do Ministério da Segurança, sabemos que ele tivera contato com autoridades brasileiras nesse sentido, isto é, para compra de armamento. Tratava-se da expedição de dois pacotes "que foram expedidos a mim pelo Ministro da Guerra brasileiro de acordo com os arranjos feitos por Arieh Manor com as autoridades".

Podemos compreender a urgência da questão, isto é, da contínua necessidade de o Estado de Israel adquirir material bélico, ao lermos a imprensa da época, que divulgava diariamente, apesar da derrota sofrida, que os países árabes envolvidos no conflito estariam novamente se armando e recuperando seus exércitos para, no devido tempo, partirem para

---

10. Trata-se do ativista argentino, amigo de Manasche.

Manasche em visita a Israel com membros do Magen David Adom e amigos. Anos 50.

Grupo de estudos bíblicos com o embaixador Shaltiel. Rio de Janeiro, anos 50.

uma nova guerra. A propaganda anti-israelense e a inflexibilidade em relação a existência de um Estado judeu no Oriente Médio caracterizava o clima dos anos 50, mesmo que o bom senso indicasse que o Estado judeu surgira para ficar e que a idéia de "jogar os judeus ao mar", após a sua criação e a história recente do Holocausto, não seria uma promessa fácil de cumprir. A insensatez proveniente do sangue derramado e das cicatrizes da guerra convidava à fantasia política, ao revanchismo histórico, à agressividade estéril que iriam perdurar década após década, com guerras intermediárias e exercícios bélicos inúteis para ambos os povos. Mas, na falta de um entendimento político definitivo, a força das armas era o único argumento que restava para não "ser jogado ao mar".

As Campanhas de 1950 e anos seguintes, por outro lado, não se dedicavam somente às questões de segurança de Israel, pois acima de tudo se apresentava um grave problema de absorção e integração econômica e social de uma massa enorme de imigrantes que imediatamente, com a criação do Estado, começou a fluir da Europa, fundamentalmente os deslocados da guerra que não podiam mais voltar aos seus países de origem, em especial os da Europa oriental, dos países árabes do Oriente Médio, que estavam em conflito com o Estado judeu e cujas comunidades sofreram bárbaras perseguições e ataques, além de confisco de seus bens materiais, bem como os da África do Norte, que se comportaram em relação aos judeus do mesmo modo que os demais países muçulmanos no Oriente, o que representava o deslocamento de centenas de milhares de pessoas. Certas comunidades, como as do Yêmen, Iraque, Marrocos, Líbia, deveriam ser evacuadas rapidamente porque corriam perigo contínuo de serem atacadas, como de fato o foram, pela população local, e outras, da Polônia, Hungria, Romênia, sofriam as conseqüências de um clima anti-semita, que a guerra não havia eliminado. Os judeus em todos os lugares livres se mobilizaram para auxiliar os seus irmãos, e nesse sentido grandes tarefas se impunham nos próximos anos ao movimento sionista mundial, que agora deveria se defrontar com a estabilização de uma enorme massa de imigrantes e criar as condições para que o país voltasse à normalidade. A austeridade caracterizou a vida da população de Israel nesses anos difíceis de pós-guerra de Independência. Ainda em 1951, quando estive fazendo um curso em Jerusalém para instrutores de movimentos juvenis, testemunhei o clima de contenção e disciplina que a austeridade econômica exigia da população porque havia pouca comida, pouca vestimenta, e uma grave crise de habitação. O atendimento a essas primeiras necessidades foi o grande desafio para os que estavam à testa das instituições governamentais naquele tempo. Homens como Manasche sabiam e tinham consciência de que o país vivia duas frentes, a interna e a externa, e ambas eram vitais para a existência do Estado. Daí ele ser solicitado – podemos dizer pressionado – a atender, acima de suas possibilidades e forças, a pedidos de ajuda em favor de uma multiplicidade de causas e instituições que seu arquivo pessoal comprova. As cartas revelam muitas vezes uma cobrança terrivelmente pesada, que chega a ser injusta, mostrando o quanto tais instituições, ou melhor, seus responsáveis, desconheciam o que ele fez e vinha fazendo para Israel. Somente este desconhecimento explica o tom constrangedor de uma carta que o diretor do Departamento Latino-Americano do Instituto Weizmann de Ciência, dr. S. Tocker, em 7 de março de 1950, usara:

> Eu lamento pelo que o nosso Comitê do Rio nos escreve, que nada foi feito em nosso favor. É desapontador que um comitê com pessoas responsáveis nada faz para ativar o trabalho do Instituto (Weizmann) no Rio. O resultado de nosso esforço e desgaste foi até agora inútil. Antes de deixar o Rio eu estava seguro que nosso trabalho seria bem-sucedido em vista de que um homem da sua envergadura encabeçaria nosso Comitê, e em vista das promessas que o senhor fez ao Dr. Bergmann e a mim mesmo. Ficarei grato se tomares a iniciativa em adiantar o trabalho do pequeno Comitê que foi organizado durante minha estadia no Rio. Como sabes, o Presidente Weizmann trabalha no Instituto dia e noite, apesar de sua delicada saúde e avançada idade. Em pouco tempo eu espero partir para a América Latina. Terei o máximo prazer em vê-lo pessoalmente durante minha visita ao Rio de Janeiro.

A frase, conhecida entre velhos revolucionários de que a revolução se alimenta de seus filhos tinha agora um significado especial: literalmente, deveria se alimentar de seus fígados! Podemos imaginar a reação de Manasche ao ler esse tipo de missiva, que adicionava às suas costas novas tarefas, não bastando o que já carregava.

Manasche se concentrara em atender a Missão em Nova Iorque, apesar dos permanentes pedidos em receber representantes de Israel de todos os setores e com todas as missões, pois passara a ser o endereço indicado para ajudar a tudo e a todos que se relacionavam com o país. De certa forma, ele se adaptara a uma situação que lhe era nova e que lhe impunha novas responsabilidades. Ainda em 18 de agosto, Arieh Manor lhe respondia que Israel Amir, do Ministério da Defesa, havia recebido os "modelos" que enviara e que contudo ele gostaria que enviasse uma informação detalhada em relação às especificações dos "modelos" antes de chegar a uma conclusão final. Tratava-se ainda de material bélico, que era, como já dissemos, uma questão vital para a segurança do novo Estado diante das as ameaças que os países árabes que participaram na guerra continuavam fazendo, em particular a Síria, o Egito e a Jordânia. Por outro lado, Manasche via a grave situação econômica que o país atravessava e passara a se preocupar com os projetos industriais que pudessem criar empregos e atendessem as necessidades do Estado. Daí durante aqueles anos sugerir, e estar interessado em participar, de acordo com suas possibilidades, em projetos ligados à área econômica. Drapkin, agora Darom, ao voltar a Israel lhe escreveria, em 25 de dezembro de 1950, sobre seu plano de criar um Grupo de Investimentos da América Latina, propondo a ele juntar-se a outros para realizar um grande projeto de refinaria de açúcar, na região do Neguev. Este seria o primeiro projeto de uma Companhia de Investimentos dirigida e coordenada por Drapkin-Darom, que tinha como objetivo atrair capital da América Latina em projetos econômicos de Israel, sob o nome de "Andes" e posteriormente "INCA Economic Corporation", que se afiliaria à tradicional Palestine Economic Corporation dos EUA.

A Campanha Unida Pró-Israel de 1950 seria lançada em um *meeting*, em 2 de agosto, com a participação de Moshe Kol, presidente da Magbit Haclalit e membro do Executivo Sionista Mundial, Meir Grossman, diretor do Departamento Econômico da Agência Judaica e membro do Executivo Sionista Mundial, Josef Tchornitzki, diretor do Keren Hayessod para a América Latina, dr. Jochanan Pomerantz, ex-presidente da Federação Sionista da Alemanha, dr. Josef Lerner, chefe de Controle Alimentar de Jerusalém e Israel Ner, major da Zva'Haganá Leisrael[11]. A presença de tantos enviados de Israel mostrava o quanto a ajuda ao novo Estado era importante, como já havíamos assinalado, e a composição da mesa de abertura da Campanha mostrava o quanto a Diáspora era necessária para suprir as necessidades básicas da sociedade israelense que passava por um programa rigoroso de racionamento, o famoso plano Tzena. Assim mesmo a vida naquele país se mostrava normal em setores que dariam destaque a Israel futuramente, isto é, em áreas científico-tecnológicas, que iriam assegurar o seu desenvolvimento. Isto pode ser visto pela preocupação de enviar ao Brasil uma delegação de cientistas chefiada pelo dr. L. Olitzki para participarem no Congresso Mundial de Bacteriologia, que se realizaria no Rio de Janeiro em agosto daquele ano. Seriam recepcionados pelo Comitê Cristão Brasileiro Pró-Palestina em inícios de setembro, na residência do casal Abraão e Paulina Koogan, com a presença de intelectuais e cientistas brasileiros desejosos de estabelecer um promissor intercâmbio cultural-científico entre os dois países[12]. Manasche daria apoio e criaria laços de amizade com o cientista Moshe Aronson, que participou dessa delegação e que viera para participar no Congresso Internacional

---

11. *Aonde Vamos?*, 27 de julho de 1950.
12. *Aonde Vamos?*, 24 de julho e 3 de agosto de 1950. Manasche escreveria sobre o assunto a Arieh Manor em 16 de agosto, respondendo a um telegrama que este havia mandado em 9 do mesmo mês. Manasche daria uma orientação sobre as despesas de manutenção do cientista e também adiantaria o dinheiro para os primeiros meses de seu estágio no Brasil.

Almoço da Câmara Brasil-Israel de Comércio e Indústria em homenagem ao Sr. Pinchas Sapir – Ministro do Comércio e Indústria de Israel. Rio de Janeiro, 17 de abril de 1959.

Manasche com o embaixador David Shaltiel e Samuel Malamud.

de Biologia, pretendendo ainda fazer um estágio nas instituições científicas de seu interesse no Brasil e na Argentina.

Mais tarde, em 10 de março de 1951, Manasche se sentiria no dever de escrever diretamente ao então secretário-geral do Ministério da Defesa de Israel, Pinchas Sapir, a fim de interceder para que se providenciasse o sustento mensal rotineiro do cientista, pois este havia sido interrompido[13]. Como poderiam não considerar e tratar com desleixo compromisso assumido com sua pessoa? Manasche, com seu espírito independente e correto, não se mostrou nem um pouco tímido ao escrever a Sapir nos termos que seguem:

> Eu devo dizer que considero inteiramente condenável tratar desta maneira uma pessoa indicada pelo Bitachon, por seu conhecimento científico, para realizar um trabalho de pesquisa, vivendo em uma terra estranha sem quaisquer meios de subsistência e sem qualquer informação[14].

Mas o empenho de Manasche em resolver o assunto o levaria a escrever novamente a Sapir, que por sua vez pediria a Shimon Peres, que se encontrava em Nova Iorque, junto ao Government of Israel Supply Mission, para que resolvesse a questão. Em 15 de maio de 1951 Manasche escreveria a Peres para que acusasse o recebimento que havia pago a uma firma para repassar a seu crédito o valor de US$1 mil dólares para cobrir as despesas de manutenção de Moshe Aronson, referente aos meses atrasados (janeiro-maio) e esperava que os pagamentos mensais no futuro não sofressem nenhum atraso, pelo que ele agradecia. Parece que Manasche provocara com isso uma repreenda a Peres, por parte de Sapir, conforme se pode ver em carta que ele escreve a Arieh Manor em 18 de maio daquele ano. Ele dirá a Manor nessa carta que

> a questão da manutenção do Dr. Aronson foi finalmente resolvida, após cinco meses de desnecessárias queixas dirigidas aos "superiores". Creia-me que lamento verdadeiramente que o senhor Peres tenha recebido uma repreenda de Sapir, e te asseguro que não foi minha intenção provocar-lhe qualquer problema. Eu telegrafei a Sapir no dia 15 avisando-o que recebi agora o dinheiro para a manutenção do Dr. Aronson até o mês corrente...

Na mesma carta ele mencionava que vira em documentário cinematográfico a chegada de dois navios de guerra de Israel aos Estados Unidos

---

13. *Idem*.

14. Sapir, em carta de 27 de março, escreveria a Manasche dizendo ter tomado as devidas providências para o assunto em questão, e Manasche, em carta de 14 de abril, agradeceria sua intervenção no assunto.

e arrematava: "um deles me pareceu como uma certa *corvette*..." Que segredos conteria essa *corvette* tão familiar a Manasche? É o que gostaríamos de saber. Contudo, o relacionamento de Manasche com Shimon Peres, assim como os demais membros do Bitachon, nunca ficaram estremecidos e ele será visto como um amigo de Israel disposto a ajudar no que fosse possível e no qual se podia confiar. Já em 6 de agosto, em carta dirigida a Shimon Peres, Manasche confirmaria o recebimento do depósito para o sustento de Moshe Aronson, e trataria de responder sobre assuntos que a Supply Mission tinha certo interesse em obter relativo a matérias-primas, tais como cobre do Chile e quartzo do Brasil, dos quais ele, por estar ligado ao comércio internacional, poderia informar com precisão os custos, transportes etc. Moshe Aronson, já em agosto vivendo em Buenos Aires, continuava sob os cuidados de Manasche, com o qual se corresponderia por muito tempo[15].

Era próprio de Manasche usar de franqueza e não esconder seus sentimentos quando a lógica de sua mente era afetada. Em outra ocasião ele escreveria, em 12 de maio de 1951, a David Shaltiel, que se encontrava na França, sobre a pouca habilidade dos representantes oficiais de Israel no Brasil por não terem homenageado o general Canrobert Pereira da Costa, recriminando-os por sua atitude. A carta ilustra bem o caráter impoluto de Manasche:

Rio de Janeiro, 28 de março de 1951

Meu caro David,

Antes de tudo meus melhores desejos de que tudo esteja bem com você e os teus.

Espero que você me perdoe por não ter escrito a você antes, devido ao fato de estar, como sabes, sempre ocupado, e mais do que isso de não encontrar alguma razão especial para aborrecê-lo com cartas. Outros dizem que não somos essencialmente um povo prático, mas somente nós sabemos que não é bem assim.

O assunto do qual quero tratar no momento é o seguinte. Teu amigo, o ex-Ministro da Guerra, general Canrobert Pereira da Costa, está fazendo uma viagem através de vários países da Europa, e o quanto entendo ele intenciona ampliá-la incluindo uma visita oficial a Damasco. Esperei para ver se alguma atitude fosse tomada por Israel em relação a esta visita, e fiquei surpreso em saber que nada foi feito nesse sentido, o que considero uma demonstração de ingratidão e uma falta da mais elementar noção de cortesia.

Penso, portanto, que recai sobre você tentar remediar este lapso, e sugiro que entres em contato com o Attaché Militar brasileiro em Paris, a fim de acertar

---

15. Conforme carta de 14 de setembro de 1951 a Shimon Peres (Supply Mission, em Nova Iorque).

Manasche: Sua Vida e seu Tempo

os detalhes referentes à viagem do general Canrobert e prestar-lhe uma homenagem que você considera necessária e apropriada, pois sei e admiro seu modo natural de demonstrar gratidão e se revelar como pessoa agradável aos seus amigos. Assim sendo não preciso dizer mais e deixar em suas hábeis mãos o assunto.

As únicas notícias que recebo sobre você é o que aparece de tempos em tempos no "Jerusalem Post" e dessa fonte soube que você esteve recentemente em Israel, e voltastes novamente ao seu cargo em Paris.

Quanto a mim, nada de especial tenho a contar.

Não seria a única carta que Manasche enviaria a Shaltiel sobre o mesmo assunto, pois em 12 de maio de 1951 ele voltaria a sugerir como remediar a falha diplomática de Israel em relação ao general Canrobert Pereira da Costa, em termos tão duros quanto a anterior, além de tratar de expressar sua esperança na indicação de Shaltiel como futuro embaixador no Brasil:

Rio de Janeiro, 12 de maio de 1951

Caro David,

Por favor aceite meus melhores agradecimentos pela sua carta de 19 de abril. É sempre um grande prazer receber uma palavra de você.

Lamento muito que perdemos a oportunidade de dar ao general Canrobert uma recepção adequada, pois ele nunca esqueceu a você e pergunta constantemente sobre tua pessoa toda vez que o encontro. Se o protocolo permite sugeriria a você para que lhe escrevesse expressando teu pesar por não tê-lo encontrado quando esteve na Europa.

É de se lamentar, e muito, que os representantes de Israel no Brasil não tenham feito nada para prestar uma homenagem a este nosso destacado amigo e ter descoberto muito tardiamente que nada foi feito, tal como informei a você de antemão, por própria iniciativa, mesmo com o risco de ser acusado de intervir (em algo que não me concerne diretamente).

Contudo nada pode ser feito senão ficar atento a fim de evitar a repetição desse tipo de negligência.

Eu posso te assegurar que o general Canrobert foi convidado oficialmente pelo governo sírio a visitar seu país como convidado oficial, mas não sei com certeza quando a visita foi realmente feita, uma vez que não tive a oportunidade de ver o general desde o seu retorno, e de todas as maneiras me sinto envergonhado.

É verdade que o presidente Vargas já estabeleceu uma legação brasileira em Tel Aviv e peço a Deus que tua esperança (e minha) se concretize, isto é, que o governo de Israel encontre o homem certo para esta importante tarefa de representar Israel aqui no Brasil. Confesso que, assim como passa a ser teu sonho, o nosso sincero desejo que você seja indicado para esta importante posição, e até mesmo agora não perdemos de todo esta esperança.

Após a Tormenta

Estou indo hoje a São Paulo, onde nossos bons amigos comemoram com seu encanto natural a independência de Israel.

Tua carta chegou em momento oportuno para eu transmitir a este grupo seleto, que você conhece tão bem e que o tem em alta estima, teus cumprimentos e os melhores desejos.

Sim, não cumpri minha promessa de visitar Israel no último inverno, mas você deve lembrar-se que não sou o senhor absoluto de meu tempo, e tendo dispendido algumas semanas nos Estados Unidos durante outubro e novembro, não poderia ficar afastado daqui em dezembro, o mês de balanço etc. No entretanto, espero estar na Europa novamente por volta do final do ano, e sem dúvida farei uma visita a Israel.

Agora, meu caro David, algumas perguntas sobre você e teus familiares: Como está tua saúde? Como está indo teu trabalho? Como estão os teus problemas pessoais? Como anda Judith e a pequena Tamara?

Minha estima a você e aos teus e, por favor, mande lembranças minhas a tua linda e competente secretária, senhorita Esther.

Não esqueça que estou sempre a tua disposição e me dará um grande prazer em te ser útil, a você e aos teus.

Com os melhores desejos e elevada consideração,

Teu amigo sincero

O tom confidencial de sua carta a Shaltiel revela o quanto Manasche o prezava e a confiança mútua existente entre ambos em assuntos tão delicados. Portanto, não é de estranhar que Manasche fizesse de tudo para que David Shaltiel viesse a ser o primeiro embaixador de Israel no Brasil, o que ele acabaria conseguindo devido ao seu prestígio e seu empenho junto às autoridades daquele país. O Consulado de Israel seria inaugurado em 17 de novembro de 1949, no Rio de Janeiro, para o qual fora indicado cônsul honorário o ativista Samuel Malamud, mas levaria ainda um certo tempo o estabelecimento das relações diplomáticas entre ambos países[16]. Em viagem que fizera a Paris em meados de 1950, Manasche já havia decidido para si que Shaltiel deveria vir como embaixador ao Brasil. É o que depreendemos da carta de 27 de junho daquele ano que Shaltiel escrevera a Manasche:

Sou realmente muito grato por tua decisão em me indicar embaixador no Brasil, mas o problema é que para cumprir com o teu desejo há somente duas coisas a fazer: em primeiro o senhor Ben Gurion deve concordar e em segundo lugar, meu trabalho aqui na Europa deve ser feito, e muito bem feito.

16. Boletim da Jewish Telegraphic Agency do Brasil, vol XII, nº 1469, 18 de novembro de 1949, Col. J. Schneider, AHJB.

Manasche: Sua Vida e seu Tempo

Quase um ano depois, a vontade de Manasche começaria a se concretizar, e duplamente, pois o seu conhecido e amigo José Fabrino de Oliveira Baião seria indicado embaixador do Brasil em Tel Aviv e David Shaltiel, embaixador de Israel no Brasil[17]. Manasche tomaria a si também cuidar de instalação em um lugar adequado, entrando em contato com amigos de São Paulo, Júlio Goichberg e outros, para ajudarem a arrecadar o apoio material para tanto. Em 29 de setembro de 1951 ele escreveria a Shaltiel relatando o quanto se regozijava pela sua nomeação e as providências que estava tomando para que tudo saísse a contento. O Comitê de Recepção à testa do qual estava Manasche, trabalharia intensamente para preparar as condições necessárias para a instalação da Embaixada. Tais preparativos não eram fáceis pois, aproximava-se o final do ano de 1951 e os meses de férias dificultavam a ultimar os arranjos e levantar fundos para adquirir uma propriedade adequada à Embaixada. Shaltiel terminaria sua função de adido militar de Israel em Paris em dezembro e teria de aguardar ainda alguns meses na França, sendo que nesse ínterim estudaria a língua portuguesa e entraria em contato com os diplomatas brasileiros, em particular com o embaixador Ouro Preto e Mário de Pimentel Brandão, secretário-geral do Ministério das Relações Exteriores, que conhecera em 1949 em Montevidéu. Em 6 de dezembro ele escreverá a Manasche:

Entrementes terminei meu trabalho aqui como Attaché Militar e já estou trabalhando pesado para criar laços de amizade e contatos com os brasileiros que se encontram aqui. Para te contar a verdade não é nenhuma dureza, pelo contrário um prazer porque todos eles são pessoas agradáveis.

Em 19 de novembro Shaltiel escreveria que Moshe Sharett, que se encontrava em Paris, dera um almoço em homenagem ao chefe da delegação brasileira nas Nações Unidas, e que "ficara feliz em rever o embaixador Pimentel Brandão".

17. O *Idiche Presse*, do Rio de Janeiro, em 5 de outubro de 1951 publicava uma notícia na qual o Ministro de Relações Exteriores João Neves da Fontana indicava a José Fabrino ministro do Brasil em Israel. Arieh Manor escreveria em 20 de junho de 1951 ao embaixador congratulando-o pela nomeação, uma vez que fora informado pelo "nosso amigo comum Manasche Krzepicki". O Embaixador Fabrino de Oliveira Baião escreveria de Tel Aviv a Manasche duas cartas, em 5 de abril e 9 de maio de 1952, relatando seus primeiros passos e impressões de sua missão em Israel e agradecendo a ajuda que dera a ele. Manasche soubera, muito tempo antes, que José Fabrino de Oliveira Baião estava sendo cogitado para embaixador brasileiro em Israel. O embaixador brasileiro chegaria a Tel-Aviv em meados de março de 1952. Ainda em 6 de agosto de 1951, Abraham Darom, escrevendo a Manasche sobre a vinda do vice-presidente Café Filho a Israel, estranhava que ele, Manasche, soubesse da indicação do embaixador de Israel no Brasil.

Manasche junto a um grupo de militares de Israel em *Simchat Torá* (Festa da Torá). Israel, anos 70.

Manasche com Ben-Gurion, Teddy Kollek, Pola Ben-Gurion. Anos 70.

Hilda e Manasche em Israel. Anos 70.

Após a Tormenta

Mas a data de chegada de Shaltiel ainda era duvidosa, seja pela inconveniência da época, por ser fim de ano notificava que coincidia com o período de férias e a ausência de pessoas importantes, seja pelo atraso nos preparativos e outros motivos de menor importância.

Manasche escreveria a Shaltiel, em 22 de fevereiro, sobre os preparativos, dando detalhes sobre o local em que deveria ser instalada a Embaixada, estando em contato com o conselheiro da Legação, Mordechai Schneerson, e o embaixador de Israel na Argentina, Jacob Tzur[18]. Ele ainda acrescentaria:

> Seja lá o que for, estou convencido de que tudo se ordenará da melhor maneira, mas eu sou inimigo de organizar coisas de antemão e ser obrigado a improvisar no último momento. No entanto, você conhece o ambiente por aqui, e não tenho outra saída senão que submeter me à assim chamada "democracia"[19].

Shaltiel chegaria em 31 de março de 1952 e seria calorosamente recebido pela comunidade judaico-brasileira, cujos representantes viriam ao aeroporto do Galeão, de todos os cantos do país. Com um passado militar e combatente na Guerra de Independência, na difícil frente de Jerusalém, e uma longa folha de serviços prestados como diplomata e militar, o general David Shaltiel seria recebido com as maiores honras e respeito. Manasche seria elogiado pela sua atuação no Comitê de Recepção, e o *Aonde Vamos?* de 3 de abril de 1952 observaria: "É de justiça registrar que, apesar das deficiências, até agora, do Comitê de Recepção como um todo, o Sr. Manasche Krzepicki atuou incansavelmente e com discrição em todos os preparativos ligados à missão diplomática israelense". Ao embaixador seria oferecido um *Tanach* (Velho Testamento) com a dedicatória:

> Ao Ministro David Shaltiel, combatente da Cidade Santa Jerusalém, o Primeiro Embaixador de Israel no Brasil, por motivo de sua primeira missão nesse país, em representação da soberania do Estado de Israel – com as saudações e votos de sucesso dos milhares de judeus.

18. Ainda em 13 de novembro e 17 de dezembro de 1951 Manasche relatava a Jacob Tzur, a quem conhecera anteriormente ainda quando visitara o Brasil em inícios de 1951, sobre a vinda de Shaltiel ao Brasil, e o fazia acompanhar detalhes sobre os preparativos. Tzur havia escrito a ele, anteriormente, em 10 de novembro agradecendo pela iniciativa de formar o Comitê para preparar a instalação da Embaixada.

19. Mordechai Schneerson chegaria ao Brasil somente após o Carnaval (cf. carta de Shaltiel a Manasche, de 18 de fevereiro de 1952). Nesse ínterim Schneerson enviaria telegramas a Manasche sobre os preparativos (11 de fevereiro).

Com todas as preocupações ligadas ao Comitê de Recepção do embaixador Shaltiel, Manasche encontrava ainda tempo para atender outras solicitações como a presença em inícios de janeiro de 1952 de Josef Weitz, do Bureau Central do Keren Kayemet Leisrael, que veio conhecer a agricultura do Brasil e sistemas de reflorestamento, em particular o cultivo de sisal, que deveria ser introduzido em Israel[20]. Em 25 de fevereiro ele escreveria a Manasche uma carta de agradecimento pela ajuda que lhe prestara e pela difusão do trabalho que o KKL realizava, convidando-o a visitar o país. Pouco antes escrevia a Pinchas Sapir, diretor-geral do Ministério da Defesa, agradecendo a mensagem que recebera através de Shimon Peres e apresentando Jan Korsunski, do Clube Chaim Weizmann de São Paulo, que deveria viajar a Israel para visitar o país. Além do mais ele acompanhava de perto o trabalho do Government of Israel Supply Mission, mantendo uma correspondência contínua com o escritório de Arih Manor, que por vezes pedia sugestões e conselhos sobre assuntos comerciais e econômicos.

David Shaltiel seria recebido pelo presidente Getúlio Vargas no dia 8 de abril para a entrega de suas credenciais no Palácio Rio Negro, em Petrópolis, acompanhado de uma comitiva que incluía o conselheiro Mordechai Schneerson, o cônsul Sinai Rone, o cônsul honorário Samuel Malamud e alguns membros da comunidade, incluindo Manasche Krzepicki, além de muitos jornalistas[21]. Seria um período festivo para a comunidade judaico-brasileira, pois logo mais realizar-se-iam os festejos para a comemoração do aniversário da Independência de Israel e a Legação não deixaria de recepcionar seus convidados e organizar vários eventos, que mantiveram um elevado clima de confraternização comunitária durante vários dias[22]. Manasche se encontrava participando ativamente e acompanhando o embaixador em todos os seus primeiros passos no país. Judith, a esposa de Shaltiel, e sua filha Tamar viriam poucas semanas mais tarde e o casal seria convidado a uma homenagem que Wolf Klabin organizaria ao presidente Getúlio Vargas em Araras e que reuniria as mais altas autoridades do país, entre políticos e empresários e amigos próximos do respeitado e estimado anfitrião, que tanto fizera pela comunidade judaico-brasileira e pelo país. Encontravam-se ali o governador e a sra. Amaral Peixoto, Herbert Moses, o ministro Horácio Lafer, Ricardo Jafet e muitos outros que representavam parte da elite da sociedade brasileira e do país. As homenagens sem fim em São Paulo, Rio de Janeiro e outros lugares demonstravam o quanto a co-

20. *Aonde Vamos?*, 10 de janeiro de 1952.
21. *Aonde Vamos?*, 10 de abril de 1952.
22. *Aonde Vamos?*, 1 de maio de 1952. Em julho de 1952 Shaltiel seria homenageado pela comunidade com o Livro de Ouro de KKL, (*Idiche Tzeitung*, de 8 de julho de 1952).

munidade se sentia orgulhosa de receber, após 2 mil anos de Diáspora e 450 anos de presença judaica no Brasil, diplomatas de uma Israel soberana e independente. O sentimento de júbilo que se vivia naqueles dias estava associado ao significado de uma memória histórica sobre um longo exílio, por vezes brilhante e muitas vezes tenebroso.

O estado de espírito da comunidade judaica é bem expresso em uma carta que Manasche escreveu a Ruth Kluger, em 16 de maio de 1952, na qual ele mencionava a vinda de Shaltiel e as necessárias providências tomadas para a instalação da Legação de Israel no Rio de Janeiro:

> Você já poderá compreender que a chegada de Shaltiel e a preparação da Legação aqui (que, mesmo agora, não está completamente pronta, considerando que somente ontem foi possível completar as formalidades da aquisição do prédio) deu um bocado de trabalho e preocupação de toda natureza. No entanto, felizmente, agora se encontra tudo em ordem, e não tenho a mínima dúvida que Shaltiel será um grande sucesso de toda maneira. Ele está fazendo todos os esforços e sem dúvida ganhando a boa vontade e a cooperação dos círculos diplomáticos e das autoridades governamentais daqui.
>
> Este estado de coisas é mais do que gratificante quando consideramos que, há somente cinco anos atrás, nenhum de nós teria a audácia de imaginar que, em tão curto espaço de tempo, Israel atingiria o *status* de uma "Nação Soberana" e que sua bandeira esvoaçaria aqui no Brasil, como orgulhosa prova de sua vitoriosa e ganha independência. Eu posso bem imaginar a imensa satisfação que você deve sentir pessoalmente ao ver esses resultados concretos de nossas lutas, e fique certa que estou muito agradecido a você por ter despertado em mim os sentimentos que agora me levam também a sentir um grande prazer ao ver estes resultados. Espero que você me desculpe esta erupção sentimental, mas eu não posso evitá-la quando olho para trás e vejo qual era a situação há cinco anos.

O significado do momento para Manasche, que desde de 1947 encontrara a si mesmo engajando-se na criação de um Estado judeu, era em especial imenso, pois dera tudo de si naqueles anos decisivos. Dias após, em 26 de maio, ele remeteria a Ruth outra carta comunicando que seus amigos Júlio Goichberg e Leon Feffer viajariam à Europa e chegariam a Israel, onde gostariam de encontrá-la. No mesmo dia, demonstrando sempre a mesma disposição para ajudar os amigos, ele escreveria ao diretor-geral do Misrad Habitachon (Ministério da Defesa), Dan Shind, comunicando que Júlio Goichberg, "que foi a figura principal, em São Paulo nos tempos da Haganá e continua sendo o homem que goza de nossa plena confiança e é dedicado inteiramente à nossa causa", viajaria a Israel, e ele (Manasche) ficaria muito grato se o recebessem como seu amigo. A representação israelense retribuiria ao corpo diplomático e às personalidades de nosso país, em 27 de agosto, no Centro Israelita Brasileiro, uma recepção grandiosa. Manasche e Hilda também estariam obrigatoriamente entre os convidados desses eventos[23].

Manasche, naquele febril ano de 1952, continuaria ativo nas campanhas bem como em outras ocasiões que concerniam às relações entre Israel e o Brasil, e para as quais viriam personalidades como Zalman Shazar, escritor, jornalista de destaque no mundo intelectual (mais tarde viria a ser presidente do Estado de Israel) ou o dr. Efraim Katschalski, eminente cientista (que também viria a ser presidente daquele país já com nome Katzir) e Abram Mibashan, diretor do Departamento Latino Americano do Instituto Científico Chaim Weizmann[24].

Também visitariam o Brasil representantes dos partidos políticos de Israel, que vinham em missão particular para angariar apoio entre os seus adeptos e que aproveitavam para esclarecer a opinião pública a respeito dos problemas pelos quais passava o Estado judeu em seus primeiros anos de existência, e que exigia uma prestação de contas moral às comunidades da Diáspora, como foi o caso da questão das indenizações da Alemanha. Nesse sentido, desde o ano anterior, isto é, 1951, Israel entabulara negociações com o presidente Adenauer através da mediação do representante do American Jewish Committee, Nahum Goldman, para que as vítimas do nazismo, espoliadas em seus bens, fossem indenizados pelo país que provocara a destruição da vida judaica na Europa. Israel, que passava por uma crise econômica desde o seu estabelecimento, se via também como a herdeira e responsável pela restituição dos bens das vítimas do Holocausto, que poderia beneficiar aqueles que sobreviveram ao extermínio e que formavam uma grande parcela de sua população. Por outro lado, o assunto implicava uma grande campanha de esclarecimento na Diáspora, pois a questão tocava diretamente a sensibilidade e a ferida, jamais cicatrizada, das terríveis vivências dos sobreviventes do inferno nazista. A opinião pública de Israel também se encontrava dividida e, em particular, o Partido Revisionista (Heirut), liderado por Menachem Beguin, se opunha à política de reparações do governo de Ben Gurion. Beguin visitaria o Brasil em 1952 e seria recebido por autoridades brasileiras como um político representativo de Israel e em várias ocasiões ele se manifestaria contra a política oficial adotada pelo governo sobre a questão das indenizações. De certa forma os debates internos do Estado judeu tinham, desse modo, ecos na Diáspora e estavam sujeitos a posturas ideológicas dos

23. *Aonde Vamos?*, 28 de agosto de 1952.
24. Manasche, em 9 de julho de 1952, escreveria a Moshe Aronson sobre a sua participação em uma recepção oferecida pela Legação de Israel em honra ao eminente cientista prof. Katschalski, que fora convidado pelo governo brasileiro a proferir conferências na Universidade do Brasil.

grupos que se identificavam com uma ou outra corrente. A leitura da imprensa judaica da época, no Brasil, revela que representantes desses partidos, ao virem para cá, disseminavam mais discórdia do que união e provocavam ou estimulavam divisões na comunidade sionista sobre questões que mereciam certo tato e cuidado, ou melhor, certa dose de ponderação a fim de evitar novas dissensões, além das já existentes tradicionalmente entre nós, em especial entre os "progressistas" e os "sionistas".

Mas não era possível desconhecer que a massa imigratória de 1950 que chegara ao número de 170 mil imigrantes da Ásia, África, Polônia, Romênia e outros países da Europa, seria acrescida de mais 174 mil no ano seguinte de 1951, cuja absorção se transformaria em um dos maiores desafios para o novo país. Na verdade, entre 1945 e 1950 emigrariam a Israel 533 mil pessoas, o que nos dá a dimensão dos problemas de absorção que o país deveria enfrentar nesses anos e das grandes tarefas imposta ao judaísmo da Diáspora para a consolidação da sociedade israelense. Manasche, em suas constantes viagens, estaria em contato com os amigos que fizera em Israel e, em sua correspondência dos anos 50 em diante, fica patente a permanente preocupação com o desenvolvimento e a vida do Estado judeu sob os mais diversos aspectos o que de certa forma explica seu envolvimento pessoal em futuras campanhas, projetos econômicos, instituições culturais e sociais de todo tipo. Onde quer que viajasse não deixaria de visitar e ter contato com seus velhos amigos, seja em Nova Iorque, Londres e Paris, sendo sempre recebido com o respeito e calor de um amigo e veterano de "trincheira" que lutou lado a lado com os construtores da Nação.

Em sua correspondência encontram-se os nomes mais significativos da cúpula política e militar de Israel, que o tratam como um "parceiro", sempre confiável, para assuntos de interesse comunitário judaico. Manasche granjeara muitos amigos também pela capacidade pessoal de captar com sensibilidade o lado humano das pessoas e com isso saber contornar situações que se apresentavam inesperadamente a personalidades e visitantes de fora. Em suas cartas a Hilda, refere-se a pessoas com uma extraordinária agudeza de espírito e descreve seu caráter com pinceladas rápidas e humor divertido de um homem maduro e vivido. Viajando permanentemente aos Estados Unidos e Europa para negócios, ele aproveitaria um desvio em seu roteiro para chegar a Israel e reencontrar seus amigos e atendê-los em suas solicitações de ajuda e apoio. As descrições que faz de lugares e ambientes em que se encontra quando escreve a Hilda são muitas vezes tocantes. A Hilda escreveu de Amsterdã, em 21 de abril de 1954:

Uma menos prazeirosa hora passei na Sinagoga Sephardi, as 2 horas assistindo a um serviço religioso. Esse belíssimo templo construído no princípio do século XVII, lindo na sua arquitetura e uma acústica maravilhosa, com uma capacidade de 2 mil pessoas é hoje um cemitério... Estavam presentes nove pessoas incluindo a mim, desses uns quatro são empregados, como o *chazan* (*chantre*), *shames* (*auxiliar*) e mais um terceiro... Passaram pela minha mente os grandes Cardozos, Silvas, Costas e Fonsecas... e quando fui chamado à Torá não pude pronunciar a reza por ter lágrimas nos olhos e na garganta! Sim, o templo é hoje um monumento nacional, *ein Grabstein!* [uma pedra tumular].

O movimento sionista no Brasil realizava no Rio de Janeiro, em agosto de 1955, o seu 4º Congresso, no qual estariam presentes, além do embaixador David Shaltiel, os representantes de Israel no país para missões especiais, M. Gross-Zimerman, J. S. Kreutner e A. Peskin. À testa do movimento estavam Jacob Schneider e Israel Dines, que no dia seguinte ao da abertura solene apresentaram relatórios sobre as realizações do período que separava o 3º Congresso, em 1952, do que ano. A designação de comissões seguiu a rotina de sempre e compreendia assuntos políticos, Keren Kayemet Leisrael, juventude e Hachshará (preparo para a vida do *kibutz*), educação, organização, finanças e campanhas, entre as quais a Campanha de Emergência. Porém, o que se passava atrás dos bastidores do movimento sionista no Brasil revelava o quanto seus membros não estavam preparados em relação aos chamados da hora que Israel e os imperativos de certos países da Diáspora exigiam. As questiúnculas internas resultantes de disputas político-partidárias e dos personalismos decorrentes de ambições pessoais em função de posições de mando enfraqueciam as vontades e o desempenho da organização, que vinha sofrendo já havia muito tempo um enfraquecimento pela falta de renovação de quadros e métodos inadequados de trabalho. A crise provocada no movimento devido a desentendimentos pessoais, desde o 4º Kinus Artzi (Congresso Nacional), realizado em agosto de 1955, sobre questões organizacionais, que continuou durante 1956 com seqüelas até 1957, demandou uma intervenção de fora que envolveu o presidente da Agência Judaica, Zalman Shazar, o diretor do Departamento de Organização, Zvi Luria, L. Dultzin, J. Tchornitzki, e outros, numa correspondência sem fim que, podemos supor, serviria apenas para mostrar a inaptidão do movimento sionista no Brasil. Exemplo do *embroglio* político que caracterizava o movimento sionista naqueles anos podemos ver na carta que Jacob Schneider remeteu aos seus companheiros, na qual relatava as divergências e os desentendimentos no movimento:

Ilmos. Srs. Salo Wissmann, David Kopenhagen, Bernardo Engelberg, Henrique Pekelman, Henrique Bidlovsky e demais chaverim do Diretório do Keren Haiesod, S.P.

Manasche e Frieda Wolff.

Hilda com seus "amores".

Manasche: Sua Vida e seu Tempo

Prezados chaverim: (companheiros)

Após a reunião do dia do corrente, nesta Capital, que durou 4 horas consecutivas e na qual lutamos juntos pela constituição de um novo Diretório amistoso e não político-partidário, visando manter os chaverim Schneider, Adler e Chindler nos seus postos anteriores, apreciando, ao mesmo tempo, a vossa decisão, qual seja, de que não participarão do novo Diretório Central, caso um dos três citados chaverim for afastado, verificamos que todos os nossos esforços foram em vão e, assim sendo, apresentei no fim da reunião a minha demissão irregovável.

Aceitando, porém, os conselhos de alguns chaverim, não usei a palavra "irrevogável" na minha carta de demissão que escrevi ao Conselho Deliberativo da Unificada Central, deixando, assim, uma porta aberta.

De posse da minha carta, o presidente do Conselho convocou uma reunião do mesmo para o dia 17 do corrente, a qual não se realizou por falta de *quorum* e a nova reunião foi convocada para o dia 25 do corrente, a qual se realizou, conseguindo-se *quorum* por terem comparecido 3 chaverim (companheiros) de São Paulo, todos eles do Mapai.

Na reunião de 25 do corrente, lembrei que no 4º Kinus Artzi da Unificada, realizado no Rio de Janeiro, em Agosto de 1955, a nossa tendência foi separar o Keren Hayessod da Unificada, tornando-o autônomo, dirigido por um Diretório sem coalisão partidária.

Na continuação do Kinus Artzi da Unificada, realizado em São Paulo, nos dias 29 de fevereiro e 1 de Março de 1956, exerceram tamanha pressão contra nós, que tivemos ceder para que o Keren Hayessod fosse submetido ao Conselho. Exigimos, então, que o Presidente, o Diretor e o Tesoureiro do Keren Hayessod fossem eleitos pelo Kinus, mas tivemos que ceder novamente diante de nova pressão, consentindo que fosse eleito só o presidente, mas com a promessa que a resolução do Kinus Artzi (Congresso Nacional), do Rio de Janeiro seria respeitada, isto é, o Diretório Central seria constituído dos 3 chaverim Schneider, Adler, Chindler e três chaverim do Poalei Zion, notadamente os que trabalham para a Magbit (Fundo Comunitário), e mais 1 representante de cada partido, mas chaverim que trabalham para a Magbit.

Infelizmente, porém, na primeira reunião do Conselho, os partidos exigiram maior número de chaverim para o Diretório e, ao invés de 8 ou 10 membros, resolveu-se ampliar para 15.

Cumpre-me notar que o Poalei Zion já tinha o seu plano pronto, unindo-se ao Mapam e ao Achdut Avodá, com o firme propósito de afastarem os chaverim Adler e Chindler dos seus cargos. Depois de prolongados debates, resolveram manter chaver Chindler mas afastar chaver Adler. Falei, então, sobre os merecimentos do chaver Adler, principalmente dos seus esforços e inestimáveis serviços prestados por ele nos últimos 8 anos, cujo trabalho e dedicação foram reconhecidos por todos e ninguém proferiu uma palavra sequer de crítica.

Destarte não havia motivo para afastar o chaver Adler do seu cargo, nem para diminuir o seu prestígio. Mas não adiantou. Diante de tal situação, não atendi aos apelos dos opositores, e apresentei a minha demissão, que acabou sendo aceita. Logo em seguida, chaver Chachamovitch, de São Paulo, apresentou a

Após a Tormenta

candidatura do Sr. Israel Saubel, o qual não se achava presente. Era candidato único e foi eleito pelos votos do Mapai e Mapam, enquanto que os demais conselheiros se abstiveram de votar.

Outrossim, nessa mesma reunião, o Conselho resolveu aceitar a vossa reclamação, ampliando para 15 o número de chaverim de São Paulo para membros do Diretório Central, porém, na base de paridade de partidos.

Externei, então, a vossa decisão, qual seja, que os prezados chaverim não participarão do novo Diretório Central caso um dos chaverim – Schneider, Adler, Chindler – for afastado do seu cargo e que, também não concordarão com a constituição de um Diretório na base de paridade do partido e, mais ainda, que se estas exigências não forem aceitas, então São Paulo não participará do Diretório Central e realizará a Campanha em separado, sem levar em conta as resoluções do Conselho.

Assim sendo, dirijo-me aos prezados chaverim, esperando que cumpram a sua decisão de não participarem do novo Diretório central, nem permitindo a constituição de um Diretório partidário da Magbit de São Paulo.

Sempre vosso, aqui fico ao vosso inteiro dispor e firmo-me

Com Saudações de Sion,

Jacob Schneider

Faço meus os conceitos desta carta

Waldemar Chindler

Contudo, grandes desafios o movimento sionista mundial e o Estado de Israel deveriam enfrentar em 1956 e 1957, que estavam muito acima das picuinhas políticas dos sionistas no Brasil. Tratava-se da imigração premente da Polônia, Hungria e Egito, que fora objeto de um telegrama confidencial, traduzido para o português, enviado ao presidente da OSUB, Jacob Schneider, por intermédio da Legação de Israel no Rio de Janeiro com o seguinte teor:

CONFIDENCIAL

Favor transmitir pessoalmente os tópicos abaixo ao presidente da Federação Sionista, ao presidente da Campanha do Keren Hayessod e outros altos líderes judaicos, frisando que estamos atravessando uma crise muito grande, devido à grande urgência em acelerar a "Aliyah" da Polônia, Hungria e Egito.

1. O Executivo Sionista, com a concordância do Governo, decidiu que a "Aliyah" para o mês de abril será de dez mil *olim*, e de maio será de doze mil *olim*.

2. Nós esperamos que a soma total para o ano seja de cem mil *olim* e com grande possibilidade de atingir esta meta. O total da "Aliyah de outubro de 1956 a março de 1957 foi de trinta e nove mil".

3. O número total de "Aliyah" em março é de nove mil.

4. Desde a última reunião do executivo, os arranjos para viagens aéreas da Polônia, via El Al, diretamente para Israel, e também através de aviões poloneses, através de Zurich, transportes estes que já foram iniciados, chegam a seiscentos mensalmente.

5. Já foram completados os arranjos para a viagem do primeiro navio *Charleston Star*, de bandeira britânica, que embarcará mil *olim* no dia quatro de abril. O navio passará por um porto francês, onde os *olim* farão baldeação para outro navio via Marselha. Esperamos que sejam feitas três viagens no mês de abril, transportando três mil *olim* da Polônia.

6. Serão feitos transportes adicionais por estrada de ferro, via Viena. Já foram programadas duas viagens nesses trens no mês de abril. Esperamos que, com o êxito dos métodos acima, transportaremos, no mês de abril, dez mil *olim*.

7. Os candidatos da Hungria que pediram pré-vistos para Israel elevam-se a vinte e quatro mil. Foram feitos preparativos para o transporte de mil no mês de abril. O número total do mês de março foi de mil.

Tudo acima é confidencial.

8. Em vista do esforço desesperado acima referido, estamos procurando alojamento a todo o custo, incluindo trabalho noturno. Confidencialmente, a força armada está cedendo o campo "Atlith" como reserva, caso for preciso, para os *olim*[25].

Não é de estranhar que Manasche procuravasse ficar afastado do sionismo oficial, e supomos que o seu olhar crítico impedia-o de se aproximar ou engajar-se no movimento propriamente dito.

Em finais de 1955 a comissão da Campanha de Emergência obtivera resultados positivos pois o nível de hostilidades egípcias contra Israel chegara ao auge e a ameaça de guerra pairava no ar. Efetivamente a guerra acabaria por eclodir no ano seguinte com a decisiva vitória de Israel. Manasche, atento ao que se passava, sem nunca interromper sua participação em campanhas, engajou-se de corpo e alma, sentindo o quanto era delicada a situação e a segurança de Israel. Na verdade, desde o término da guerra os acordos de armistício em separado com os países árabes que estavam envolvidos no conflito não poderiam assegurar que as hostilidades na região cessariam definitivamente, já que Israel não havia estabelecido qualquer tratado de paz com aqueles países. O Egito, desde agosto de 1955, enviava grupos terroristas, *fedaiun*, para se infiltrarem nas fronteiras de Israel e cometerem atos de sabotagem e assassinatos. No fim de setembro, esse país havia feito um acordo com a Tchecoslováquia para adquirir armas em grande quantidade, com o beneplácito soviético, o que indicava suas intenções belicosas em relação a Israel, ao mesmo tempo que alterava o equilíbrio militar na região. Na região fronteiriça com a

---

25. Col. J. Schneider, AHJB.

Após a Tormenta

Jordânia, utilizada para infiltrações, Israel, naqueles dias, encetava uma ação repressiva em Kalkilia, que, logo a seguir, duas semanas após, sucederia a formação de um comando militar unificado árabe, liderado pelo Egito, com a associação da Síria e Jordânia. Nasser, o presidente egípcio, também bloquearia o Canal de Suez, impedindo a passagem de navios israelenses, não sem antes fortificar os estreitos de Tiran e alocar artilharia pesada em Ras Nusrani, no sul da península do Sinai, impedindo assim a rota marítima do Mar Vermelho ao Porto de Eilat. O presidente egípcio desafiava agora abertamente o Estado judeu e mostrava-se seguro em sua política militarista para impor sua hegemonia no mundo árabe e dominar os pontos estratégicos vitais de interesse internacional. O mundo judaico, em toda sua extensão, acompanhava aflito o rápido desenrolar daqueles acontecimentos que expunham Israel a uma nova guerra.

No Brasil começava um ano promissor, pois eleito Juscelino Kubitschek, o novo presidente tomaria posse em 31 de janeiro de 1956 e iria assinalar uma nova etapa na vida do país pela construção da nova capital, Brasília, e aparente prosperidade que marcaria seu governo. Representando Israel na cerimônia de posse estaria o ministro Kidron, com o qual Manasche teve a oportunidade de travar um conhecimento superficial e passageiro. Porém, um velho amigo de Manasche, José Maria Alkmin, que conhecera ainda em Minas Gerais nos velhos tempos, seria indicado para ministro das Finanças. Manasche falará dele com carinho a Shaltiel, que provavelmente fora apresentado a ele por seu intermédio, durante a primeira visita que fizera ao Brasil, e "lastimava a sorte dele em assumir a pasta das finanças num momento tão crítico que o Brasil atravessa momentaneamente no campo econômico-financeiro. Devemos, no entanto, lembrar que: 'Deus é brasileiro' "[26].

Entrementes, Manasche viajara em 10 de fevereiro de 1956 à França e Suíça, onde trataria de sua saúde, e seguindo do velho continente a Israel. Em 23 de fevereiro ele escreveria de Tel-Aviv a Hilda que

todos os amigos do "passado" já tomaram conhecimento da minha chegada e cada um por si é mais feliz que o outro em ver-me. Cheguei quase incógnito, porém no dia seguinte começaram a chegar telegramas e cartas, telefonemas do pessoal do Bitachon, Teddy, Sapir e outros ilustres e ministros. Agora mesmo Teddy saiu para acertar pessoalmente que no domingo jantaremos na casa dele, em Jerusalém. Estou comovido... O meu Zacai, literalmente chorou! e não me falta muito para imitar o exemplo. Amigos e mais amigos, o tal de Ezra é um verdadeiro "Gutbesitzer", um monstro de homem num caráter de uma criança. É bom e prazeiroso ver como tudo se desenvolveu e como trabalham, embora a tal

---

26. No arquivo de Manasche Krzepicki encontramos várias cartas de José Maria Alkmin da década de 40 e do tempo que este era secretário do Interior do Estado de Minas Gerais.

de "política" é um fator sumamente importante! Em redor de mim se agrupam os "inimigos", e como se sentem bem! Acredito que estão contentes de encontrar uma ilha neutra... Tanto David como Judith regulam as horas e nunca devo ir dormir após as 10:30 no máximo. Também não devo receber chamadas... Tenho que escrever com interrupções, pois outro velho amigo apareceu para dar-me um shalom, desta vez Nehemia, o ajudante militar e mão direita do B. G. [Ben Gurion]. [Groisse simche] [grande alegria]. Tenho a impressão que terei de ficar aqui uns anos para rever e retribuir as visitas e amabilidades recebidas".

Manasche após ter passado por um frio insuportável na Suíça, além do clima ameno de Israel, encontrara um calor humano que o confortaria de tudo. Ele voltaria à Europa com o *Queen Elizabeth* e chegaria via Paris ao Brasil. Dessa estadia em Israel ele guardaria profundas impressões e, mais do que isso, via que seu trabalho não se justificava apenas pela causa mas pelo sentimento elevado e gratificante que dera bons resultados.

Ao chegar ao Brasil ele receberia uma carta de Nehemia Argov[27], secretário militar de Ben Gurion, acompanhada de uma carta de Ben Gurion, de 23 de dezembro de 1955, dirigida aos membros da Comissão de Emergência do Rio de Janeiro, a qual Manasche encabeçava, que agradecia o empenho nessa campanha,

ainda que ela represente uma pequena porcentagem ante as necessidades do Estado de Israel de manter sua capacidade de enfrentar os exércitos inimigos que estão recebendo armamento em grande quantidade da União Soviética e da Inglaterra. Mas sabemos valorizar o espírito que os animou em vossa atividade e a comunhão de destino e fraternidade judaica que demonstraram nessa atividade... Porém, neste momento há necessidade vital e decisiva de Israel adquirir armamento, em especial armamento pesado para a força aérea, marinha e terrestre, pois disso dependerá não somente a paz e nossa segurança, mas nossa existência. E mesmo nesse momento de emergência não podemos enfraquecer nossa atividade no desenvolvimento e na absorção dos imigrantes, e com esse objetivo foi criado o Estado, e que asseguram a longo prazo nossa paz e segurança, assim como, nós acreditamos, a existência dos judeus em todo o mundo. Portanto, transmitam a todos os amigos da Comissão e contribuintes nossos agradecimentos, e tenho a esperança que continuareis e fortificareis vossa ação para fazer o possível para

---

27. Carta, em hebraico, de 7 de março de 1956. Nehemia Argov, em inícios de novembro de 1957, cometeria suicídio, logo após o atentado que Ben Gurion sofrera em 29 de outubro, no qual Nehemia, que sempre o acompanhava, não se encontrava presente. Foi um choque terrível para o fiel secretário ao saber o que acontecera ao velho líder do Estado judeu. David Shaltiel escreveria a Manasche, em 13 de novembro, uma carta comovente sobre Nehemia Argov, certo tempo seu subordinado como *aide-de-camp*, quando ele era comandante da Haganá. Manasche escreveria a Shaltiel em 26 de novembro para consolá-lo pela perda do amigo comum e expressar sua própria dor.

Manasche. Anos 80.

que o judaísmo do Brasil permaneça com todo seu poder ao nosso lado nesse momento de emergência. David Ben Gurion.

Durante sua estadia em Israel, por duas vezes o importante periódico *Davar* daria notícia de sua visita. O número de 23 de fevereiro de 1956 anunciaria que

Manasche Krzepicki, do Rio (Brasil), se encontra de visita. Ele é uma das pessoas que possui a respeitabilidade de quem exerce uma atividade em uma das áreas mais importantes em favor de Israel. Visitou o país durante a Guerra de Independência.

A segunda notícia, de 6 de março de 1956 e na qual aparece uma foto de Manasche com David Shaltiel, se refere a um encontro público na sala de conferências do jornal em que Shaltiel fez um relato sobre o judaísmo brasileiro e Manasche o complementou, além de agradecer pela recepção feita a ambos. Além do mais, David Zacai, da redação do *Davar*, conhecido de Manasche e com quem estabelecera amizade ao visitar o Brasil, escreveu em 24 de fevereiro daquele ano um pequeno mas tocante artigo com o título "Os Vários Tipos de Ativistas" dedicado a "uma visita do Brasil, a Manasche". O conteúdo desse artigo expressava os sentimentos pessoais de seu autor em relação a Manasche, pois lembrava que havia dois tipos de ativistas, isto é, aqueles cujos nomes aparecem nos congressos e nos encontros oficiais e outros que fazem o trabalho anônimo, construtivo, mas cujos nomes não podem figurar publicamente, apesar de sua vital importância para a existência do Estado de Israel. Era uma referência altamente elogiosa e honesta ao idealismo e à dedicação de Manasche.

Ao voltar de sua viagem a Israel ele continuaria a aconselhar e ser procurado para vários assuntos ligados a projetos econômicos e de investimento que aos seus olhos seriam viáveis de implantar em Israel, entre eles uma refinaria de açúcar, na região de Lachish, que propôs ao diretor econômico do Ministério das Relações Exteriores, Moshe Bartur, e que foi objeto da atenção do ministro das Finanças Levi Eshkol e do ministro Pinchas Sapir, do Comércio e Indústria, pela respeitabilidade que adquirira perante o governo daquele país. Mesmo não podendo aceitar e realizar o projeto que propunha, por várias razões, era-lhe dada a atenção e a deferência, muito rara para alguém que se encontrava afastado geograficamente, mas que era considerado um amigo muito próximo[28]. É curiosa e

---

28. Cartas de 25 de julho de 1956 de Manasche a Moshe Bartur; de 7 de agosto de Sapir a Manasche; de 31 de agosto de A. Taiber, do ministro do Comércio e Indústria, a Manasche; de 11 de setembro de 1956 de Manasche a A. Taiber; 11 de setembro de 1956 de Manasche a Moshe Bartur.

explicável a obsessão de Manasche para implantar algum projeto ligado ao açúcar uma vez que ele era realmente um conhecedor do produto. Ainda em inícios de 1956, em sua correspondência com David Shaltiel, insistia em realizar em Israel um projeto nesse sentido.

David Shaltiel, em cartas de 22 e 29 de janeiro de 1956, se manifestou sobre a viabilidade de a usina de açúcar ser implantada na região de Lachish. Shaltiel falara com Levi Eshkol, sobre esse assunto e sobre os planos de Manasche de viajar a Israel para se encontrar com ele. Ainda em 1957 o assunto estava na pauta de alguns ministérios de Israel, incluindo-se no projeto a possibilidade de explorar ou industrializar, pela usina que se construiria em Lachish, a cana-de-açúcar de Cuba, que tinha como grande investidor um amigo de Manasche, Júlio Lobo, e sobre o qual ele fazia referência em sua correspondência com Shaltiel. Em 29 de janeiro de 1957 Shaltiel escreveria a Manasche relatando sua viagem a alguns países do Caribe, para explicar a posição de Israel aos seus respectivos presidentes em vista da situação política criada com a Guerra do Sinai e mobilizar ajuda nas negociações que seguiriam naquela semana nas Nações Unidas. Entre outras coisas Shaltiel lembrava o projeto da usina de açúcar em Lachish e manifestava contentamento pelo fato de Eshkol e Sapir verem a realização de sua *old-age aspiration*. Em 8 de janeiro Raanan Weitz, do Executivo da Agência Judaica, escreveria uma carta sobre o mesmo assunto, pois Eshkol lhe falara sobre o projeto, que também interessava a ele.

Em 27 de fevereiro de 1957 Manasche receberia um telegrama de Shaltiel anunciando a vinda do diretor do Ministério da Agricultura, sr. Gvati, a Cuba para estudar a questão de plantações de cana-de-açúcar naquele país. Manasche, por sua vez, enviaria em 28 de fevereiro um telegrama a Júlio Lobo, magnata do açúcar, informando-o da vinda do representante de Israel. Contudo, por várias razões, todo esse projeto de construir uma grande usina de açúcar acabaria por permanecer apenas no papel. Também Ezra Danin, um veterano da Haganá especializado em assuntos árabes, com o qual fizera amizade, esperava a vinda de Manasche na esperança que pudesse estudar com ele investimentos particulares em um empreendimento agrícola, o que efetivamente dar-se-ia. O próprio Manasche se disporia a investir em Israel naquele ano em um empreendimento denominado Gad, juntamente com Ezra Danin e outros[29]. Mais tarde ele se associaria também a Ezra Danin para criar a Manasche's Farm a fim de cultivar certos produtos agrícolas sob a orientação e administração do experimentado Ezra. Podemos confirmar que entre 1956 e 1959 Ma-

---

29. A correspondência de David Shaltiel de 22 de janeiro de 1956 faz referência ao assunto.

nasche participava desse investimento, que envolvia também o cultivo de laranjas, conforme carta que Moshe Guron enviou a Walter Griessman, ambos conhecidos e amigos de Manasche, na Inglaterra, na qual noticia informação a que lhe dera Ezra Danin sobre a rentabilidade teórica de um laranjal em Israel. O modo com que Ezra Danin administrava, em dado momento, não deve ter agradado a Manasche, que com sua costumeira franqueza não deixou de manifestar sua opinião ao seu sócio. Manasche escreveria a Shaltiel, desde 1956 embaixador no México, sobre o assunto, e a amizade que os unia permitiu que Manasche desabafasse com ele seus sentimentos e impressões. Além do mais Shaltiel tinha certa participação no empreendimento. A intermediação de Shaltiel, que usou de seu talento diplomático para apaziguar os ânimos entre os envolvidos na sociedade, foi o que permitiu a sua continuidade por mais alguns anos. Em 17 de junho de 1957 Shaltiel escreveria a Manasche uma carta em que procurava mostrar o quanto esse desentendimento não passava de um mal-entendido e o quanto Ezra

está sofrendo por sentir ter perdido parte da total confiança que você costumava depositar sobre a sua pessoa [e acrescentava] como te disse em minha última carta, penso que bem fizestes em admoestá-lo, mas eu sempre me senti e ainda me sinto seguro que ele é um dos homens mais honestos que conheci e o considero uma pessoa na qual se pode confiar inteiramente.

Mais tarde Shaltiel diria a Manasche que ele fizera o que deveria ser feito para que Ezra aprendesse que negócios são negócios, e que nesse sentido eles devem ser administrados como tal sem os confundir com assuntos privados[30]. Manasche manteve contudo uma longa amizade com Ezra Danin e com os "amigos de Teddy", que perduraria até os anos 60. Muito tempo após, em inícios de 1959, Ezra Danin escreveria a Manasche perguntando se ele concordaria em ceder 100 dunames da plantação de cítricos para um grupo de amigos comuns a ambos para permitir que tivessem um ingresso após terem prestado relevantes serviços ao Estado.

Manasche, após aconselhar-se com David Shaltiel, concordou em aceder ao pedido, esclarecendo em que condições deveria ser feita a transferência da área e assegurando que não se devesse exigir qualquer pagamento de despesas e participação nos lucros de modo que se o fizesse meramente numa base administrativa, sem quaisquer fins lucrativos. Era próprio da generosidade de Manasche. Desse modo a questão ficou em bons termos entre os sócios e o Manasche's Farm alcançou naquele ano

30. Carta de 10 de junho de 1957.

a extensão de 800 dunams de plantações de cítricos. Sobre isso Manasche escrevia a Shaltiel: "Finalmente estou muito satisfeito com o resultado" com todo esse mal entendido[31]. Na mesma carta ele diria que a usina de açúcar para Israel já começava a lhe dar dores de cabeça, e bem fortes. Ainda em 2 de julho ele diria a Shaltiel que Eshkol que se encontrava em Nova Iorque, queria falar-lhe para tratar do projeto da usina e que para tanto seria importante que seguisse para Israel, porém Manasche chegara à conclusão de que por ora a coisa era impraticável, uma vez que não se tinha encontrado um modelo (com a maquinaria que implicava) que se adaptasse àquele país. Portanto, já havia deixado de lado o projeto, pois não via como implementá-lo. Assim mesmo parece que Shaltiel procurava estimulá-lo a manter o empreendimento, frisando o fato de Eshkol e Sapir darem muita importância ao mesmo, do contrário não lhe teriam telefonado de Nova Iorque, e recomendava a Manasche viajar a Israel, via México, para tratar do assunto[32]. Contudo, como já dissemos, para Manasche a idéia deixara de ser viável.

A atuação de Manasche na campanha de 1955-1956 merecera uma carta de agradecimento de Pinchas Sapir, escrita em 8 de julho de 1956, na qual agradecia tudo o que fizera durante sua visita ao Brasil. Sapir, agora ministro do Comércio e Indústria, escreveria:

> Nesta hora de emergência, quando Israel é obrigado a usar muito de seu ingresso interno na defesa do Estado, há uma necessidade maior de investimentos de fora para um desenvolvimento econômico. Os Bônus do Estado de Israel são a coisa mais importante para isso. Os reais esforços teus e de teus companheiros devem continuar com o máximo vigor. É meu desejo sincero que você continue seu trabalho com os Bônus de Israel nos dias que virão e que seu esforço em favor do Estado de Israel seja futuramente motivo para mútua satisfação.

Poucos meses depois, em outubro de 1956, quando se criaria um comando unificado dos estados árabes sob a direção de um general egípcio, Israel decidiria atuar e mobilizar seu exército. No mesmo mês Israel encetava uma ação militar que levaria à derrota do exército egípcio em poucos dias e à conquista de toda a península do Sinai, que seria devolvida mais tarde, juntamente com a faixa de Gaza. Também como ocorrera durante a Guerra de Independência, o judaísmo da Diáspora se mobilizaria para uma campanha de emergência da qual Manasche se veria à testa, como o fizera anteriormente. Em 27 de novembro ele receberia um telegrama em nome de Levi Eshkol, ministro da Defesa: "Agradecido e valiosos seus esforços neste período de emergência. Que se fortifiquem suas

---

31. Carta de 17 de junho de 1957.
32. Carta de 10 de julho de 1957.

mãos. Arranjos permitirão que adiante fundos do Ministério das Finanças para o Ministério da Defesa. Recomendações Levi Eshkol".

Ainda em março de 1957, Nehemia Argov escreveria a Manasche, acusando cópia de carta escrita a Levi Eshkol em 9 de março, relatando sobre os resultados da campanha de emergência, e lembrava o quanto angariara simpatia e amigos durante sua última visita a Israel e como se sentiriam felizes em estar ao seu lado, elogiando-o pelos resultados obtidos.

Durante o ano de 1957 Manasche encabeçaria o Comitê para a Campanha de Bônus de Israel, iniciativa que tinha por finalidade complementar a Campanha de Emergência provocada pela Guerra do Sinai em 1956. Eshkol escreveria a Manasche em 9 de setembro daquele ano uma carta em que colocava sobre suas costas uma grande responsabilidade ao dizer:

> Eu entendo que um novo comitê para os Bônus de Israel foi formado no Rio de Janeiro. A situação econômica em Israel hoje em dia está intimamente ligada aos resultados que o vosso novo comitê obterá. Na área da imigração temos que enfrentar uma prova gigantesca de absorver 100 mil novos imigrantes. No que concerne à defesa e segurança a situação é novamente nebulosa, com grandes quantidades de armas sendo despejadas em nosso vizinho, a Síria. Este ano assinalará o décimo aniversário de Israel. Conclamamos a você e todos os nossos amigos para enfrentar o desafio que a próxima década trará. Conto com você para não poupar esforços para tornar a nova campanha de Bônus de Israel um grande sucesso.

Um telegrama do dia 15 do mesmo mês, de Levi Eshkol, reiterava a Manasche a continuidade da Campanha, acentuando sua importância. Mal findara a campanha de Emergência e Manasche já enfrentava uma nova missão.

Passar-se-iam mais de dez anos para que Israel se encontrasse novamente diante do imperativo de se defrontar com a hostilidade militar de seus vizinhos. Como tão bem expressara Teddy Kollek em uma carta que escrevera a Manasche, em 4 de maio de 1954, ao falar de sua atividade nos Estados Unidos em mobilizar fundos para Israel "estamos hoje num período de consolidação, assim como nos tempos em que você ajudou a Haganá estivemos num período de luta, e ainda que a consolidação ser menos romântica, certamente não deixa de ser menos importante".

Doravante Manasche iria se dedicar ao trabalho de consolidação, que exigia uma atenção especial às necessidades do desenvolvimento nos planos econômico, social e cultural, nos quais demonstraria sua boa vontade em auxiliar a quem solicitasse. Com exceção dos graves momentos de crise político-militar, como se deu em junho de 1967, com a Guerra dos Seis Dias, quado Manasche presidiu o Comitê de Emergência do Brasil,

Hilda e Manasche. Anos 80.

e a de outubro de 1973, a assim denominada Guerra de Yom Kipur, período em que as comunidades judaicas da Diáspora novamente viveram expectativas relativas à existência de um Estado judeu e exigiram um apoio de emergência, a relação com os judeus em todo o mundo era assentada sobre a rotina da estabilidade e da confiança de que o Estado judeu era inabalável.

A rotina também teve suas conseqüências no movimento sionista da Diáspora, assim como na vida das comunidades onde quer que elas existissem. Manasche, até o final de sua vida, manteve-se atento ao que se passava em Israel e, como já dissemos, o seu olhar pragmático se orientava em direção aos problemas de um país que pouco a pouco se normalizava, após ter passado a fase crucial de crescimento desde que fora proclamado como Estado em 1948. Manasche continuou a emprestar seu talento e se envolveu em projetos econômicos e de outra natureza, quando solicitado por seus amigos de Israel, que sabiam poder contar com ele para todo tipo de empreendimento. A partir da década de 60, com o desenvolvimento de sua economia, Israel procurou investir e criar empresas mistas, abrindo novas oportunidades para o comércio exterior, importação e exportação, incluindo o Brasil, campo que Manasche conhecia muito bem, pois acumulara uma valiosa experiência pessoal. Não é de estranhar que fosse portanto consultado, e muitas vezes envolvido a fim e participar de tais projetos.

Por outro lado, do final dos anos 50 em diante, juntamente com Hilda, figuraria em conselhos representativos de instituições culturais importantes, entre elas o Museu de Israel em Jerusalém, que na época estava sob a direção de Teddy Kollek, seu velho e fiel amigo de outrora. A participação de Manasche e Hilda, também na época, no Museu de Israel se deu em especial na ala conhecida como Young Wing, cuja finalidade, entre outras, era de atender as escolas em seus programas de educação artística. A construção desse setor ficou a cargo de três famílias, conforme anunciava o *The New York Times*, de 31 de maio de 1966, referindo-se à abertura do mesmo.

A participação de Manasche e Hilda em projetos culturais de Israel abrangeu as escavações realizadas pela Israel Exploration Society, em Ramat Rachel, sob a direção do prof. Benjamin Mazar, que lhe enviou uma carta de agradecimento em 30 de outubro de 1959, pela ajuda que prestara. Porém, de suma importância foi sua atividade em favor do Instituto Weizmann de Ciências, em rezão da qual seria designado, na Conferência do Conselho Latino-Americano realizada no Rio de Janeiro, nos dias 14 a 20 de maio de 1969, governador e tesoureiro. Na época era diretor-geral do setor para a América Latina Miron J. Shaskin, e na presidência da conferência se encontrava Adolpho Bloch. Manasche demonstraria tanto apego às suas atribuições em prol dessas instituições culturais e científicas como o que tinha em relação a projetos econômicos, nos quais tentava envolver seus amigos do exterior, entre eles Walter Griessmann de Londres, Jack R. Aron, Alfred H. von Klemperer, Joshua Ashkenazi, de Nova Iorque, e outros, com os quais manteve uma amizade de longos anos, acima dos compromissos profissionais que os vinculavam uns aos outros.

Portanto, não é de estranhar que a residência de Manasche e Hilda passasse a ser o endereço procurado por personalidades culturais e científicas de Israel e do mundo judaico, que ao visitarem o Brasil tinham como primeira indicação as suas pessoas. Do mesmo modo Manasche serviu, sob esse aspecto, de ponte para o contato cultural entre o Brasil e Israel, promovendo exposições de pintores brasileiros em Tel-Aviv e interessando-se por manter um intercâmbio permanente, nessa área, entre os dois países, assim como o fizera no plano econômico durante várias décadas, quando procurou conciliar interesses e aproximar empresas israelenses e brasileiras com resultados altamente positivos.

Sob esse aspecto, a correspondência de Manasche com seus amigos de Israel e de outros lugares nas últimas duas décadas antes de seu falecimento, em 1985, com exceção dos momentos difíceis como das guerras de 1967 e 1973, gira ao redor de questões que poderíamos considerar como fazendo parte de seu trabalho rotineiro. Manasche, que sempre ambicionara uma aposentadoria tranquila, mormente quando sentia-se extremamente cansado, passara de fato os últimos anos de sua vida a usufruindo de uma quietude e um recolhimento que somente a enfermidade viria, por vezes, perturbar. A um dado momento nosso amigo comum, o historiador Egon Wolff, quis ouvir e escrever a sua "história de vida", ao que Manasche, com certa relutância, concordou, passando a relatar-lhe em encontros pessoais, numa envolta de intimidade quase familiar que a amizade proporcionava, passagens de sua extraordinária trajetória pessoal. Egon Wolff, como era próprio de sua pessoa, anotava meticulosamente o que ouvia. E assim, pouco a pouco, esboçava-se uma biografia de Manasche. Mas, assim me foi contado por Frieda Wolff, Manasche, em dada ocasião, pediu a Egon que rasgasse o seu manuscrito e este não hesitou em fazê-lo, atendendo desse modo a vontade de seu amigo. Passaram-se dez anos desde o falecimento de Manasche, e creio firmemente que sua "história de vida" merece e deve ser contada, pois ela é parte de uma grande história, a de um povo que perdera no ano 70 de nossa era sua soberania e vagara durante dois milênios pelos "quatro cantos do mundo", para recuperá-la, graças à tenacidade de homens como Manasche Krzepicki, capazes de se entregar de corpo e alma a um ideal.

Quem visitar a cidade de Jerusalém, que hoje comemora 3 mil anos de existência, poderá encontrar o nome de Manasche em um recanto encantador daquela cidade. É o Manasche Garden, cujo verde e as múltiplas cores das flores morrem e renascem na imperturbável e eterna sucessão das estações do ano.

APÊNDICE DOCUMENTAL

PROGRAMM
der
Jüdischen Feier
am
1. Juli 1923.

Begrüßungsrede. Dr. Ludwig Klein.
Tage der nationalen Trauer. Dr. Robert Weiß.
Echoh. Klagegesang. Simon Kronberg.
Edom, Berichte über Judenverfolgungen.
    Else Mann von den Kammerspielen, Hamburg.
Elauhaj ad schelau nauzarti. Simon Kronberg.
Aus Herzls Tagebüchern. Else Mann.

Der Tod des Zaddik.
Menasche Krzepicki.
Natan Auchhiesiger. Simon Kronberg.
Leitung: Simon Kronberg.

Manasche quando estudante na Alemanha participou em um grupo amador de teatro, 1923.

Primeiro emprego de Manasche ao chegar no Brasil. Rio de Janeiro, 1924.

Página do diário de Manasche na viagem para o sertão da Bahia, 1926.

Carta de Jacob Nachbin a Manasche, 1926.

MANASCHE KRZEPICKI
BAHIA
ENDEREÇO TEL "MANASCHE"
CODIGOS
RUDOLF MOSSE
RIBEIRO

Bahia, den 6 Dezember 1928
Nova Cintra

Mein liebes:

Eigentlich musste ich Dir heute einen ledigen Bogen senden, der konnte bildlich Vorstellen den heutigen Tag.
Nichts, aber nichts habe Dir zu Berichten, will aber meinen Vorsatz getreu bleiben und Dir taglich schreiben, daher musst auch Du schon manchmal damit zufrieden sein, dass ich herzlich wenig Neuigkeiten habe.
Die Haupsache ist namlich die, dass wir wieder einen Tag hinter uns haben, wieder ist ein solcher zu den Andern vergangen, will schon eigentlich sehr viel sagen. Merkwurdig, es gibt Leute die Angst haben einen Tag alter zu werden, andere dagegen sind glucklich die Tage hinter sich zu haben, Du kannst hieraus die Betrachtung anstellen wie verschieden das Leben ist, und wie verschieden die Lebensweise der Menschen sich gestaltet, es ist daher meiner Meinung ein Absurd im Name der Allgemeinheit zu sprechen. Wenn jemand etwas positives behaupten will, da kommt er, nur er in frage, soll aber um Gottes willen andere aus den Spiel lassen.
Ich glaube, dass meine Philosophischegedanken training machen fur den morgigen Tag... Mein Freund und Denker reist ja morgen durch........ Glaube mir, ich bedauere mich selber, einen ganzen lieben Tag nichts mehr zu horen, nur uber Philosofie und philosofiesche Kniffe. Die Ruhe eines Lammes kann auch da Versagen.
Ich mache Dich schon heute darauf aufmerksam, dass mein morgiges Schreiben ~~Gedankenlos und kurz sein wird~~. Ich muss erst den Schrecken durchschlafen haben und die Gedanken wieder in Ordnung zu bringen. Ich kann mir jetzt schon lebhaft vorstellen diesen Gedankenchads, ist auch sehr begreiflich. Habe das vergangene mal meinem Freund darauf aufmerksam gemacht, dass ich gar nicht geneigt bin zu solcher Gesprache, aber liebe Hilda, er nahm es als Bescheidenheit auf und schimpfte mich noch ohne witeres aus, dass es sehr schade um mic ist usw, habe daher beschlossen, alles wie weit moglich zu Dulden und Schweigen. Du lieber Herr Gott, weshalb gabest Du den Lebensidioten die Moglichkeit uber das Leben Nachdenken zu konnen ? Diese mussten in Stalle wohnen und das liebe Grun Schlucken und zur Sicherheit bei einen stuckchen Leder gefuhrt werden...wie meinst Du deswegen.
Ich will nicht mehr lasteren sein, habe mich meinen Schicksal ergeben und ertrage es mit Ruhe und Zuversicht.
Fur heute geliebtes, habe ich doch einen Bogen voll bekommen.

Tausende Kusse fur Dich mein geliebtes, von Deinem

Carta de Manasche a Hilda. Bahia, 1928

8 de Agosto de 1946

Socorro para os nossos irmãos na Europa

A União Beneficente dos Israelitas Poloneses de São Paulo é quase a única instituição judaica desta cidade, que tomou a si o encargo de promover uma campanha de grande alcance, em prol de nossos desventurados irmãos, os sobreviventes na Polônia, envidando todos os esforços para alcançar êste objetivo.

Prosseguindo sempre em seus trabalhos de socorro, aproveita cada ocasião que se oferece, para enviar embrulhos coletivos e particulares com alimento, roupas, medicamentos e ferramentas, aliviando assim os sofrimentos dos desamparados judeus da Polônia.

Por ocasião do último transporte, a ser embarcado no fim dêste mês, compareceram os representantes de várias organizações judaicas de São Paulo à séde da União Beneficente, afim de saudar a diretoria desta entidade pelos seus esforços no sagrado trabalho de socorros, salientando a sua admiração pelo transporte atual que consta de mais de setenta caixões, repletos de mantimentos e vestes, tudo da melhor qualidade.

Ocupam lugar de destaque os caixões do Comitê Feminino junto à União, que se dedica especialmente ao amparo dos orfãos, êsses entes infelizes sem pais, sem teto e sem meios de subsistência. Graças à esforçada colaboração destas senhoras, conseguiu-se comprar milhares de peças de roupa para crianças, terninhos, camizinhas, sapatinhos, agasalhos, etc.

Seguem também com êste transporte mais que seiscentos volumes particulares, endereçados a parentes, bem como vários embrulhos coletivos, entre os quais se destacam duzentos volumes, enviados por israelitas do Brasil aos seus conterrâneos da Nova Sonze.

Em nome da União Beneficente, saudou os ilustres visitantes, o presidente, Sr. S. Tinkelschvartz, dizendo entre outras coisas: "Não nos deteremos diante de qualquer obstáculo, venha de onde vier. Prosseguiremos no auxílio aos nossos irmãos, até conseguirmos rehabilitá-los e transformá-los novamente em homens sadios e produtivos, — que não necessitam de auxílio alheio".

Em seguida usou da palavra o vice-presidente, Sr. Meer Okret, saudando todos os representantes e fazendo uma breve exposição das realizações alcançadas, bem como dos planos para os trabalhos por fazer, apelando para as demais instituições judaicas que colaborem com a União Beneficente dos Israelitas Poloneses nêste sagrado trabalho de auxílio produtivo para os israelitas sobreviventes na Polônia.

Num ambiente de cordialidade, os ilustres visitantes despedem-se da Diretoria da União, felicitando-os pelos trabalhos realizados, e almejando-lhes muito êxito nas realizações futuras.

Fundado o Comité Brasileiro Pro-Palestina

Por iniciativa do Reitor da Universidade do Brasil, Prof. Ignacio Azevedo do Amaral e do Senador Hamilton Nogueira, foi oferecido no dia 10 do corrente, no Jockey Club Brasileiro, um almoço em homenagem ao Dr. Gustavo Gutierrez.

Entre os presentes notamos o embaixador de Cuba, Sr. Gabriel Landa, Dr. Levi Carneiro, Sr. Neves, representando o Prof. I. Azevedo do Amaral, deputado Campos Vergal, senador Dioclecio Duarte, Sra. Ana Amelia Carneiro de Mendonça, Sr. Gastão de Carvalho, representante da A.B.I., Dr. Tito Livio, de Sant'Anna, escritor José Lins do Rêgo, Sr. Jacy de Souza Lima, representando o senador Mello Vianna, presidente da Assembléia Constituinte, Dr. David Perez, deputado Pedro Vergara, Sr. Luiz de Medeiros, Sr. Leo Halpern e outras figuras de relevo da nossa sociedade.

Para saudar o homenageado usou da palavra o senador Hamilton Nogueira que aproveitou a oportunidade para apresentar o nome do Dr. Ignacio Azevedo do Amaral, incansável batalhador pela causa judaica, para Presidente do Comité Brasileiro Pró-Palestina. Esta proposta recebeu viva aclamação dos presentes.

O Dr. Gustavo Gutierrez, profundamente sensibilizado, agradeceu o excepcional acolhimento que teve nêste país, onde poude encontrar tantos amigos entre os homens de bôa vontade.

O Sr. Luiz de Medeiros disse algumas palavras exaltando a elevada significação do trabalho que o ilustre visitante inspirou aos intelectuais brasileiros e transmitiu uma mensagem de cordialidade do povo brasileiro ao cubano. Hipotecou seu completo apoio ao Comité Brasileiro Pró-Palestina e propôs o nome do senador Hamilton Nogueira para Vice-Presidente dêste Comité.

Os clichés reproduzem dois aspectos do almoço.

3 de Outubro de 1946

150 Refugiados chegam ao Rio de Janeiro

REPORTAGEM

Desde o mês de abril vêm chegando navios da Europa trazendo grupos de judeus sobreviventes — geralmente são pessoas chamadas por parentes domiciliados no país ou em países vizinhos. E aqui são recebidos exclusivamente pela "União" Associação Beneficente Israelita, que há três meses, aproximadamente, escalou de seu próprio quadro de colaboradores uma comissão de senhoras para ocupar-se dos recem-vindos.

Não nos consta nenhuma opinião favorável nem desfavorável ao tratamento até agora dispensado aos que aqui aportam. A maioria das pessoas chegadas e que não foram chamadas por parentes, receberam as passagens pagas pelo "Joint" e algumas pelo "Hias". Entre essas duas entidades e respectivamente entre suas representações nesta cidade, os entendimentos não correm pacificamente...

As sociedades filantrópicas locais, com exceção da "União", nada fizeram nem se preocuparam. Entre estas devemos nos referir ao "Lar da Criança", ao "Relief" e ao "Froien-Farain". Não podem alegar que nada sabiam sôbre a chegada dos sobreviventes, pois é notório que já há tempo, considerável grupo de sobreviventes chegou a esta capital. Mas isto já passou. Como passaram também os 8 anos não muito dignos, durante os quais as mencionadas entidades filantrópicas locais negligenciaram a proteção moral e material dos refugiados e, êstes foram, sem diferença de origem, tratados bem ou mal pela "União".

Aspecto colhido em frente ao Parque Hotel

7.10.1946

NLT PRESIDENT HARRY TRUMAN
  WHITEHOUSE
    WASHINGTON DC

YOUR EXCELLENCY THE UNITED STATES HAVE VOICED THROUGH YOU THEIR
VERDICT AGAINST A GOVERNMENT WHO BASED SOLELY ON FORCE OVERTLY
WANT TO EMBEZZLE THE UNQUESTIONABLE JEWISH RIGHTS TO PALESTINE
AND RUTHLESSLY CONDEMN THE HEROIC JEWISH SURVIVORS OF NAZISMS
CLAWS TO GO ON LEADING A MISERABLE AND HOMELESS EXISTENCE STOP
WE CONGRATULATE THE AMERICAN PEOPLE FOR KEEPING ALIVE HUMAN
RIGHTS AND DIGNITY STOP

        MANASCHE KRZEPICKI
        SAMUEL MALAMUD
        NATHAN JAFFE
        ADOLFO BASSBAUM

A ONDE VAMOS?

Registrado no D.N.I. sob o n.º 10.898
Direção de LEÃO PADILHA

ANO VII — NUM. 193   RIO DE JANEIRO, 16 DE JANEIRO DE 1947   Preço Cr$ 3,50

Mobilização

No dia 21 do corrente mês deverá realizar-se em Londres, mais uma das muitas conferências sôbre a Palestina.

Por MENASCHE

Tombou na frente de combate européia a quase totalidade do nosso quadro efetivo.

Pereceram os melhores filhos de nosso povo. Em cinzas se transformaram nossos pequeninos Moischele e Schloimell, Surele e Hanele. Não mais serão a nossa esperança e orgulho para o futuro.

Já não existem os portadores da flâmula do extase messiânico.

* * *

Ressoam nas esferas do infinito seus últimos "Ani Maamin" e ali ressoarão até o fim de tôdas as gerações.

Sobem aos céus e batem às portas do Todo-Poderoso, préces não terminadas, confissões inacabadas de vidas brutalmente ceifadas.

Cremados, assassinados por todos os meios foram também aqueles nossos irmãos que até às vésperas do cataclismo em tudo creram, menos em seu povo. Santificados sejam os últimos estertores daqueles, que voltaram e desapareceram, em seguida, para sempre!

Eternamente erguer-se-á a chama da sagrada sarça — tu homem, reverencia: São os corações em labarêdas de nossas mães que não lograram salvar seus filhos da destruição

* * *

Pavoroso desastre sofremos nós porque acreditamos na inviolabilidade da fraqueza

Salvar a todo o mundo, foi nossa aspiração. Esquecemonos de nós mesmos.

Pecamos, julgando que a fôrça de nossos dólares, pesos e cruzeiros, pudesse salvaguardar, lá no "front" exposto, o judaismo que nos contentávamos em comprar. Nem nossa moeda nem nossos títulos de valores, puderam evitar a maior tragédia de nossa existência. Nosso quadro efetivo não existe mais, nem mais aí estão os grandes e nobres, os altivos e sábios conservadores da tradição. não mais temos onde comprar judaismo.

* * *

Temos nós agora de tomar sôbre os ombros a herança desses grandes e nobres dos ghetos, de Maidanek e Treblinca, de Bergen e Belsen.

Tornemo-nos judeus completos, de coração, vontade e fôrça... Bem alto levantemos o judaismo, no mais puro e elevado sentido da palavra e assim o conduzamos avante: conosco, para nós e em nós.

Temos de cerrar fileiras disciplinadas; somos nós agora o quadro efetivo. Fé e vontade, perseverança fanática no coração até alcançar a meta — reconstrução de nossa terra! Nisso consiste a salvação de nosso povo.

Com muralhas intransponíveis cerquemos o judaismo e o defendamos: muralhas construidas com nossos cérebros e nossas mãos, com fé e esperança — em nossa terra.

A ordem do dia consiste:

Na mobilização total de nossos valores espirituais — mobilização voluntária debaixo de leis marciais.

Extirpar de nossas fileiras todos os elementos não disciplinados.

A defesa da nação baseia-se na coletividade. Franco-atiradores e heroismo indisciplinado correspondem a alta traição.

Intransigência nas atribuições relativas à nacionalidade;

Intransigência contra o indiferentismo que julga poder desincumbir-se de seu dever perante a nação, com simples óbulos.

A nação judaica recusa esmolas, e para sua sobrevivência necessita de sacrifícios feitos de todo coração. Inimigos poderosos e encarniçados espreitam nossa desunião e extermínio.

* * *

Passámos por horrores, sofremo-los ainda e não devemos nos fiar em milágres. Êsses terão de ser criados por nós com fôrça inquebrantavel, afim de poder realizar aquilo que tão ardentemente desejamos.

O sofrimento de ontem e o desespero de hoje, serão o aguilhão que manterá despertada em nós essa vontade indestrutível para alcançar nossa ambição mais sagrada: reconstrução de nossa terra.

Ergamos bem alto os braços para que mais uma vez se sustenha o curso do sol! Não finde o dia até nossa vitória total! Não baixemos os braços em desalento. Desalento será trevas; trevas — o nosso desaparecimento.

Mobilizemos todos os valores morais e com desassombro afrontemos os inimigos que planejam nossa destruição.

6 de Fevereiro de 1947

Para a Libertação Terra e Lar para os imigrantes "ilegais" e os soldados desmobilizados. Milhares de irmãos sobreviventes nos campos de concentração dirigem-se a Eretz Israel, o País de sua única esperança

Ajudai a sua libertação

O "Kéren Kaiémet Leisrael", única instituição que compra terras em Eretz Israel para propriedade perpétua de todo o povo judeu, esforça-se agora em comprar para os judeus que se salvaram dos campos de concentração, para os soldados desmobilizados e os partisans que tomaram parte na luta contra o maior inimigo em toda a História dos judeus e que participaram ainda do salvamento de milhares de vidas judáicas.

O judaismo brasileiro tem a honra e a possibilidade de criar uma colônia em seu nome e ligar-se deste modo a uma das obras mais belas de Eretz Israel.

A Séde Central do "Kéren Kaiémet Leisrael" em Jerusalém, ratificou nosso acordo sobre uma colônia em nome do judaismo brasileiro. A extensão dessa colônia depende das somas que forem criadas por nós para tal fim.

A conquista dos 12 novos pontos, no Neguev, em Eretz Israel, realizada pela Haganá e a heróica juventude, só o poude ser feita graças à circunstância, de ter o "Kéren Kaiémet" preparado, ali, o sólo.

Este fato encontrou solução numa das decisões do último Congresso Sionista, realizado na Basiléa, a qual obrigou a Organização a dar atenção a êste assunto e fundar ali uma cidade, segundo o modelo de Tel-Aviv, com o nome de Neguev.

O Diretório do "Kéren Kaiémet" no Brasil resolveu ligar a colônia "Nachelat Iehudei Brasil" com o Neguev, denominando a campanha deste ano "Nachelat Iehudei Brasil-Hanegba". O Diretório escolheu como objetivo a aquisição de seis milhões de cruzeiros.

Este objetivo deverá ser alcançado se cada judeu contribuir com a parte que lhe cabe nesta tarefa tão importante e sentir-se coagido pela responsabilidade para com o destino daqueles que, tendo sido confinado nos campos de concentração teem o futuro ligado exclusivamente a Eretz Israel.

DE CADA UM DE NÓS DEPENDE A POSSIBILIDADE DE ARREBENTARMOS AS CORRENTES QUE FECHARAM AS PORTAS DE ERETZ ISRAEL E DARMOS OPORTUNIDADE AOS "ILEGAIS", AOS HERÓICOS SOLDADOS DESMOBILIZADOS E AOS "PARTISANS" QUE SE ESFORÇAM EM IR AO NOSSO LAR, ERETZ ISRAEL.

Estamos certos de que todo o judaismo brasileiro saberá corresponder à altura e a colônia em seu nome será uma realidade.

Comité da Campanha —
Nachelat Ishudei Brasil-Hanegba.

"Deus e nosso Direito"

Mais dois navios com judeus voltando ao seu lar, foram sequestrados pelos Inglêses para a Ilha de Chipre

Por MANASCHE

Durante 2.000 anos agarramo-nos à nossa fé, elevando préces sentimentais em louvôr à nossa terra distante e abandonada.

Durante 2.000 anos ansiávamos por um milagre que nos fizesse retornar a ela. Nós mesmos nada fizemos. Para lá só mandavamos velhas piedosas, para serem enterradas em terras de Sion. Nossos cérebros jovens e patentes, nossas mãos fortes e sadias corriam de terra em terra e só não achavam o caminho que levasse à nossa.

Purificados pelo fôgo das perseguições religiosas e inquisições de toda espécie, tornamo-nos grandes e nobres judeus, no espírito. Na realidade, porém, éramos pequeninos sêres humanos, desarraigados, com o coração cheio de temôr. Casas tornaram para nós as preocupações pelo dia de hoje e o mêdo pelo amanhã.

Implorávamos ao Todo Poderoso a redenção, mas bem no fundo do coração nós a temíamos.

Cemitérios cheios de mártires; torrentes de lágrimas sangrentas, era o que de nós ficava, nas terras de onde saíamos escorraçados; para novos lares carregavamos nossos livros sagrados — jamais o nosso lar.

Outra vês crescíamos, e ao nos tornarmos grandes, de novo tínhamos que nos pôr a caminho, deixando para trás os cemitérios em que, num punhado da terra de Eretz-Israel sob a cabeça, jaziam nossos grandes e nobres judeus, sempre em terra estranha.

Tambem nós tivemos uma Renascença — em terras estranhas. Senhas pomposas :

"mundo de irmãos"
"assimilemo-nos"
"apaguemos o passado; dissolvamo-nos no hoje, para que não haja mais um amanhã para nós"
"não somos Nação"

E nossas próprias mãos rasgavam chagas profundas em nosso corpo, porque em terras estranhas tivemos uma Renascença e a nossa terra foi mais uma vez olvidada.

E o grande mundo de "irmãos" tornou-se pequenino, menor ainda para os atormentados, para os perseguidos! Não podíamos cotinuar indefinidamente a encher cemitérios de mártires, e deixá-los para trás. enquanto prosseguimos na peregrinação de terra em terra.

Proporções imensas tomou o amôr à nossa terra, que começou a florir, não das velhas carcassas piedosas lá enterradas, mas pela fôrça das mãos e vontade de jovens que para lá se transportaram.

Nosso lar, no entanto, pertence a um dos "grandes" e as portas de Sion têm um brazão que diz: "Dieu et mon Droit" ! e as portas de nossa terra estão fechadas para nós que ha 2.000 anos estamos sem lar !

Grande é o nosso desespêro. Já não temos, mas exigimos a redenção do "Goles". Nossas mãos se transformaram em punhos de aço, e o seu martelar sôbre as portas do nosso lar fará com que o mundo estremeça. Não ha mais caminho de volta — tambem nós agora exigimos: "DEUS E NOSSO DIREITO".

O Executivo Provisório da
Organização Sionista Unificada do Brasil

convida todos os sócios do Distrito Federal e dos seus arredores a comparecer à

Assembléia Geral

a qual se realiza

Segunda-feira, 21 de Abril de 1947, às 20,30 horas, em ponto

no salão de conferências da Organização Sionista Unificada do Brasil, à Avenida Rio Branco, 114, 11.º andar, para a

Eleição dos Delegados do Distrito Federal para a 1.ª Convenção Territorial da OSUB

a ser inaugurada no Rio de Janeiro no dia 30 de Abril de 1947.

Conclamamos todos os "Chaverim" sócios para o cumprimento deste dever, a fim de que, os delegados eleitos nesta Assembléia Geral, representem efetivamente o movimento sionista desta Capital.

Pelo Executivo Provisório:

JACOB SCHNEIDER
Presidente

DR. S. MALAMUD
Secretário Geral

4 de Setembro de 1947

INTERESSANTE REUNIÃO NA RESIDÊNCIA DO CASAL WOLF KLABIN EM HOMENAGEM AO RABI GOLDBERG E J. B. LIGHTMAN

O congressista Sol Bloom prestigia a obra do "Joint" comparecendo à reunião

Teve lugar, domingo último, na residência do casal Wolf Klabin uma interessante reunião de personalidades às mais destacadas da coletividade local, para apresentação do comandante rabi Yoshua Goldberg, capelão chefe da religião judaica da marinha norte-americana e J. B. Lightman, diretor do Departamento Sul-Americano da "Jewish Joint Distribution Committee". Especialmente convidado compareceu o congressista Sol Bloom.

A reunião teve inicio com a projeção de um filme natural baseado na situação angustiosa de centenas de milhares de famílias israelitas européias, cuja sobrevivencia depende exclusivamente da imediata colaboração do "Joint". Película que atesta a dolorosa martirização dos irmãos nos campos de arame farpado da Europa, provocou uma pausa de meditação em todos os presentes. A seguir faz uso da palavra, o escritor Ernesto Feder, presidente da Campanha do Joint para 1947. Em palavras singelas e comovidas, o dr. Feder completa o quadro projetado na tela. As suas palavras repassadas de profundo senso humanitario deixaram uma significativa impressão. A seguir fala o sr. J. B. Lightman, que na qualidade de técnico faz um estudo da situação, fazendo notar aos presentes o gigantesco trabalho do "Joint" em salvar, readaptar e reconstruir as vidas judaicas da Europa. O trabalho não consiste em coadjuvação imediata, em atos de filantropia; mas sim, em reabilitação completa do necessitado conduzindo-o a uma estrada otimista de labor e auto-suficiência.

Logo após fala o rabino Goldberg, que na qualidade de judeu empresta o prestigio de seu nome à campanha deste ano do "Joint". A sua palavra reflete o sentimento piedoso e humano de que é possuidor, destacando-se da sua oração a esperança no porvir mais risonho para todos os judeus.

Num ambiente de mais franca cordialidade e simpatia é convidado para dizer algumas palavras o conhecido membro do Congresso norte-americano, Mr. Sol Bloom.

O sr. Sol Bloom fala num tom intimo e amigo. Narra alguns episódios de sua vida. Lembranças do lar judeu. O desejo permanente de auxiliar os outros, manifestado em toda sua vida pela sua progenitora. Conta a caixinha azul-branca que jamais desertou de sua casa. Fala das necessidades dos judeus deslocados da Europa. Descreve a simpatia do seu falecido amigo Roosevelt para com os israelitas. Declara que o presidente Truman é possuidor da melhor boa vontade no sentido de minorar os sofrimentos dos deslocados. Descreve ainda o trabalho do "Joint" como um dos pilares da sobrevivência hebréia. Conta tambem a história dos 23 correligionários que não conseguiram desembarcar no Brasil e seguiram o caminho de Nova Amsterdam dando origem a essa gigantesca e tumultuosa babel: Nova York. Concita a todos os judeus colaborarem na obra do "Joint", pois que não existe maior felicidade do que ajudar, apoiar e favorecer os necessitados, nossos irmãos, nossos irmãos...

A reunião termina com o agradecimentos ao sr. Wolf Klabin e dignissima consorte, pela oportunidade proporcionada aos presentes de conhecer a obra profícua e nobilitante do "Joint".

A nossa reportagem constatou a presença das seguintes pessoas: Sra. Ruth Kluger, representante da Agência Judaica, Maxim Sztern, Bernardo Friedlich, dr. Leitchik, d/. Ernesto Feder e sra., dr. Luiz Haas, sr. Muchinsky e sra., sr. Zimetbaum, dr. Fernando E. Levisky e sra., sr. Delmonte e sra., dr. Kowsman e sra., sr. A. Lohnstein, Rabino Dr. H. Lemle e sra., sr. R. Feitler e sra. Prof. Rosenstein, sr. H. Lewin e sra., sr. Menasche Krzepicki, sr. William Selig, dr. Paulo Zander e outros.

Campanha de enxovais da Secção de coleta de roupas do Centro Hebreu-Brasileiro de Socorros aos Israelitas Vítimas da Guerra
(Agência do Congresso Mundial Judáico no Brasil)

O RESULTADO DE UMA GRANDE OBRA DA MULHER JUDÍA DO BRASIL

Em maio de 1947, retornando de uma viagem de inspeção aos vários países da Europa e, particularmente, aos campos de deslocados lá existentes, o dr. Jacob Hellmann, diretor do "Bureau Sul-Americano do Congresso Mundial Judáico", expondo as precárias condições em que vivem as infelizes criancinhas lá nascidas, apelou à mulher judía do Brasil no sentido de que enviasse socorro às mesmas. Como não podia deixar de ser, êsse apelo tocou a sensibilidade da mulher judía, sempre pronta a auxiliar, com desvelo e desprendimento, o próximo, sendo que, no caso presente, os seus próprios irmãos.

Coube à Secção de Coleta de Roupas do Centro Hebreu-Brasileiro coordenar êsse empreendimento, que tomou o nome de "Campanha de enxovais para os recém-nascidos nos campos de deslocados da Europa". Imediatamente, começaram a chegar as adesões de todos os recantos do país. Fornecemos, a seguir, um quadro demonstrativo das cidades do interior que deram o seu apoio à Campanha, com as respectivas doações, as quais resumimos no número total de peças (no caso de donativos em enxovais, pois, se fossemos discriminar peça por peça, não chegaria nem uma revista inteira.

Flagrante do embarque dos 775 enxovais para os recém-nascidos nos campos de deslocados da Alemanha. Com esta remessa, a 17.ª que a Secção de Coleta de Roupas do Centro Hebreu-Brasileiro faz desde o início das suas atividades, eleva-se a 650 o número de caixas com roupas, sapatos e mantimentos enviados pela aludida Secção aos vários países da Europa.

SÃO PAULO

Comité de Socorro aos Israelitas sobreviventes da guerra na Bessarabia junto á Sociedade Israelita de Beneficencia Ezra

COMUNICADO

Comité de Socorro aos Israelitas Sobreviventes da Guerra na Bessarabia

Enviamos no mês de novembro de 1947 cerca de 400 pacotes de roupas, por via aérea, para os bessarabianos que se encontram em Bucarest, Focsani, Cluj, Arad e outras cidades da Rumânia. Abaixo ilustramos fotos dos pacotes e fotocopias de duas cartas de agradecimento.

—x—

Temos o prazer de comunicar que foi fundado na cidade de Curitiba o Departamento Feminino do Comité de Socorro aos Israelitas da Bessarabia constituido pelos seguintes elementos:

Presidente: Mme. Poly Paciornik;
Secretária: Mme. Berta Bronfman;
Tesoureira: Mme. Léa Schnirmann;
Fiscais: Mmes.: Dora Daitchman e Ana Igdal.

—x—

Acondicionamento e preparo de pacotes para remessa aos nossos irmãos vítimas da guerra na Bessarábia. Os dois "clichés" são aspectos do material reunido em São Paulo pelo Comité de Socorro e já prontos para serem embacados em dezembro corrente.

ישראל
הממשלה הזמנית
PROVISIONAL GOVERNMENT OF ISRAEL

OFFICE OF THE REPRESENTATIVE
OF THE
MINISTRY OF DEFENSE

NEW YORK, N. Y.

Chaim Weizmann Club
Rua da Gloria 32
Apt. 803
Rio de Janeiro, Brasil

Dear Friends:

          On the eve of my departure for Israel, I am taking the opprotunity to write you a few lines in appreciation of your devotion and loyalty to Z'va Haganah l'Israel.

          I hope you will carry on working and building for Israel in the same manner as you have done in the past. Our joys and victories will be yours. The people of Israel will always know that your Yishuv stands with them in their hour of need and happiness.

          I know you will continue cooperating and working with our office in New York, now in the charge of Mr. Aryeh Menzel. Miss Rahel Mizrachi, who is directing our Latin American Department, will be happy to hear from you and assist you with any problems that may arise. Our Department is undergoing a period of expansion, and is broadening in scope. It will serve you until such time as Israeli Embassies and Consulates, set up in Latin American countries, will take over this phase of our work. Meanwhile, our parcels of Israeli Greetings will continue, with more material for your interest and information. Please do not hesitate to write to Miss Mizrachi for any advice of help you may require. A close relationship between us can only be of benefit to us all.

          My very best wishes to you all, lots of good luck and "lehitraot" in Israel.

          With sincerest Israeli Greetings.

          Yours,

          T. Kollek

Former secret agent

Ruth Aliav (Klueger), who worked with the Mossad, Israel's secret service, to smuggle Jews out of Nazi Europe, and helped organize the immigration of refugees into Palestine, has died in Tel Aviv after a long illness. She was 74.

Ruth Aliav was one of those few brave Jewish women who volunteered her services to the Mossad on the eve of World War II. Her bravery, her knowledge of languages and her boundless energy made her a valuable member of this organization.

Born in Kiev, Ukraine on April 27, 1910, Ruth Aliav was brought up in Czernowiec, Rumania, and graduated in law from the University of Vienna. She settled in Palestine in 1930 and lived at Kibbutz Mishmar Ha'emek and Kibbutz Givat Haim.

In 1939 she enlisted in the Mossad and left on an Aliya Bet mission to Rumania, where she organized the "illegal" immigration to Palestine. In 1941, the Rumanian authorities forced her to leave the country and she continued her work, first in Turkey, and then in Egypt, where she organized the illegal emigration of Jews from Arab countries to Palestine.

Ruth Aliav was the first Mossad agent to reach Paris after the Liberation in 1944, and immediately applied herself to the task of tracing, saving and rescuing those Jewish children who had been placed in monasteries or with Gentile families to escape extermination.

Assisted by high-ranking French and Maquis officers, Ruth Aliav established close contact with SHAEF, the Supreme Allied Command under Dwight Eisenhower. The helpful Americans were not yet aware of the attitudes of their British Allies towards Jewish immigration to Palestine and they put at Ruth Aliav's disposal a large troopship, the Ascania, on which she sent 2,600 Jews to Palestine in the autumn of 1945.

The British energetically sought to prevent a repetition of such an act, but Ruth Aliav nevertheless managed to organized another ship that successfully reached Palestine with its cargo of refugees.

It was Ben-Gurion who persuaded Ruth to change her name from Polissuk to Ali-av (Aliya Bet).

In 1947, General Charles de Gaulle awarded her the Lorraine Cross for her work for the French Underground, a distinction rarely given to women. In the same year, the French government decorated her with the Legion of Honour.

During the War of Independence, Ruth Aliav raised funds for arms which she helped to smuggle into the country. She continued her postgraduate studies at the Hebrew University and in the U.S. and was awarded many international distinctions. Her book "Never the Last Road" won the Massada Prize in 1973 and the Yitzhak Sadeh Prize in 1977.

Ruth Aliav adopted and raised two children, survivors of the Holocaust — a son who lives in Israel and a daughter, Dr. Erica Freeman, a psychoanalyst and the founding chairman of International Committee for Human Rights in the U.S.

In 1948, Ruth Aliav became information officer of the Zim Shipping company and served as chairman of the Israel Public Relations Officers Association. During the following years she continued her campaign for a large number of social causes. She was the founder and chairman of the Professional Working Women and a member of Bnai Brith. More recently, she organized and led the Israeli Committee for Lebanon.

ALEXANDER ZVIELI

8 de Janeiro de 1948

HAGANÁ

Campanha Financeira de Emergencia

Por determinação telegráfica da Agencia Judaica, foi proclamada a "campanha financeira de emergencia" em pról da Haganá.

Em todos os paises do mundo, campanhas semelhantes foram iniciadas, tendo sido calorosamente respondidas pelas respectivas comunidades judaicas. Só na Palestina, em 7 dias, foram arrecadadas 550.000 libras, ou sejam pouco mais de 40.000.000 de cruzeiros, ultrapassando sobremodo toda e qualquer expectativa.

No Brasil, e particularmente no Rio de Janeiro, essa campanha deve encontrar em cada judeu um colaborador entusiasta e generoso, contribuindo no limite máximo de suas possibilidades.

As delicadissimas circunstancias históricas do momento exigem, de cada judeu, a participação ativa no desenvolvimento do processo para a efetivação da resolução tomada pela O.N.U. criando o Estado Judeu.

Para o indispensável êxito da presente campanha de emergência, todas as Sociedades Israelitas, e principalmente a Unificada (Organização Sionista Unificada), além de terem cessado as suas campanhas financeiras, estão cooperando ativamente para o bom termo dos trabalhos empreendidos, por determinação expressa da Agência Judaica.

Todo o entusiamo e altruismo para a campanha ora iniciada!

Clube Esportivo Israelita Brasileiro Macabi
Clube "Chaim Weizman"
20.º ANIVERSÁRIO
GRANDE FESTA CAMPESTRE
18 DE JANEIRO DE 1948

O C.E.I.B. MACABI, sob o patrocínio do CLUBE "CHAIM WEIZMAN", realizará no próximo dia 18 de Janeiro de 1948, a partir das 8 horas da manhã, em sua aprazível praça de esportes, uma grande festa campestre em comemoração à passagem do 20.º aniversario de sua fundação e, em regosijo à criação do

ESTADO NACIONAL JUDAICO NA PALESTINA
★
C O N F R A T E R N I Z A Ç Ã O
Grande desfile de nossa juventude em homenagem às Nações Unidas.
Jogos esportivos! Barracas com surpresas e divertimentos.
Provas esportivas para moças e rapazes com premios em profusão!
Animado baile com orquestra!
★
VENHAM TODOS AO CAMPO DO MACABI, solidarizar-se com os seus correligionários para festejar condignamente o histórico acontecimento da vida judaica!
★
CONVITES Á VENDA: Ind. de Tecidos de Malha "Tricot" S. A. — Rua José Paulino, 261; "Sam Magazine" — Rua Cons. Crispiniano, 355; "A Infantil" — Rua São Bento, 188; Peles Leiman — Avenida Ipiranga, 652, 1.º andar; C.E.I.B. MACABI (Secretaria) — Rua da Graça, 83, 3.º a. CLUBE "CHAIM WEIZMAN — Avenida Ipiranga, n. 652 — 9.º andar.
★
CONDUÇÃO EM ABUNDANCIA — ONIBUS DE CINCO EM CINCO MINUTOS — NA RUA VOLUNTARIOS DA PÁTRIA, ESQUINA RUA DA CORÔA.

15 de Janeiro de 1948 **HAGANÁ**

ATENÇÃO!

A campanha de emergencia pró-Haganá já foi proclamada

TÔDAS AS CAMPANHAS SIONISTAS ESTÃO PARALIZADAS, BEM COMO TÔDAS QUE SE RELACIONAM COM ERETZ ISRAEL

O Executivo da Organização Sionista Unificada do Brasil convocou todos os israelitas para participarem ativamente dessa Campanha de Emergência até o dia 29 de Fevereiro do corrente ano.

As atuais grandes circunstâncias históricas exigem de todos os judeus, sem diferença ideológica, a mais ativa participação na campanha de emergência pró-Haganá, o exército do povo do Estado Judeu. Apela-se para tôdas as instituições filantrópicas, culturais e religiosas, bem como para indivíduos, homens e mulheres, afim de que se incluam entre os ativistas da campanha de emergência da Haganá, para o que se poderão apresentar à Avenida Venezuela, 27 - 7.º andar, sala 711, diàriamente, das 9 às 12, das 2 às 6 e das 8 às 10 da noite. Fone: 43-8218.

COMISSÃO EXECUTIVA.

A campanha de Emergência pró-Haganá já foi proclamada.
Tôdas as Campanhas-financeiras estão suspensas

O comité de ação da Campanha Pró-Haganá, chama tôdas as organizações sociais, filantrópicas, culturais e religiosas, bem como indivíduos, homens e mulheres, a fim de que se incluam entre os ativistas da Campanha de Emergência pró - Haganá, podendo se apresentar à Avenida Venezuela, 27 - 7.º andar, Sala 711, diàriamente das 9 às 12, das 2 às 6 e das 8 às 10 hs. da noite. Telefone: 43-8218.

O Comité de Ação.

22 de Janeiro de 1948

JUDEU!

Considere-se na presente ação um soldado da retaguarda do nosso glorioso **HAGANÁ**, não poupando esforços no sentido de conseguir no menor tempo possivel, o maximo auxilio para os nossos defensores.

Ação de Emergencia Pró-Haganá

Setor: São Paulo

Grandioso Meeting
Pró Haganá

Compareçam em massa aos salões do AUTOMOVEL CLUB DO BRASIL no dia 24, às 20.30 hs. em ponto

Falarão: —

Ruth Kluger e Arie Chill

Na qualidade de delegados de Eretz Israel, especialmente chegados ao Brasil para esta solenidade.

Um FILME novo documentário sôbre a PALESTINA será exibido

Nenhum Judeu deverá faltar !

Entrada Franca

Grande "meeting" de solidariedade pró Haganá no Rio de Janeiro

Exército Judeu é a palavra mágica que hoje em dia e mui justificadamente, fala ao coração de cada judeu, tanto aos que conscientemente acompanham a evolução sionista e os dramáticos acontecimentos de Eretz Israel, onde uma juventude heroica verte o sangue em defesa das vidas, das propriedades e da dignidade do seu povo, como também aos que se encontram longe de tais sucessos, sentindo-se, entretanto, fascinados pela significação das refregas atuais, como um elo da longa cadeia de batalhas travadas em prol da independência de Israel — cadeia que não se encerrará enquanto não fôr alcançado o supremo desideratum.

Pode-se dizer que a palavra mágica é capaz de eletrizar a alma de qualquer judeu digno deste nome e que os verdadeiros sionistas se sentem ligados, pelo espírito, aos eventos que se verificam na Terra Prometida, não se contentando com essas manifestações, mas achando-se, em plena comunhão de responsabilidades e deveres, dispostos e ansiosos por tomar parte, com tudo o que são, na luta épica. Todos os judeus que simpatizam com essa epopeia manifestam-lhe seu apôio, proporcionando os recursos materiais aos soldados que estão dando a própria vida pela causa comum.

Fundado pela sra. Ruth Kluger, aqui chegada, há algum tempo, um clube denominado "Clube Chaim Weizman", composto de simpatisantes da causa da "Haganá", o qual recebeu a incumbência, de obter o apôio, da coletividade israelita deste país para a grande causa da Haganá, esta entidade, formada por elementos realmente prestigiosos, desde logo recebeu a mais calorosa e sincera solidariedade de vastos círculos judaicos que se uniram a agrupações sionistas, ansiosas de contribuir com seu esfôrço para a causa com que têm a mais imediata responsabilidade.

O Comité de Ação formado para encarregar-se da realização da campanha pró Haganá deu, no espaço de tempo que assinala sua existência, assim como toda a direção do "Clube Chaim Weizman", testemunho de incansável devoção ao esfôrço que mencionamos, organizando, dentro das atividades delineadas, e contando, com o prestígio das mais altas autoridades sionistas mundiais, um Grande Ato Público que se realizou no Automoyel Clube do Rio de Janeiro, sábado próximo passado. A essa reunião acorreram significativas massas de judeus, que literalmente encheram o grande salão da rua do Passeio.

Aberta a sessão pelo sr. Adolfo Başbaum, presidente do "Clube Chaim Weizman", S. S., em palavras sinceras e dignas, expôs a razão de tão importante reunião e a histórica tarefa que todos os judeus unidos têm diante de si neste momento histórico. Seguiu-se com a palavra o sr. Jacob Schneider, Presidente da Organização Sionista Unificada do Brasil; o dr. Isac Nuzman, em nome do Comité de Ação pró Haganá; o dr. H. Lemle, em nome dos judeus procedentes da Alemanha, e o dr. Samuel Malamud como membro da coletividade israelita do Rio de Janeiro, enquanto o sr. A. Matz, dirigente da "Achudt Avodá" apelou, em cálidas palavras, para que os judeus se integrem na memorável causa de seu povo em favor da própria independência. O dr. Bernardo Dain, ao microfone, apresntou os oradores, anunciando, depois, a projeção de um filme sobre Eretz Israel que despertou o mais vivo interêsse de todos. Falou também, nessa ocasião, o sr. Eckerman, secretário do Comité pró Haganá de São Paulo, que esboçou um quadro das tarefas iminentes que o judaismo tem diante de si neste momento, culminado o esfôrço de todas as correntes no movimento em prol da Haganá. A última oradora foi a sra. Ruth Klueger que expôs sua opinião sobre a realidade de Eretz Israel, a cujo serviço aqui se encontra.

Todos os oradores foram vivamente aplaudidos, podendo-se sentir a mais viva e nobre emoção despertada em todos os presentes diante da grande causa que os unia no momento.

Num intervalo foram distribuidos inúmeros aneis da Haganá, apresentando-se grande massa dos presentes espontaneamente, para contribuir em favor daquela fôrça de defesa de Eretz Israel.

Ao som do Hino Nacional e da Haticva, foi encerrado este grande comício, sendo justo destacar a excelente organização e a perfeita ordem que presidiram o "meeting" do Automóvel Clube.

Queremos deixar consignado aqui nosso apêlo a todos os judeus, quaisquer que sejam suas tendências, em favor da campanha em prol da Haganá, à qual nos associamos da maneira mais viva e mais sincera.

Inúmeras gerações de judeus esperaram, nas mais diversas circunstâncias, o momento da redenção, quando lhes seria proporcionada a oportunidade de realizarem sua independência política, de estabelecerem seu próprio govêrno e de darem aos seus novos Macabeus as armas para defesa do povo até aqui indefeso.

Enquanto milhões de judeus sangraram até a morte, humilhados e esmagados, sem uma esperança de defesa, está agora em nossas mãos poder armar, dar apôio aos que vêm lutar para que novas gerações de judeus possam viver dignamente.

Nenhuma geração como esta teve tão grande privilégio de poder contribuir, e ver realizado tão glorioso momento. Nenhum judeu pode faltar à missão de fundar o Estado Judeu e ajudar a criar seu primeiro exército nacional.

Desta nossa geração e de seus feitos falarão judeus de gerações vindouras como quiçá de nenhuma outra. Porque em nossas mãos está o destino da mais ansiada causa de Israel. Sejamos dignos dela. Todos.

AONDE VAMOS?

A "GUERRA SANTA"

A ONDE VAMOS?

Apelo da "Haganá" ao "Ichuv" do Brasil

INFAMIA BRITANICA

Club "Chaim Weizman"

Avenida Rio Branco, 114, sala 103 — Tel.: 22-1156
RIO DE JANEIRO

COMUNICADO

Realizou-se, em Poços de Caldas, no dia 21 do corrente, uma "Mlave Malke" que contou com a colaboração dos Srs. Max Mandelman e David Persiano dessa cidade e os Srs. Samuel Fridman e Ravet do Rio de Janeiro.

Esta solenidade contou com numeroso público e a renda de Cr$ 18.000,00 reverteu para a "Haganá".

Abrindo a sessão, usou da palavra o Sr. Samuel Cohen que fez um ligeiro histórico sobre a Haganá. Em memória dos mártires o público em côro entoou a Canção dos "Partisans".

Em nome da Juventude israelita do Rio de Janeiro falou a sra. Rotstein Levin.

Após vários números de canto, piano e declamações por alunos da Escola "Hertzlia" do Rio de Janeiro e S. Paulo o público em côro entoou canções hebraicas.

Usaram ainda da palavra o sr. Israel Steinfeld e a Sra. Eva Levinzon.

Com o Hino Nacional e a "Hatikva", foi encerrada a sessão.

S. O. S.
A Mensagem da Haganá aos Judeus do Brasil
A entrevista coletiva

O Comité de Ação Pró-Haganá, no Brasil, não foi formado em condições normais em virtude da ação de uma delegada que recebeu a missão de aqui organizar uma coleta a favor da Haganá. Para realizar essa tarefa, conseguiu atrair muitos "novatos" que submeteu a mil e uma encenações e tamanha rêde de contradições que corria-se o risco de comprometer o esfôrço sério e transformar tudo numa farça. Isso só não se verificou pela importância transcendental do trabalho pró-Haganá e também porque os "novatos" eram homens responsáveis que souberam colocar a ação acima de toda classe de mesquinharias.

Os grupos sionistas procuraram encontrar um "modus vivendi" por se tratar da NOSSA Haganá e porque os homens que assumiram a responsabilidade pela campanha, souberam conquistar a confiança da comunidade pela dedicação e sobriedade de atitudes que demonstraram no trabalho. Se não se trata de pessoas desconhecidas na sociedade, pode-se afirmar, porém, que até agora não ocuparam posições de liderança social judaica. São homens que há muito deveriam integrar os quadros sociais e direcionais judaicos. "AONDE VAMOS?" sempre chamou a atenção para a necessidade de enriquecer os quadros sociais com elementos valiosos que a velha liderança não quis ou não soube atrair.

Pelos motivos expostos, atendemos prazeirosamente ao convite recebido pelos jornalistas judeus para uma conferência coletiva para a imprensa. A simples intenção de realizar uma conferência de imprensa, já era um sinal auspicioso entre nós desconhecido. Até agora, reinou na vida sionista um provincialismo caduco nas relações com a imprensa livre que acreditavam poder calar, quando lhes convinha, por meio de polpudos anúncios, por conta de dinheiros públicos, ou utilizá-la para dar prestígio pessoal ou relêvo social a quem manejava os dinheiros públicos. E, quando nada conseguiam, quando o jornalismo se "atrevia" a não aceitar o subôrno e manter-se independente e altivo, a única atitude que compreendiam era o "ultimatum": "ou mudam de atitude ou perdem os anúncios, sofrendo, ainda, outras consequências". **AONDE VAMOS?** perdeu, assim, anúncios da campanha do Kéren Haiessod e do Kéren Kaiémet no correr de 1947. Orgulha-se disso, estando disposta a no futuro, assim como fez no passado, dispensar quaisquer anúncios se a concessão dêsses se condiciona à publicação ou omissão de matéria redacional.

A ENTREVISTA COLETIVA

Receberam-nos, os dirigentes do Comité de Ação Pró-Haganá, Srs. Dr. Adolfo Basbaum (Presidente), Adolfo Schechtman (Presidente do Comité de Ação), José Adler (Vice-Presidente), Menache Krzepcki (Secretário Geral) e Sr. Jaime Novak, Israel Dines e Dr. Bernardo Daim, membros do Comité de Ação.

O Sr. Menache Krzepcki traçou para os jornalistas presentes: Braz da "Imprensa Israelita", Kuttner do "Jornal Israelita", Lipski de "Nossa Voz" e Horowitz e Neumann de "AONDE VAMOS?" — um vivíssimo quadro da situação em que se encontra Eretz Israel — transformado em campo de batalha, onde, nestas circunstâncias, 30% dos 700.000 membros do Ichuv, em vez de se dedicarem às pacíficas ocupações de construção da pátria judia, devem ser soldados do exército ao qual coube a missão de defender todo o povo judeu. A estes 200.000 homens e mulheres, jovens e velhos, responsáveis pela defesa das vidas do Ichuv cabe uma das mais difíceis tarefas que jamais um grupo judaico enfrentou. E estes homens e mulheres oferecem as suas vidas, estão decididos e desempenham gloriosamente o que o seu dever lhes impõe. É evidente, prosseguiu o Sr. Krzepcki, que êste têrço da população, os elementos mais ativos, fazem uma enorme falta à economia da comunidade judaica da Palestina, falta muito mais notável porque cada soldado no front exige o trabalho de sete cidadãos, para que êle possa desempenhar-se de seu esfôrço militar e a economia do país se mantenha em condições aceitáveis. Mas estes sete cidadãos por cada soldado não existem em Eretz Israel. Desta falta se ressente o país em cujo seio age ininterruptamente a mão assassina do invasor e do bandido. Está rodeado por um mar de países árabes inimigos, armados com o auxílio de potências estrangeiras, enquanto que os nossos heroicos lutadores nenhum auxílio recebem além do que lhe é dado pelo povo judeu. A situação ainda é agravada pelo embargo norte-americano ao envio de armas para Eretz Israel. Mas, mesmo assim, o Ichuv está decidido a lutar sem tréguas e conseguir a vitória. O nosso dever é fornecer-lhes auxílio sem demora. Enviar tropas ao front sem dar-lhes armas, adverte o Sr. Menache à coletividade judaica, não é enviar soldados para uma guerra, é mandá-los para o cadafalso. Porisso conclamamos, através das publicações judaicas, a coletividade dêsse país, a cada um, sem exceção, a ouvir o S.O.S. e apoiar, imediatamente, o esfôrço da Haganá.

Com a palavra o Sr. Dines, além de descrever a gravidade da situação que todo o povo judaico deve enfrentar nestes dias, solicitou à imprensa que leve aos lares dos israelitas do Brasil a mensagem da Haganá na certeza que não deverá haver um judeu, digno dêste nome, que não venha espontâneamente dar a sua contribuição à campanha de emergência que ora se realiza e, concluiu o Sr. Dines, que jamais deverá cessar de funcionar enquanto permanece o estado de alarma e emergência em que a Haganá se encontra agora.

O Sr. José Adler disse que o Comité estava em atividade ininterrupta ansioso por receber o auxílio de todos os judeus que quiserem oferecê-lo a fim de que, em conjunto, possam realizar a sagrada missão pela qual assumiram a responsabilidade.

O Dr. Bernardo Dain deixou patente que o Comité de Ação ainda estabelecerá os entendimentos necessários no que concerne aos limites de tempo em que a campanha de emergência deve funcionar enquanto o Sr. Menache Krzepcki esclareceu que a campanha de emergência é de tal natureza e urgência que os resultados absolutamente necessários devem ser coletados até o fim do mês de março.

O Sr. Jaime Novak convidou a imprensa para uma cooperação amistosa mantendo, com o Comité de Ação, contacto permanente. Êste porá à disposição dos jornalistas, sem nenhuma reserva ou restrição, cristalinamente claras, todas as suas gestões, a fim de possibilitar aos órgãos da opinião pública o desempenho real de sua missão.

O Sr. Adolfo Schechtman, Presidente de Ação, salientou o valor extraordinário que constitui para o esfôrço em prol da Haganá a cooperação dos elementos novos que incansavelmente se dedicam a favor da grande causa que abraçaram com a maior sinceridade e com um sagrado fervor. Disse ainda o Sr. Schechtman que considerava seu dever informar que precisamente estes elementos novos trazem contribuições em trabalho e resultados apreciavelmente maiores que muitos dos chamados elementos velhos na vida social e sionista.

"AONDE VAMOS?" SE ASSOCIA AO APÊLO

É deveras significativo a mobilização e o esfôrço e sinceramente gratificante vêr estes elementos e tantos outros cooperadores, que não estavam presentes durante esta reunião com a imprensa, que um dia figurarão em destaque na página histórica que falará dêstes dias e da reação dos filhos de Israel neste país durante o imenso perigo que o Ichuv corria. Para um sionista que pensava estar pregando num deserto, esta reunião e este esfôrço são emocionantes e estimulantes.

É bom o início nesta parte do trabalho Pró-Haganá. É bom e tem halos de grandiosidade esta afluência de muitos que ontem "não eram sionistas" à grande causa quando o seu povo se acha em perigo. Prossigam no seu empenho, multipliquem-no, os dirigentes do Comité de Ação e não haverá judeu nesta cidade, nas localidades do norte e sul do país, que não trará espontâneamente a sua contribuição com a oferta do seu apôio. E não haverá um judeu, uma mulher, um jovem que queira faltar no rol dignificante formado por aqueles que não abandonam os seus soldados no front, na épica luta que se realiza agora na Terra de Israel.

Os soldados em Eretz Israel que são de ambos os sexos e de quase todas as idades dão o seu sangue — cumpre-nos dar-lhes as armas que precisam para defender as suas vidas e as nossas.

Apelo da "Haganá" ao "Ichuv" do Brasil

SOLDADOS DA "HAGANÁ" NO FRONT DE ERETZ ISRAEL

JUDEU DO BRASIL!

Apelamos para todos e insistimos ao mesmo tempo: Cumpram o seu sagrado dever! Preencham o coupon anexo, escrevam os algarismos da sua contribuição máxima para os heroicos soldados do Estado Judeu e mandem-no para o seguinte endereço:
CLUB CHAIM WEIZMAN, Avenida Venezuela, 27 — Sala 711, Rio de Janeiro — Telefone 43-8218
Lembrem-se e chamem a atenção dos seus amigos e conhecidos (mesmo não-judeus) para esta campanha que não tem igual, nor isto devem as contribuições evidenciar máximos esforços, verdadeiros sacrificios de cada um e de todos os judeus.

Nome ....

Endereço ....

Contribuição: Cr$ ....

25 de Março de 1948

COMITÉ' JUVENIL UNIDO PRÓ'-HAGANÁ'

APELO AOS JOVENS

E' imprescindível que a juventude compreenda e sinta, em toda sua extensão, o significado do trabalho que se propôs realizar o COMITÊ JUVENIL UNIDO PRÓ-HAGANÁ, a fim de que lhe possa dar todo apoio.

No terreno cultural e político, o objetivo do C. J. é de coordenar e planificar as atividades dos diversos clubes e organizações, no sentido de atingirmos todas as camadas da juventude, mesmo aquelas mais afastadas dos problemas do povo judeu, a fim de levar-lhes o esclarecimento sôbre o caráter da atual luta da Haganá em Eretz-Israel; mostrar-lhes os laços que os unem, quer queiram, quer não, com a vida e os problemas do povo judeu em todo o mundo, e, consequentemente, suas enormes obrigações para com os irmãos de Eretz-Israel, que de armas nas mãos defendem sua independência contra as fôrças opressoras que, ligadas aos mais excusos interesses, quebram cinicamente os compromissos assumidos perante todas as Nações do mundo.

No terreno econômico, objetivamos conseguir que a Juventude dê uma contribuição DO SEU PRÓPRIO BOLSO para a ajuda à Haganá. Não se trata de conseguir, através dos filhos, que os pais dêem mais algumas centenas de cruzeiros para a Haganá. Não. Queremos é que os próprios jovens, a maior parte dos quais já tem sua renda própria, através dos seus primeiros salários, ou mesmo os que ainda recebem mesadas da família, façam um sacrifício. Queremos que arranquem dos poucos cruzeiros de que dispõem, uma parcela para os irmãos de Eretz. O jovem que der uma contribuição desta natureza estará realmente dando algo de valioso, porque será um sacrifício que êle fará. Dêste modo denotará que já atingiu o nível de esclarecimento necessário para compreender sua imensa responsabilidade, não só perante o povo judeu já tão ceifado pela guerra anti-nazista, mas perante toda a humanidade em luta por um mundo melhor, principalmente nestes dias que correm, em que as posições se definem, as máscaras caem, e os nossos verdadeiros e infelizmente poderosos inimigos mostram sua hedionda fisionomia.

Portanto, eis o que pedimos: SACRIFÍCIO.

TUDO PELA VITÓRIA DA HAGANÁ, QUE E' A VITÓRIA DO POVO JUDEU, DA PAZ E DA JUSTIÇA ! A VITÓRIA DOS OPRIMIDOS CONTRA OS OPRESSORES !

INÍCIO DA CAMPANHA

Foi iniciada a campanha para a coleta de fundos promovida pelo Comité, estando em plena atividade os pares de jovens voluntários que se ofereceram para esta delicada tarefa.

Assim, pois, os bairros de Madureira, Tijuca, Andaraí, Meier, Vila Isabel, Grajaú Centro, Flamengo, Botafogo, Copacabana e Ipanema, estão sendo percorridos por jovens pares que vão de casa em casa.

Jovem! Quando à tua porta baterem membros do Comité Juvenil, recebe-os dan do tua contribuição para esta campanha, que é de libertação do nosso povo.

Dá o máximo que puderes, mesmo com sacrifício no momento, pois os que se encontram em Eretz, vivem perigosamente cada segundo de suas vidas, dando seu sangue e suas vidas por uma causa que não é sòmente deles, porém de todo o povo judeu do qual entretanto só podem no momento um auxílio econômico.

Todo auxílio, pois, aos bravos da Haganá.

NOTICIÁRIO

O Comité Juvenil Unido Pró-Haganá, prosseguindo em suas realizações de congraçamento da juventude e obtenção de fundos materiais em prol da Haganá, fará realizar sob seus auspícios, cabendo a organização à WIZO- Juvenil, um chá dançante. Este chá deverá realizar-se no dia 4 de abril próximo futuro, na sede do Clube dos Cabiras, à rua Álvaro Alvim, 24 — 2.º andar.

* * *

Ainda visando o desenvolvimento cultural e artístico da nossa coletividade, levará o Comité Juvenil Unido Pró-Haganá, a efeito, em data a ser proximamente anunciada, em um dos melhores teatros desta capital, uma formidável audição da Orquestra de Câmarea Macabi. A renda desta audição reverterá totalmente em favor da campoanha do Comité Juvenil.

Para encerrar a campanha financeira de emergência, o Comité Juvenil fará realizar, sob seus auspícios, o que vale dizer, com o apôio de todas as organizações e agremiações juvenis, um grandioso baile a 8 de maio próximo futuro.

Chamamos a atenção dos nossos jovens para a finalidade do Baile, que é um auxílio à Haganá. Nenhum jovem poderá eximir-se de adquirir um convite,, pois ao adquirí-lo seu pensamento deverá estar na Haganá.

A HAGANÁ, lutando pela criação do Estado Judeu, bate-se pela manutenção das resoluções da ONU e, portanto, pela preservação da paz mundial

---

A GARANTIA DO ESTADO JUDEU É A HAGANÁ. GARANTE-A, TU, COM TEU AUXÍLIO

The Ambassador
PARK AVENUE
51ST TO 52ND STREETS
NEW YORK 22, N.Y.

27.3.58

Querida Hilda,

Não sei onde começar, pois tenho feito tanta coisa, e é uma gota que ainda tenho a fazer. Como ✢ já sabe, tive e tenho bastantes assuntos da firma, encrencados que me tomaram os dias e boa parte das noites, pois essa maquina diabolica não para um momento...

As nossas coisas, não vão bem, e isso mais me entristece. É lutar contra um mundo brutal e bestial, desprovido de qualquer sentimento de justiça. Em tudo prevalece os interesses e interesses em formas incalculaveis. A podridão, a corrupção, tornou-se virtude e cinicamente convertido em moral... e aqui um grupinho de gente cheios de ideais e boa vontade, prontos a sacrificar-se. É triste, é desolador ver esse espectaculo! Observo atentamente a nossa gente, em regra geral, inocentes, carregando nos hombros uma carga tremenda e cada vez que se adeantam um passo são jogados 20 para atraz, para começar de novo. O pessoal está completamente desnorteado, procurando orientar-se na nova situação (sempre nova situação). Amanhã começa a debandada, cada um volta para seu logar ou posição. Ruth está completamente liquidada — mas mesmo

25. Março. O Lourenço do cosmopolita o Parral e assim segue para nova posição, que ainda não foi determinada, mas tudo indica que segue para Italy ou USA West coast. É horrivel de ver a depressão dessa gente, mas tenho fé que vencerão, pois não é possivel crer contrario. — Sinto vergonha duma porção de coisas...

Assim tenho pensado em N. York, a cidade mais maravilhosa do mundo! Hoje a noite, para atender DEXTER CARPENTER, irei a opera e certamente jantar nalgum logar de extremo luxo, a minha disposição não é 100% para isso, mas não tem o geito. A saude está relativamente boa e o tempo bastante agradavel. A primavera está querendo vir e as arvores estão mostrando o primeiro verde.

Faço votos para que V tem tempo agradavel e boa saude, passando bem. Não lhe escrevo mais, por estar sobrecarregado e não ter pasciencia de pegar na pena. Vivo agitado e não posso concentrar-me de escrever logicamente uma carta relatorio, como gostaria de fazer.

Bem querida, tenho apenas 20 minutos para mudar a ropa e ir a tal de opera e aqui a pontualidade, é uma especie de religião, não podem perder um minuto, pelo medo de um outro achal-o. Acaba de sahir nesse momento Toff, conversa longa. Favor informar a SR. Roth ADL que o Toff está trabalhando para obter a vista Mexicano. Recomendo-me Levingau, Schultzman, Bain. Beijos para V. Manoel

Campanha de Emergencia Pró-Haganá

Está de regresso a esta cidade, procedente de Recife, a delegação do Comité Central da Campanha de Emergência pró-Haganá, composta do jornalista Arão Bergman e do secretário do Clube Chaim Weizmann, Dr. Bernardo Dain, a qual promoveu a proclamação daquela Campanha em todo o Estado de Pernambuco.

O Dr. Bernardo Dain prestou-nos os seguintes esclarecimentos sôbre o andamento da campanha:

— A nossa campanha em Pernambuco foi bastante retardada, pois, apesar de se dever iniciar a 12 do corrente, por solicitação da Unificada Local, que alegava a não terminação da campanha "Keren Haiessod", só foi possível proclamá-la com a chegada da nossa delegação, no dia 25. A responsabilidade da campanha pertence, sem dúvida, ao Clube Chaim Weizmann, nosso filiado em Pernambuco, presidido pelo dinâmico Dr. Bernardo Radunsky, coadjuvado por elementos de extrema dedicação como os Srs. Salomão Bernstein, Samuel Gevertz e Naum Basbaum. O Comité é composto, além daqueles elementos do Clube, de representantes e ativistas de todas as instituições locais, desde a Unificada até o Centro Chaim Zitlovsky, incorporando também em seu seio elementos da WIZO, como ainda as organizações juvenis. À frente dos ativistas continua ainda o "az" das campanhas em Recife, Sr. Moisés Schwartz, secundado por inúmeros outros elementos da Unificada, como os Srs. Samuel Chor, Paulo Blanc e muitos outros cujos nomes figurarão nos relatórios a serem publicados. Na parte feminina temos a destacar as senhoras Rivca Bernstein, Anita Basbaum, Mme. Burstein e muitas outras. E' justo salientar que todos acolheram a campanha com vivas simpatias.

"Clube Chaim Weizman"

Av. Rio Branco, 114 s. 103 - Rio de Janeiro - Tel. 22-1156

COLETAS PARA A HAGANÁ

No dia 17 de Março, visitou a Bahia o sr. José Adler, Vice-Presidente do Comité Central, e juntamente com o Comité Pro-Haganá do referido local, presidido pelo sr. Zeiv Trif, encerrou a Campanha Pró-Haganá.

O resultado alcançado foi muito satisfatório. Mais do que 90% daquela população judia participou da campanha (de 150 famílias judias, 144 contribuíram).

A WIZO da Bahia organizou um baile cuja renda de Cr$ 22.000,00 foi entregue à Haganá. Destacou-se, pela sua grande atividade, a sra. Myriam Chindler.

Os nossos prezados companheiros e colaboradores sr. Salomão Deutcher, do Rio; sr. Aizik Shansky, Mme. Kutchinsky e Mme. Blay, de S. Paulo, organizaram, durante a sua estadia em Poços do Caldas, uma festa de Purim para os visitantes israelitas.

A renda que reverteu em prol da Haganá — Cr$ 13.985,00 — foi-nos trazida, pessoalmente, pelo nosso prezado companheiro e ativo colaborador, sr. Salomão Deutcher.

Os nossos agradecimentos e "Yisher Koach" a todos os participantes da coleta, e especialmente aos srs. Salomão Deutcher, dr. Hoss, Aisik Shansky e sras. Kutchinsky e Blay de S. Paulo pelo interesse e cooperação.

(a) COMITÉ EXECUTIVO DO RIO DE JANEIRO

Clube Chaim Weizmann

Por motivo da Proclamação do Estado de Israel, o Clube C. Weizmann enviou as seguintes mensagens telegraficas:

AO ALTO COMANDO DA HAGANÁ EM ERETZ ISRAEL
TEL-AVIV

Apesar de estarmos longe de vós, nas terras do Brasil, mas, próximos dos vossos feitos heróicos, nas linhas de frente em Eretz Israel, temos nesta hora histórica a grande honra e prazer de vos enviar as nossas cordiais saudações e votos de grandes vitórias para o futuro, com pleno êxito na nossa luta comum em defesa da honra e interesses vitais de todo o nosso povo, em todos os rincões da terra em que se encontrem.

Estamos prontos para atender as ordens de vosso comando, em beneficio do povo de Israel e de Eretz Israel. Chazak. Chazak. Venich Chazak. Comité Central pró-Haganá no Brasil — Rio de Janeiro.

À AGÊNCIA JUDÁICA EM NOVA YORK

Com grande júbilo e orgulho, congratulamo-nos convosco nesta hora histórica de tanta magnitude, quando é proclamado o primeiro governo provisório judeu, em Eretz Israel. Estamos felizes por termos sido colaboradores nessa grandiosa e sagrada missão, que nos confiastes através de vossa delegada a nobre e querida Chaverá Ruth Kluger em pról da Hagana no Brasil. Continuamos às vossas ordens e a vosso serviço para o futuro nos interesses do govêrno e povo judeu. Com os melhores votos de congratulações e respeito — Comité Central pró-Haganá no Brasil — Rio de Janeiro.

AO GOVERNO PROVISÓRIO DO ESTADO DE ISRAEL
TEL-AVIV — ISRAEL

Caro e presado dirigente e Primeiro Ministro Chaver David Ben-Gurion.

Em nome de todos os ativistas e contribuintes da campanha da Haganá realizada no Brasil, temos a honra e a alegria de felicitar o primeiro governo judeu que acaba de ser criado após quase dois séculos. Desejamos-lhe pleno êxito e enviamo-lhe todas as bençãos na vossa grandiosa missão em favor do povo judeu que somente agora passa a ocupar o seu merecido lugar no conceito das nações, onde sem dúvida contribuirá grandemente com seu esfôrço em pról de dias melhores para a humanidade e paz para todo o universo.

Com os votos de completa redenção e paz. — Comité Central pró-Haganá no Brasil — Rio de Janeiro.

À CHAVERÁ RUTH KLUGER — NOVA YORK

Presada e querida Chaverá. Nesta hora histórica para o povo de Israel e de sua pátria, temos a grande satisfação de nos congratular consigo pelo grande êxito alcançado pelos nossos heróicos soldados da Haganá. Estamos imensamente gratos, querida Chaverá, pela possibilidade e oportunidade honrosas que nos destes para, no sentido de participar com os nossos modestos esforços mas com grande dedicação, nesse grandioso esforço em pról dos combatentes da Haganá na linha de frente em Eretz. Desejando-lhe saúde e prosperidade no seu esfôrço e trabalho em pról do povo e terra de Israel, enviamos os nossos melhores votos de apreço e irrestrita amizade. — Comité Central pró-Haganá no Rio de Janeiro.

AO PROFESSOR CHAIM WEIZMANN — NOVA YORK

Em nome de milhares de associados pertencentes ao Club Chaim Weizmann, ultimamente criado em todo o país, sob cuja égide vem sendo promovida a sagrada e importante campanha em pról dos heróicos combatentes da Haganá no front de Eretz Israel, temos neste momento histórico, a honra especial de, com a verdadeira elevação de espírito congratularmos cordialmente com o nosso supremo dirigente dr. Chaim Weizmann pelos resultados magníficos obtidos que permitiram a realização do grande ideal da ressureição do povo de Israel em Eretz Israel.

Na oportunidade desejamos expressar os nossos votos mais sinceros em vêr o grande estadista e cientista de fama mundial, professor Chaim Weizmann como primeiro presidente eleito da República Democrática Judáica em Eretz Israel, augurando ainda que durante muitos anos prossiga no seu caminho como chefe supremo e dirigente de nosso povo, na sua longa e difícil trajetória de libertação e ressureição. — Comité Central pró-Haganá — Brasil — Rio de Janeiro.

A TODOS OS COMITÉS DA HAGANÁ NO BRASIL

Caros companheiros. Nesta hora histórica em que vive o nosso povo, temos a grande alegria de congratular-nos convosco pelos resultados obtidos pelos heróicos companheiros da linha de frente da Haganá em Eretz Israel. Com os nossos modestos recursos mas com dedicação e ardor em pról de sua justa campanha de defesa, demos aos nossos chaverim da Haganá, em Eretz e em outros países, toda a coragem necessária para a obtenção dos atuais resultados dos mais stisfatórios para todo o povo de Israel. Acabamos de transmitir, em vosso nome, congratulações e os melhores votos de nossa imensa alegria às instâncias superiores do povo judáico ao govêrno provisório em Eretz Israel ao Estado Maior da Haganá e ao nosso dirigente máximo, dr. Chaim Weizmann, que como nosso patrono influiu grandemente para o desenvolvimento da nossa dedicação e esfôrço em pról da Haganá. — Comité Central em pról da Haganá no Rio de Janeiro.

T. Kollek
14-East 60th Street
New York, N.Y.

May 25, 1948.

Mr. M. Krzepicki,
32 Rua da Gloria,
Apt. 805,
Rio de Janeiro.

Dear Menashe,

      I have just returned from Israel and found your letter of May 3rd, a.c. I wish I could talk to you face to face and tell you how things are at home. I can only assure you that they are not going too badly and our people are in the best of spirits. I found people here undly depressed by Arab news reports. We back in Israel are certain of victory in the near future, though we know that a war cannot be won without temporary losses.

      I have discussed the matter referred to in your letter and I am sure that there will be results in the very next days;

      With the best wishes,

Yours sincerely,

Teddy

May 31, 1948.

Dear Menashe,

        Ruth told me about your and your friend's' intention to give a few ambulances and plasma as a gift to the Israel Army.

        I have discussed this question with our Medical Department and they suggest as follows :

        <u>Ambulances</u> : Three ambulance units are needed immediately. There is no doubt that the cause will be better and more expeditiously served if the ambulances are purchased here. Each unit costs between $ 2.500.-- to $ 3000.-- Therefore, if you could place at our disposal whatever sum you intended to invest in this project, the ambulances will leave for destination immediately.

        You may send your cheque to me, made out in the name of "Materials for Palestine" or the Jewish Agency.

        <u>Plasma</u> : At the moment we have sufficient supplies of Plasma. We shall keep your offer on record and shall apply to you as soon as plasma is needed again.

        With best regards,

        Yours sincerely,

Teddy

Mr. Menashe Krzepicki
Rua da Gloria
Apt. 803
Rio-de-Janeiro
Brazil.

26 de Agosto de 1948

Crise entre a "Unificada" e o Clube Chaim Weizmann

A Assembléia Geral de terça-feira, dia 17 do corrente, do Clube Chaim Weizman do Rio de Janeiro, foi realizada em ambiente de balbúrdia chocante, como sóe acontecer entre nós sempre que certo grupo se vê à frente de uma oposição.

"AONDE VAMOS?" considera de seu dever não manter os seus eleitores na ignorância das crises sintomáticas que se patenteiam no seio da coletividade entre várias Instituições, como no caso é entre a "Organização Sionista Unificada do Brasil" e o "Clube Chaim Weizman".

Tanto maior é o seu dever em informar a opinião pública das razões e exteriorizações destas crises quando se trata das entidades que se dirigem à confiança da coletividade com apelos em favor de causas das mais vultuosas.

O "Clube Chaim Weizman" foi fundado aproximadamente há um ano. Foi-lhe confiada uma tarefa honrosa e histórica. Através do seu esfôrço, reuniu-se, pela primeira vez, tôda a comunidade judaica do país em tôrno da causa eritzisraelita.

Não eramos, nem hoje somos, de opinião tenha sido feliz a forma pela qual foi organizado o então "Comitê de Ação". Mas, tendo em vista o ambiente tão profundamente incoerente e ignorante, como o é o nosso, em matéria judaica social, quando, por outro lado, estamos diante de uma entidade por sua vez ilegal, usurpadora, corrupta e desrespeitadora de direitos alheios, trampolim social para nulidades e mediocridades que desejam principalmente galgar a escala social, a de carreiristas profissionais, dispostos a sacrificar as leis, interêsses e fundamentos sionistas desde que com isso possam encontrar-se à frente dos acontecimentos, desvairados pelos apetites, como o é a "Unificada" — aceitámos, na prática, o princípio de "dos males o menor", e o "Clube Chaim Weizman" era o menor mal. Ainda que muitos de seus membros não sejam sionistas no sentido em que concebemos essa denominação, não se pode esquecer que em nada eram inferiores aos outros "sionistas", — os da "Unificada", mas, bem ao contrário, em muito maior apreço deve ser tomada a sua disposição de sacrifício e o que fizeram em prol da causa.

Além de tudo, jamais pode ser considerado compatível com a honra sionista o desfazer-se alguém de um companheiro de luta por pensar êste de modo diferente, mas do qual ontem se solicitou um esfôrço que ninguém mais atreveu-se a realizar, e a quem o Ministro das Relações Exteriores de Israel, em carta tornada do domínio público, deu encargos para cuja consecução foi solicitado o apoio de todos os judeus do país.

Já há tempos ouviram-se rumores de que a "Unificada" e, principalmente, o seu Secretário Geral, Dr. Samuel Malamud, teria andado com ciumeiras, querendo derrubar o "Clube Chaim Weizman". E que, para conseguí-lo, teria havido um constante subverter da verdade, através de correspondência e relatórios unilaterais que teriam apresentado falso aspecto da realidade sionista do Brasil às autoridades sionistas de fora.

Estes rumores se consubstanciaram precisamente há algumas semanas, quando a "Unificada" quis fazer aparentar, — aproveitando a conjuntura da guerra em Israel, — que a campanha de emergência pró Israel é "dela", o que não é verdade, pois que foi preparada por tôdas as Instituições do país, entre as quais os grupos representados pelo "Clube Chaim Weizman", desempenharam papel considerável na sua formação e no seu êxito.

Tais rumores, entretanto, manifestaram-se num ataque direto, durante a Assembléia da semana passada, visando, nada mais, nada menos, que a dissolução do "Clube Chaim Weizman". Uma despedida, como se fôssem demais, — dos elementos que durante um ano trabalharam, esforçaram-se, — uma vez que não estavam dispostos a servir como "cabeças de turco".

Quando o Presidente do "Clube Chaim Weizman" leu o seu relatório, do qual publicamos alguns trechos a seguir, — e especialmente quando êle se referiu, num parágrafo, ao ambiente desconcertante, atrazado, que prevaleceu no sionismo, no país, quando o Club se fundou, — vozes se levantaram de entre os dirigentes da "Unificada", que não queriam que tal verdade constasse de um documento histórico, e, logo mais, conforme um plano adredemente preparado, ouviram-se, em altos brados, através da balbúrdia, as ofensas costumeiras, e clamores pela dissolução da entidade, o que, entretanto, não foi conseguido. Aliás, isto se sabia, mas o que se tentou, como de costume, foi indignar os bons elementos, até que êles mesmos abandonassem a arena. Mas não se deu até agora... Tanto assim que, logo alguns dêles tentaram ingressar no novo diretório, provavelmente para fazerem o trabalho de sapa.

Em vista dos vultuosos interêsses em jôgo das entidades que se encontram em desharmonia, tentamos, antes de publicar algo sôbre o assunto, obter maiores informações, e solicitámos a ambas as partes o seu ponto de vista sôbre o sucedido.

Nêste número publicamos, a seguir, palavras textuais do Sr. Adolfo Basbaum, Presidente do "Clube Chaim Weizman", sôbre a questão em foco:

Trechos do Relatório da Gestão da Diretoria do Clube Chaim Weizmann, apresentado aos consócios na Assembléia Geral de 17 de agosto de 1948, pelo Presidente, Sr. Adolfo Basbaum:

Desde o início, fixamos o sentido rigorosamente apolítico do nosso Clube o que nos v'eu, vermos enriquecidas as nossas fileiras com a quasi totalidade da Diaspora, que acorreu ao nosso chamado e atendeu prontamente ao nosso apelo, em prol da elevada causa que nos foi confiada.

Foi comovedor, ver a expontaneidade e o elevado espírito de abnegação de elementos de todas as camadas que jamais colaboraram em qualquer outras iniciativas da nossa coletividade, afastados que se viam pelas competições e rivalidades políticas de agrupamentos e facções.

O Clube Chaim Weizman, pelos membros do seu Comitê se apresentou e trabalhou em silêncio, nada pedindo para si, mas apenas para a causa mais sagrada de qualquer judeu, a defesa de Israel.

Decorrido apenas cerca de um ano, conseguimos mobilizar em todos os recantos do país a opinião de quasi todos os nossos correligionários despertando-os da letargia e da indiferença em que viviam, adormecidos, desunidos ou repelidos pelo espetáculo contristador dos choques de interesses políticos a criar confusão e desharmonia.

O Clube Chaim Weizman, cristalizando e unindo a opinião e espírito dos judeus de qualquer origem de qualquer conceito político, não somente realizou algo impossível na opinião dos antigos veteranos do Sionismo no Brasil, isto é, a existência de uma agremiação pró-Israel, sem finalidade política ou descriminação regional.

Fez muito mais. Preparou os nossos correligionários para a evolução e o sucesso de outras iniciativas tal como a aceitação e a repercussão no seio de toda coletividade, da atual Campanha de Emergência a que membros da nossa Diretoria dão a mais decidida colaboração e apoio.

The Western Telegraph Company, Limited
THE WEST COAST OF AMERICA TELEGRAPH COMPANY, LIMITED
FILIADAS À

Cable (AND) Wireless Limited

EM LIGAÇÃO COM A. WESTERN UNION PARA A AMERICA DO NORTE

TELEGRAMA DE TARIFA INTEGRAL OU CDE

Destinatário: 9th.September 1948

    N L T   RUTH KLUGER
                    POB 303
                                TELAVIV (ISRAEL)

Chaverim send congratulations your appointment awaiting anxiously your arrival good voyage God bless you STOP Please present BG and other authorities our respectful compliments and unconditional support STOP Solicit inestimable honour of receiving autographed portrait BG STOP Recommend advise Unificada officially your mission CHAZAK

                                              MANASCHE

COLUMBUS 5-1891

Kits For The Army of Israel Inc.

250 WEST 57TH STREET, NEW YORK 19, N. Y.

September 14, 1948

Mr. Simon Fleiss
Roosevelt Hotel, Room 505
Madison Ave. & 45 St.
New York City

Dear Mr. Fleiss:

With reference to our recent conversation with regard to "Kits for the Army of Israel, Inc.," we would be very grateful to you if you could kindly assist us in getting money for the kits in Brazil.

This project, as you know, is most important and essential at this time. Each kit going to a soldier will contain essentially needed material and will also include a letter from the donor. We need not at this point describe the appreciation and joy of the soldier receiving such a gift with its personal touch. The soldier's answer, we know, will form a strong link between the Yishuv and the American people.

We are sure your community will see the necessity of this project and will cooperate with us wholeheartedly.

Due to the short time left until the High Holidays, by which time we hope to have supplied the Army of Israel with all its kits, we would be very grateful if you could start on this project immediately.

As for the difficulties in getting the material from Brazil to us, we would ask you to collect $10 per kit or the equivalent in Brazilian money. May we draw your attention to the fact that each $10 has to be accompanied by a letter to the soldier. To give you an idea of what we mean, we enclose three letters as samples. Also enclosed please find a list of the items each kit will include.

Trusting that you will see the importance of this project and that you will act quickly, and hoping to hear from you soon,

Sincerely yours,

E. Kaufman

P.S. In case of any difficulties, don't hesitate to write to us.

CABO SUBMARINO | N.º 90181

The Western Telegraph Company, Limited
FILIADA À
Cable (AND) Wireless Limited.

CIRCUITO:
EMPREGADO:
HORA DO RECEBIMENTO:

CARIMBO
THE WESTERN TELEGRAPH COMPANY
30 SET. 1948
RIO DE JANEIRO
Rua da Alfandega, 20/22
Rua da Candelaria, 19

N. B. — As emprezas telegráficas não assumem responsabilidade alguma por motivo do serviço de telegrafia (Convenção Telegráfica Internacional)

A primeira linha deste telegrama contém as seguintes informações, na ordem indicada:
Número do telegrama.
Estação de procedencia.
Número de palavras.
Dia e a hora original.
Hora da apresentação.

D-LN80 NEWYORK 40/39 30 WU 744P

LC EN CLAIR MENASHE KRZEPICKI RUEDAGLORIA
32 RIO =

FOR CLUB WEIZMANN THANK YOU ALL
FRIENDS YOUR SUPPORT AND ASSURANCES
SINCERELY BELIEVE ALL MISUNDERSTANDINGS
DIFFICULTIES WILL BE RESOLVED HAPPY
KNOWING WILL SEE YOU SOON GRATEFUL
YOUR ACKNOWLEDGEMENT GREETINGS =
RUTH KLUGER

SÉDE DA COMPANHIA: "ELECTRA HOUSE" VICTORIA

7 de Outubro de 1948
Sessão cinematografica promovida pelo "Clube Chaim Weizmann"

Flagrante tomado na ocasião em que falava o dr. Vieira de Melo, vendo-se à mesa o Sr. Menache Gipitzki, Sra. Ester Schechtman e o Dr. Izaac Nuzman, diretores do Clube "Chaim Weizmann".

Perante numeroso público, que encheu literalmente o salão de projeção da A.B.I., na noite de 7 do corrente, fez realizar o Departamento Feminino do "Club Chaim Weizmann" uma sessão cinematográfica, com a exibição do film israelita "A Esperança".

Essa iniciativa teve o patrocinio do dr. A. Vieira de Melo, diretor da Agência Nacional. Aberta a sessão sob a presidencia da sra. Esther Schechtmann e feita a apresentação do dr. Vieira de Melo, pelo dr. I. Nuzmann que salientou, perante o público, sua obra de escritor, jornalista e homem público.

Em brilhante alocução, disse de sua identificação com a história, os ideais e o martírio do povo judeu, depois que o conhecera através da propaganda antissemita. Sabendo de que material era forjada essa propaganda, e da inconsistência dos fundamentos ditos científicos para alimentar os ódios raciais, fôra buscar a verdadeira razão dessa hostilidade, e a razão que encontrara, a sua formação cristã, filosófica e liberal repudiava a todo custo. Em largos e incisivos traços, reviveu a história do povo hebreu nestes dois milênios dentro do panorama universal, as perseguições e as guerras sem conta que lhe foram movidas, culminando com a inominável tragédia dos últimos anos, e isso num mundo em que já se acreditavam vitoriosos os ideais de jusitça e de liberdade. Com a declaração do Estado de Israel, e o heróico e penoso, mas compensador, trabalho de saheamento e de reconstrução, reafirmam os judeus a sua fé criadora, a sua persistência e c sua esperança de um dia verem predominando aqueles santos preceitos que primeiro acenaram ao homem com a promessa da civilização e do humanismo. O filme que iria ser exibido daí a instantes constituia eloquente amostra da operosidade do povo judeu e da sua fé num mundo melhor. Que a geração atual saiba estar à altura do legado de seu povo.

Calorosos aplausos acolheram as palavras do dr. Vieira de Melo, seguindo-se o desenrolar do filme.

E êste, pela singeleza e grandiosidade, calou fundo no espirito de quantos a êle assistiram. Ali se mostrava a recuperação de pântanos e de desertos, a humildade de cada um daqueles heróis anônimos, que não mediam sacrificios, empenhando a própria vida pela vida de um ideal. Amenizava o presenciar daquele esforço ingente a vista dos frutos suculentos que a terra ofertava aos homens, em gratidão pelo seu trabalho titânico, e a exuberância e a alegria das crianças, futuro e glória do seu povo.

Com maior frequência, pensamos, deveriam ser mandados de Israel para o mundo documentarios dessa natureza.

Caixa Postal 3
RIO DE JANEIRO
14th. October 1948

Teddy Kollek, Esq.
14 East 60th. Street
NEW YORK .

Dear Sir,

I acknowledge receipt of your letter of October 4th., to which I now reply.

In our telephone conversation, I endeavored to explain to you that certain elements of the opposition, mentioned by you, were nothing more than "political stinkers" who had nothing whatever to do with our activities, and were of no account. In reply, I received your shocking (at any rate, it was shock to me). statement that my information was not true.

Ever since I was a child, I have always guided my life and my actions, by the truth and for the truth, so that I could not but be shocked that you should reply as you did.

I look on you as an unquestionable authority, and, once my information does not merit your confidence, the only way left open to me, as President of the Club Chaim Weizmann, is to resign immediately and irrevocably, which I am doing, in the way explained to you in my previous letter.

You know perfectly well that I should never, under any circumstances whatever, complain to a higher authority, or to anybody else, of this incident. The matter is strictly between our two selves, and my reaction would probably have been much more violent had we been at close quarters instead of being separated by such a distance.

Another reason for my resignation is that I recognise how valuable your services are, and how untiring you have been in your efforts, and even sacrifices, on behalf of a cause which, to me, is sacred, and I wish you to be in contact with people who have not any complaints to make. I will do my best in that direction, for, as I wrote you, I have no intention of doing anything that might be prejudicial to the efforts already made or to those still to be made.

If you will allow me, I would recommend you to be rather more careful in future when dealing with our friends, who are proud, without malice and without personal ambitions, but are always willing and ready to make any sacrifice that may be needed.

With my best wishes for your future work, and happiness

I remain,

Yours truly,

IN REPLY REFER TO

FILE NO. 842
FH/gg

THE FOREIGN SERVICE
OF THE
UNITED STATES OF AMERICA

DEPARTMENT OF STATE

AMERICAN EMBASSY

Rio de Janeiro, October 29, 1946

Dear Sir:

It is with great pleasure that I acknowledge, on behalf of the President of the United States, and the American Government, the telegram which you and Messrs. Malamud, Jaffe, and Bassbaum addressed to him on October 9, 1946 applauding a statement on the Palestine question.

You may be sure that the comments of your telegram were very carefully noted and you may be sure that they were received with great consideration.

Very truly yours,

W. J. Convery Egan
Director of Information

Mr. Manasche Krzepicki
   Av. Rui Barbosa 422
      Rio de Janeiro

25 de Novembro de 1948

Caloroso apelo do presidente do Clube Chaim Weizman aos judeus do Brasil

No dia 19 do corrente reuniu o sr. Menache Krzepicki, presidente do Club Chaim Weizman, em torno de uma mesa de "verrmouth", os representantes dos jornais israelitas destá capital, para fal r-lhes das últimas iniciativas e realizações do Club, bem como fazer, por intermedio da Imprensa, um caroroso apêlo aos judeus do Brasil. O soldado judeu — disse o sr. Menache — na sua prolongada luta pela independência do Estado de Israel, precisa sentir que não está só na frente da guerra e de que tem, atrás de si, uma retaguarda que o estimula e que pode substitui-lo a cada momento. Os soldados de Israel, todos jovens voluntários, lutam não só, pela independência do Estado israelense, mas, em primeira linha, pela salvação de todos os judeus "mechuth ba-aretz" e por essa razão têm direito, pelo menos, ao apoio moral da Diáspora.

E' mister — disse ainda o sr. Krzepicki, que o lutador no longinquo "Negev" ou nas montanhas do "Galil" não se sinta isolado e não perca o ânimo motivado pelas interminaveis tréguas, pois que não é de se esquecer que os membros do "Zevá Ha-Hagana Le-Yisrael" não são militares de carreira, mas todos civis, operários, agricultores, comerciantes ou liberaisprofissionais, que abandonaram suas atividades habituais, as quais desejam voltar sem tardança para tomar em armas, em defesa da honra e da integridade de Israel.

O presidente do Clube Chaim Weizmann, Sr. Menache Krzepicki falando aos Iornalistas

Tendo em vista tudo isso, resolveu Club Chaim Weizman tomar a 'louvável iniciativa, seguindo, aliás, o exemplo dos Clubs congêneres, de estabelecer um contacto mais íntimo e direto entre os judeus do Brasil e o soldado de Israel. Consistirá êsse contacto no envio de um pequeno presente acompanhado de uma carta pessoal de estímulo e de agradecimento, o que provocará a resposta do destinatário e assim se estabelecerá um intercâmbio intensivo e salutar entre o soldado da frente e seu irmão na retaguarda.

Solicita-se, pois, — disse textualmente o dr. Isaac Nusman, um dos diretores do Club Chaim Weizman e que participava da reunião, à boa e sempre liberal sociedade israelita, mais essa cooperação, a fim de que nossos irmãos em sangue, saibam, no campo ou no front, na cidade ou na aldeia, onde estiverem empunhando uma arma de defesa pelo solo sagrado que, no Brasil, os temos sempre na mais viva lembrança, que nossos corações pulsam com a mesma ansiedade e alegria, cada vez que mais sólida fica a posição de Israel, que o seu conceito no concerto do mundo civilizado é de um povo laborioso, produtivo e que, se usaram das armas, foi apenas para que fosse respeitada a edcisão soberana das Nações Unidas.

Discorreu depois o presidente, longamente, sobre as últimas realizações do Club, entre as quais destaca-se uma conferência do dr. Vieira de Melo, diretor da Agência Nacional; a exibição de filmes de Israel e um curso bem frequentado de hebraico.

Comemoração do primeiro ano da partilha da Palestina, com participação de Manasche como representante da Haganá. Rio de Janeiro, 1948.

AM/E/ 950

New York
Dec. 5, 1948

Mr. Menasche Krzepicki
Rua da Gloria 32
Apt. 803
Rio de Janeiro, Brasil

My dear Menasche,

Thank you for your several letters and your remittances which we have already acknowledged by cables and letters.

This is only a hasty note in order to send you a copy of a letter I sent Mr. Melamud. It is mainly the last paragraph of my letter, concerning the Weizmann Clubs, which I want you to make a note of.

Mr. Dobkin you will have met by now. I believe Ruth and I have convinced him that he should not take any formal attitude and that he should welcome and support the existence of the Weizmann Clubs.

With regard to the ambulances - you will be receiving very shortly the photos of the ambulances inscribed according to your request.

Our friends in the 'Kits for Israel' Department are writing you directly and will supply you with all the information or assistance you may require. Ruth is in constant touch with them and is presenting your side of the picture.

I am very glad to learn that you are in direct contact with the Israeli Consulate here and that all the necessary arrangements for the departure of your cousin are being attended to. Please inform me by cable, if necessary, by what route she intends leaving so that we can inform our friends to assist her.

Ruth has shown me your letter concerning the decision to deduct 5% of the campaign funds for 'hinuch'. I am attaching herewith copy of a cable I sent Mr. Dobkin as well as copy of a letter I wrote Mr. Schneider concerning this matter. I would be grateful if you could keep me informed of the further developments.

I am sure you will be happy to learn that we have opened at last a 'Latin-American desk' in our department which will cater to all your needs. Enclosed is copy of a letter which we have sent to several of the 'friends' which Ruth and others recommended to us. Should you want us to mail our "Israeli Greetings" to any 'special' people who could put them into good use, please do not hesitate to call upon us. Meanwhile, there is no need for us to tell you that you will be receiving all these parcels and any other material which you may require.

With sincerest wishes.

Yours,
Teddy

Kits for the Army of Israel
—INCORPORATED—

Samuel Smith
Chairman

Adolf Robison
Treasurer

Board in Formation

December 6, 1948

Mr. Menasche Krzepicki
Rua de Gloria 32
Apt 803
Rio de Janeiro, Brasil

Dear Mr. Krzepicki:

Mr. Kolleck has advised us of your efforts on behalf of "Kits for the Army of Israel" and it is with extreme gratitude that we welcome you to work on this project.

I am enclosing several copies of pamphlets which we have prepared and please advise me in what quantities you want this literature.

I understand that your goal is to sell at least 2000 kits between Rio de Janeiro and Sao Paulo. I think this is a magnificent goal.

Immediately, as we receive the returns from your area, we shall send to Israel, kits in the name of your people. Most important, please have all contributors write a personal letter for enclosure in the kits.

Our goal in the United States is more than 75,000 which we hope to send over very quickly and you may be gratified to know that the idea of "Kits for the Army of Israel" is catching on very rapidly and we hope to complete this particular project within the next few months.

If there is anything else you need or any way we can be of assistance to you; please do not hesitate to call on us.

Please be assured of my own sincere thanks for your efforts on behalf of the Israeli soldiers.

Sincerely,

Irving Rockmore

IR:dl

250 WEST 57TH STREET
NEW YORK 19, N. Y.
COlumbus 5-1893

Sponsored by
MATERIAL FOR PALESTINE
Incorporated

RADIOGRAMA
VIA RADIONAL
Radio Internacional do Brasil
MATRIZ: AV. ALMIRANTE BARROSO 91 — TELEF. 22-5191
RIO DE JANEIRO

CATEGORIA DE SERVIÇO
Marque com X a que desejar:
Urgente
Ordinária
CDE
Pressão LC
NLT

N.º:
N.º de Palavras:
Taxa:
Quota de Porc.
Preço Cr$
Taxador

Queira transmitir o seguinte Radiograma de acordo com as condições impressas no verso às quais me sujeito:

DATA: 9th. December 1948

L C   TEDDY KOLLEK   14 Esat 60th. Street   NEWYORK

Confirm second shipment direct to you 50 tons account bitachon

Manasche

Debitar conta Sr. Manasche

ENDEREÇO: ....   ASSINATURA DO EXPEDIDOR

SUCURSAIS NO RIO: COPACABANA PALACE HOTEL — TOURING CLUB (Pão-de-Açúcar) — AVIPAM (Agência de Turismo)
FILIAIS: SÃO PAULO — SANTOS — P. ALEGRE — CURITIBA — VITÓRIA — SALVADOR — RECIFE — NATAL — FORTALEZA — BELÉM — MANAUS

Vem coordenar as atividades sionistas

Passa pelo Rio, rumo à Argentina e ao Chile, o dr. Eliahu Dobkin, do Conselho de Estado de Israel - Retornará a esta capital ainda este mês

Flagrante tomado no aeroporto, quando da chegada do Sr. Eliahu Dobkin

Sexta-feira finda, passou por essa Capital, com destino à Argentina e Chile o diplomata israelense, dr. Eliahu Dobkin. S. Excia., que é membro do Conselho de Estado de Israel e diretor dos Departamentos de Organização, "Aliya" e "Halutz" do Executivo da Organização Sionista Mundial, vem à América Latina em missão especial da Agência Judaica e do Executivo da Organização Sionista, nos interêsses do **"Mercaz Ha-Magbith Ha-Clalith"** ou seja da Direção Central da Campanha Geral em pról de Israel.

No aeroporto do Galeão, onde se demorou somente o tempo necessário para o reabastecimento do avião, foi Eliahu Dobkin cumprimentado pelos srs. dr. Samuel Malamud (Oficial de Ligação), Jacob Schneider, José Adler, Waldemar Chindler e Abraão Cogan, em nome da "Unificada", e diretório do "Keren Ha-Yesod"; Leizer Levinson, presidente do Keren Kayemeth Le-Yisrael; Menache Kzrepicki e Adolfo Schechtman, pelo Club Chaim Weizmann, e pelo dr. Israel Scolnicov, redator de AONDE VAMOS?.

Furtando-se, inicialmente, a prestar quaisquer declarações à imprensa, foi possível, todavia, através das respostas lacônicas do sr. Dobkin, obter algumas informações valiosas, que essa revista apressa-se a levar ao conhecimento de seus leitores.

O emissário do Executivo Sionista, segundo informou, vem exclusivamente coordenar e ultimar a Campanha Geral ou Campanha de Emergência, como é chamada entre nós, visitará a Argentina e o Chile até o dia 19 do corrente, quando voltará ao Brasil onde espera permanecer até o dia 26 de dezembro.

New York City

December 13, 1948

Mr. Menashe Krzepicki
Rua da Gloria 32
Apt. 803
Rio de Janeiro, Brazil

My dear Menashe:

Under separate we have sent you four photographs of an ambulance with the following inscription:

"Gift from the Jewish Women of Peranbuco, Brazil through The Feminine Department of the Club Chaim Weizmann"

With best greetings,

Sincerely yours,

Teddy

CONFIRMATION INCOMING CABLE

1948 DEC. 24 PM 1:47

MK105 IVG742 VIA MACKAY RADIO

TELAVIV 41 24 1550 ISRAELGOVT

SUPISRA NEWYORK

(PROVISIONAL GOV OF ISRAEL SUPPLY MISSION 250 W 57 ST)

SP522 FOR KITS FOR ISRAEL FIRST 200 KITS DISTRIBUTED
YESTERDAY BY BEN GURION AMONG WOUNDED SOLDIERS DAJANI HOSPITAL STOP
BALANCE 1400 BEING DISTRIBUTED OTHER HOSPITALS STOP SOLDIERS
RECEIVED KITS GREATEST PLEASURE APPRECIATION STOP DEEPLY GRATEFUL
YOUR MAGNIFICENT WORK

ESHKOL

Rio de Janeiro, 28th. December 1948

Mr. Teddy Kollek
14 East 60th. Street
NEW YORK .

My dear Teddy,

I have for acknowledgment your letter of 5th.inst., to which I did not reply right away because I knew you were not in New York. I hope you will be back by the time this letter reaches that City, and that you will have made a good voyage and obtained satisfactory results in your undertakings.

1. Thanks for the copies, which you sent me, of letters addressed to Dr. S.M. and to the Unificada. These are both of great interest to us, but please allow me to give you a little information for your guidance.

(a) The not over-clean manner in which this gentleman supplies you with information is interesting. There was a big discussion in the Cnetral Committee of the Magabith, with the presence of the representatives of the K.K. and K.H., in which we combated tenaciously the deduction of 5% for Hinuch. We were suddenly asked in whose name we were acting, and our reply was quite definite, to the effect that, in the same way as the representatives of K.K. and K.H. are defending the interests they represent, we unquestionably represent the Bitachon at that table. This was sufficient to cause Dr. S.M. to lose no time in producting a whole "corpus delicti" of accusations.

(b) Mr.Schneider was obliged to read your letter of protest against the deduction of 5%, and immediately the storm was let loose. We were even accused of being "denouncers" , but the consummation was avoided for the time being , although the interested parties would not agree to desist from this deduction. In any case, they will not succeed in imposing their will as easily as they at first imagined.

2. Mr. Dobkin, we believe, had pleant of opportunity to see for himself what is going on here. We had various meetings with him, and we have the impression that, even if our organization is not exactly what he might wish, at least he had a chance to see that it is composed of loyal and straightforward people. From the way he treated us, we are confident that he was favourably impressed.

We should like to believe that he does not feel satisfied with the "show" put up by the Unificada, and he certainly had every reason to feel that way. He fought side by side with us with the object of eliminating the deduction of any percentage, and the instructions he left are very definite on that point, that not one cent should be withdrawn from the Magobith until he should have an opportunity of presenting the case to the authorities for consideration. Last night there was an attempt in the Unificada to decide the matter again, but the decision was postponed. However, in the meeting on Wednesday of next week, they expect to arrive at a decision, even if contrary to the instructions given by Mr. Dobkin.

It is curious to observe the doubtful rôle of Dr. S.M. in this connection, as he tends always to the side of the leaders of the Unificada, and makes no protest against such procedure.

AMBULANCES : I duly received the photos of the Ambulance donated by the "Women of Pernambuco", but not those of the others, presented by the "Jewish Doctors of Rio de Janeiro" and "Sephardic Women of Rio de Janeiro". Please send these at your earliest possible convenience, because the Feminine Department of the Club is constantly asking for the photos, to give to the respective donors.

We still have to remit you the value of one ambulance, and this will be done during the next few days. Please send the photos just as soon as possible.

4.. We were pleased to receive your communication that you are opening a Latin-American department, and we are preparing a list of the names of the people to whom material will have to be sent, with a note of the language in which same must be drawn up.

We have approximately a thousand members here in Rio, and about as many more in São Paulo, the greater part of whom are not familiar with the English language. It would perhaps be worth while to prepare propaganda material in Yiddish, sending it direct from there to our members. Naturally we shall be very pleased to pay the expenses that may be incurred in preparing such material, and we should like you to send us an estimate of the cost. We believe the material can be limited to a bulletin, or something similar.

YOUR VISIT ; We must continue to insist on your making an effort to come to this country, and we are sure that a visit from you would be of great immediate value, and still more in the future.

It is quite possible that I may be in New York for a day or two during the first half of February next, and I shall of course call on you when I get there.

Yours very truly,

P.S. I enclose a check for $100.00 , a donation from an American friend of mine, Mr. Louis Blumberg, of J.Aron & Co.91 Wall St. Please acknowledge receipt direct to Mr. Blumberg.

New York City

December 30, 1948

AM/E/1189

Mr. Menashe Krzepicki
Rua da Gloria 32
Rio de Janiero, Brazil

Dear Mr. Krzepicki:

We have today sent you via air-mail eight photographs of ambulances with the following inscriptions:

    1. Four photographs:

        Gift of Jewish Doctors of
            Rio de Janeiro
                through
            Feminine Department
        Club Chaim Weizmann

    2. Four photographs:

        Gift of Sepharim Women of
            Rio de Janeiro
                thorugh
            Feminine Department
        Club Chaim Weizmann.

                            Sincerely,

Kits for the Army of Israel
— INCORPORATED —

Samuel Smith
Chairman

Adolf Robison
Treasurer

Avis Shulman
Secretary

Board in Formation

January 14, 1949

Mr. Menasche Krzepicki
Rua da Gloria 32
Rio de Janeiro, Brazil

Dear Mr. Krzepicki:

Several weeks have passed since our last correspondence and I am anxious to hear from you directly. The first and last I heard from you was through a letter to Mr. Teddy Kolleck on November 15th in which you stated that between Rio de Janeiro and Sao Paulo you expected to raise money for 2,000 kits.

We were very happy to send you the publicity you asked for and since then we have had no word from you. I am sure that by now you have done a great job on this project.

I know that you will be glad to learn that the first shipment of kits reached Israel. The enclosed cablegram from the office of the Prime Minister of Israel describes the excitement and enthusiasm of the wounded soldiers in a hospital in Israel when they received their gifts.

These men are just a few of the many soldiers to be supplied with these essential kits. We have intensified our drive so that we can comply with the request of Ben-Gurion to supply 75,000 soldiers with kits by March 1st.

I know that we can depend on you. I am enclosing a few leaflets and you can have as many as you request. We are having prints made of the pictures just received showing the soldiers receiving their kits. Upon completion of same, we will forward copies to you for publicity purposes.

May we hear from you as quickly as possible?

My heartiest wishes.

Sincerely,

Rema Weitz

Rema Weitz

250 WEST 57TH STREET
NEW YORK 19, N. Y.
COlumbus 5-1893   RW:dl

Sponsored by
MATERIAL FOR ISRAEL,
Incorporated

COMITÊ CENTRAL do KEREN HAYESSOD

Av. Rio Branco, 114-11.º :: Tel. 32-7017 :: Rio de Janeiro :: End. Telegr. KERYESSOD

CAMPANHA PELA DEFESA E CONSTRUÇÃO DE ISRAEL

CAMPANHA DE 194_ N.º 6208

50

30/3/49

Cr$ 30.000,00

RECBEMOS do Snr. Menasche Kzepicki

Residente à Gloria 32 Av. Nilo Peçanha 12 sala 903)

A QUANTIA de Trinta mil cruzeiros

p/c da sua contribuição de Cr$ ____

Rio de Janeiro 3 de Março 1949

Waldomir

SELADO COM CR$ 6,80

Pago por conta -DEZ MIL CRUZEIROS- em 8 de Abril de 1949.

Pago por conta -DEZ MIL CRUZEIROS- em 12 de Maio de 1949.

CLUB CHAIM WEITSMAN

צבא הגנה לישראל

Snr. ....

contribuiu com um pacote para os combatentes do front de ISRAEL

Cr$ 250.00   F   Nº 0156

CONTEÚDO DE 1 PACOTE (EX. FEM. CHEN)

2 shorts
2 camisas
2 pares de meias
2 lenços
2 toalhas de rosto
1 chale
Sabonete c/saboneteira
1 cx. costura
1 pente
1 lanterna c/bateria
1 pacote açucar - tabletes
1 tubo de aspirina
1 estojo completo p/correspondencia c/caneta
1 escova dentes c/estojo
1 baton
1 cx. de pó de arroz

AM/E/1934

New York City
April 1, 1949

Mr. Menasche Krzepicki
Rua da Gloria 32
Apt. 803
Rio de Janeiro, Brasil

My dear Menasche,

I was really glad to read your recent letter of the 24th March. It makes such good reading.

With regard to the project for Slavin, I have just received a letter from Amelia Fliman in Santiago, Chile, copy of which I am attaching herewith. I shall be very glad if you will write to her and explain to her what the program is so that she may assist as well on this project. I am writing her too but, after your own visit to Israel, you are in a far better position to present it in its actual framework.

I understand you have already given similar explanations, as those I am now asking for, to Argentine through our friend Mr. Shinderey and I am certain that he on his part will communicate with his relatives, the Drapkins, so that Chile will be fully informed.

What about Uruguay? Is there any chance of obtaining anything from there? I would be very glad if you would write us here and tell us what results you expect from this campaign. Our friend Slavin will be here in the next few days and it will be very encouraging for him if he finds some kind of promise from South America on which he could rely. In fact if we would know when this promise would materialize, we could probably borrow money here in order to enable him to go to work immediately and then pay out of your remittances.

There is one point in your letter which I do not understand, that is when you say that you are awaiting an official letter or communication from Israeli in accordance with what was resolved. Does that refer to the campaign for Slavin? Would you please let me know so that the office here can take care that all the necessary documents should reach you as soon as possible.

My visit to you is out of question now. I cannot tell you how much I regret this but then, I still hope that some time in the future I shall still make that visit and try to make up for the present. I shall write separately to the Chaim Weizmann Clubs in Rio and Sao Paolo and wish them all success, at least by letter if not in person!

I am leaving on the 5th April by the S/S "America" and shall transmit all your regards to everybody as you requested. Meanwhile I will say 'lehitraot' until we meet again.
Sincerely,

Yours 136

C
O
P
Y
AM/E/1964

New York City
April 3, 1949

Mrs. Amelia de Fliman
Federacion Sionista de Chile
Casilla 5007
Santiago, Chile

My dear Amelia,

Thank you very much for your letter of March 18th. It was certainly a pleasure to read the contents, and especially to hear of your willingness to adopt a project for Haganah at your annual convention.

We have a plan to conduct a separate campaign for Haganah some time after the main campaign in the four big countries of Latin America is over. We have discussed this to some extent with Menasche Krzepicki who, after his visit to Israel, is more enthusiastic than ever about it. May I add that in no country is it more justified to seek for assistance with this project than in Chile; the reason is also that we are not very ambitious, have thought this out only in terms of a small campaign and, in fact, have set ourselves a target of about one quarter million dollars for the four countries. All this we are seeing in terms of no great deal of publicity.

The funds acquired in such a campaign will be used for a "special" project, which I asked Menasche to investigate on his recent trip in Israel. He will be writing you directly and give you more of the details which I cannot entrust to the mail and which he will also be able to transmit to you through Mr. Shinderey and Mr. Drapkin. Anyway, let me hope that you will be, at least, as enthusiastic as Menasche is himself with the whole idea.

I shall be leaving for home on the 5th April and will convey to Ruth your regards and your news. Mr. Arieh Menzel is taking over in the office and Rahel, who is in charge of the South American desk, will be glad to assist in any matter which you may refer to her. So please do not hesitate to call on her with amy problems you may have. If anyone from Chile should visit New York, please refer them to the office - I am sure they will be taken care of.

In closing, may I add that we are all hoping to get some good response for Kits for Israel when Rema visits your country.

My kindest regards to all our friends and a hope to see you in Israel, on a visit at least.

Sincerely yours,

Teddy Kollek

ישראל
הממשלה הזמנית
PROVISIONAL GOVERNMENT OF ISRAEL

OFFICE OF THE REPRESENTATIVE
OF THE
MINISTRY OF DEFENSE

NEW YORK, N. Y.

New York City
April 4, 1949

Club Chaim Weizmann
Rio de Janeiro,
Brasil

Dear Friends,

        On the eve of my departure for Israel, I am taking the opportunity to write you a few lines in appreciation of your devotion and loyalty to Z'va Haganah l'Israel.

        I cannot say how sorry I am not to have been able to make your acquaintance and visit you all in Rio de Janeiro, but circumstances which did not allow time for this visit were beyond my control. I can only say that I hope you will carry on working and building for Israel in the same manner as you have done in the past. Our joys and victories will be yours, and the people of Israel will always know that the Yishuv of Brasil stands with them in their hour of need and happiness.

        I hope you will continue cooperating and working with our office in New York. Mr. Arieh Menzel who is now taking over charge of the office together with Miss Rahel Mizrachi of the Latin American Department will be happy to hear from you and assist you with any problems that my arise. Please do not hesitate to call upon them for anything you may require.

        My very best wishes to you all, lots of good luck and 'Lehitraot' in Israel.

        My sincerest Israeli greetings,

        Yours,

        T. Kollek

Representative
Ministry of Defense

מדינת ישראל
משרד הבטחון

הקריה, כג׳ אייר תש"ט
22. 5. 1949
1966 /י/ב

הערן מנשה קשפפיצקי,
קלוב אויפן נאמען פון חיים וויצמאן.

ב ר א ז י ל

געערטער הער קשפפיצקי,

מיר באדויערן, וואס פארן לעצטן חודש איז אונז נישט געלונגען
אייך צו שרייבן א גרונטיקן בריוו וועגן אונזערע פראבלעמען אין ישראל
און וועגן די פראבלעמען, וואס זענען פארבונדן מיטן שטענדיקן קאנטאקט
צווישן אייך און אונז.

פארן לעצטן חודש, זינט מיר האבן זיך געזען מיט אייך בשעת
אייער באזוך אין ישראל, איז נאך שארפער געווארן דאס פראבלעם פון
רעהאביליטאציע פון די דעמאביליזירטע זעלנער און צווישן זיי די מלחמה-
אינוואלידן, א חוץ די פראגן פון פארזארגונג פאר דער ארמיי – און דאס
אלץ אויפן פאן פון די גרויסע פראבלעמען פון אויפנעמען און אבסארבירן
די עליה.

מיר צוזויפלען נישט, אז הי-יאר – אפשר נאך מער ווי פאראיארן,
איז נויטיק צו פארשטארקן די פינאנציעלע אנשטרענגונגען אין חוץ-לארץ,
כדי מיר אלע צוזאמען – איר און מיר – זאלן קענען אין דעם יאר פארפעס-
טיקן אין א ריכטיקער און ערנסטער פארם די דערגרייכונגען פון דער בא-
פרייונגס-מלחמה.

מיר ווילן, איר זאלט וויסן, אז דער משרד הבטחון לייגט גרויסע
האפענונגען אויף דער פינאנסיעלער אקציע, וואס זאל דורכגעפירט ווערן מיט
דער הילף פון אונזערע סריוו און איבערגעגעבענע פריינט, וועלכע זענען
קאנצענטרירט אינעם קלוב אויפן נאמען פון חיים וויצמאן אין בראזיליע.
אן ערנסטער טייל פון אונזערע פלענער איז באזירט אויף דער הצלחה פון
אייער הי-יאריקער אקציע.

אין די שווערע יארן פון אונזער גערא נגל און פון אונזער שטרע-
בונג אויפצושטעלן די מדינת ישראל איז דער קלוב אויפן נאמען פון חיים
וויצמאן אין בראזיליע געוורן דער ריכטיקער אדרעס און פאסיקע פארטרע-
טערשאפט אין זיכערנים-ענינים בנוגע אלע פראבלעמען פון אונסערהאנדלון-
גען, קאנטאקט מיט אנדערע ציוניסטישע מוסדות א.א.וו. מיר צוויפלען נישט,
אז אויך הי-יאר וועט איר פארשטיין צו פארטרעטן מיט דער זעלבוקער סרי-
שאפט און אין דער געהעריקער פארם די אינטערעסן פון זיכערהייט און פון
צבא ההגנה לישראל, ווי איר האט עס געטאן אין די פארלאפענע יארן.

מיר בעטן אייך איבערגעבן א הארציקן גרוס אלע אונזערע חברים און
מיר ווינטש̤ ן זיי אלעמען א פרוכטבארע און מזל׳דיקע ארבעט.

מנהל משרד הבטחון,   ע. פרי,
                                              מזכיר כללי, משרד הבטחון.
י. יזרעאלי,

Carta de Josef Israeli e A. Peri respectivamente secretário e diretor do Departamento de Defesa de Israel a Manasche solicitando incrementar a campanha financeira de 1949.

ישראל

GOVERNMENT OF ISRAEL

OFFICE OF THE REPRESENTATIVE
OF THE
MINISTRY OF DEFENSE

NEW YORK. N. Y.

June 17, 1949.

Chaim Weizman Club
Avenida Rio Branco 114
Rio de Janeiro, Brazil.

Att: Mr. Menasche Krzepicki

Dear Mr. Krzepicki:

Colonel David Sealtiel, Inspector General of the Israeli Army and a veteran leader of the underground, has arrived in this country on a short visit before embarking on a good-will tour to South-America.

While visiting the different countries of the South American continent, Col Sealtiel will meet with the Military Missions in each country and exchange ideas and views of various military establishments in the respective countries in which he is visiting in relation to the military establishment in Israel.

At the same time, the Inspector General has consented to be instrumental in assisting with the Campaign drive of 1949 as a representative of 'Bitachon'. In fact, he hopes earnestly to be of value in achieving success and will appreciate your guidance and close cooperation of which we have already assured him.

There is no need for me to Stress how happy we are that Col. Sealtiel will participate in this year's gigantic task of the campaign. His life-long devotion and service in Haganah have earned him an enviable reputation in the Country. We could have found no one more rightfully suited to represent the peioneering and courageous spirit of the Israeli soldier.

Col. Sealtiel will arrive in Rio de Janeiro around the 24th June, where, after a ten-day visit, we will proceed to Montevideo, Buenos Aires and Santiago, spending one week in each place.

A biographical sketch and picture is enclosed for your information and any action you may deem necessary.

I cannot express well enough our own appreciation for your unending devotion to our work and can only sum it up by saying that you have deservedly earned the complete confidence of our offices in the outcome of your efforts.

Good luck and a most successful campaign.

With Israeli greetings,

Arieh Manor
Bitachon Representative

Rahel Mizrachi
Latin American Department

Campanha de Emergencia pela Defesa e Construção de Medinat Israel 1948

COMUNICADO DA COMISSÃO DE FINANÇAS

Segunda-feira, dia 11 do corrente, realizou-se na séde da "Unificada" uma sessão da Comissão-Adjunta da Organização Sionista Unificada do Brasil, com a participação dos representantes dos comitês locais, afim de tratar dos problemas gerais da Campanha. Na citada reunião foi entre outras coisas, sob proposta de HAVER Josef Margulit, presidente do Comitê Local de Praça Onze, unanimemente resolvido, cooptar para a Comissão de Revisão todos os presidentes das Comissões de Bairro afim de rever a contabilidade.

Baseada nesta resolução a Comissão de Finanças autorizou o HAVER Aron Matz a convocar todos os membros da Comissão de Revisão para uma reunião no dia 16 de 7 de 1949, com a finalidade de por em prática a supra-citada resolução.

Depois de revisar os livros, foi unanimemente tomada a seguinte resolução:

CONFIRMAÇÃO DA COMISSÃO DE REVISÃO

Na base da resolução tomada unanimemente na sessão de segunda-feira, dia 11 do corrente, dos PRESIDIUNS dos comitês de bairro: para cooptarem os presidentes dos comitês de bairro para a Comissão de Revisão, foi, sábado à tarde, dia 16 do corrente, realizado o trabalho fiscal, tanto das entradas como das saídas, e toda a atividade da Campanha até a data de 30 de junho de 1949.

Nós, abaixo-assinados, confirmamos a honestidade das realizações no decorrer de todo trabalho.

Seguem-se as assinaturas:

Aron Matz, Jacob Gleizer, Adolfo Litman, Salomão Deutcher, Josef Mauervind, Josef Margulis, Samuel Fridman, Manoel Coslovski, I. M. Karakuschanski, Isaac Gofman, Abram Zukerman, Aron Altman, dr. Salomão Steinberg.

COMISSÃO DE FINANÇAS

Jacob Schneider, Zev Schindler, Adolfo Schechtman, Israel Steinberg, Menasche Krzepicki, Natan Waisman, Israel I. Saubel e José Adler.

Rio de Janeiro, 18 de Julho de 1949.

מדינת ישראל

משרד הבטחון

B/S/754 הקריה 5 September 1949

Mr. Menasche Krepitcky
Gloria, 32
Rio de Janeiro, Brazil

Dear Menasche,

   I have returned to Tel Aviv a few days ago and am taking the first opportunity to write you a few lines.

   To make a confession, I believe that being far away from Israel I under-estimated, to a certain extent, the urgency and importance of getting the results of our work as quickly as possible. The hunger for cash is urgent, and the quicker our people will get the necessary sums of money, the sooner we shall be able to overcome the difficulties which we are facing today.

   I have spoken in New York with some people about the project of the baloon houses, and I transferred the letter which you gave me to Joe Boxenbaum. He will get in touch with you, and before leaving for Israel he will obtain one or two samples of baloons (which are, by the way, made by Goodyear of whom he is the sole representative in Israel), and I have the impression that something will materialize out of this project. Unfortunately, my stay in New York was a short one, and I do not yet know the results of the negotiations with Mr. Neff.

   Please apologize for me to your wife. I wanted to call her, but as you know, my last few days in Rio were so overcrowded that I just could not find the opportunity of getting the 'phone and calling her personally.

   Shalom ve'Bracha,

      Joseph Israeli

E. G. FONTES & CO.
RIO DE JANEIRO

c/o E.G.Fontes & Co.
Caixa Postal 3
RIO DE JANEIRO
15th. September 1944

Mr. Joseph Israeli
General Secretary of Misrat-Bitachon
TEL AVIV.

Dear Joseph,

I hope that by the time you receive this you will have forgotten the delights of South America, and will have settled down agai in good health and spirits, to your customary routine and hard work.

The principal object of this letter is to bring to your notice a matter which, in my opinion, may be of considerable advantage, if the idea can be realized.

A firm of manufacturers of explosives, here in Rio, is in a position to export dynamite, and asks me to obtain the specificatio of the types you are using, in order to see if you employ any of the qualities that they manufacture, or whether they could manufacture the quantity that you may require of the types suitable for your purposes.

As to payment, this could possibly be arranged from the funds existing here, and of course, if this could be done, it would mean a very considerable economy.

I would ask you, if there is no inconvenience in this, to send me the necessary specifications and an idea of the quantity which you would be interested in acquiring. For my guidance, I should be glad if you could inform me what price you are now paying for this article, C.I.F.Israel, or F.O.B. shipping port, with the present rate of freight. Another important detail is of course the packing, and the precautions for safety during the voyage.

WOOD : I do not wish to bore you on this subject, but I recently wrote to Mrs. Lilly Roth about it, and undoubtedly she will get into touch with you. I am informed that the firm of "Brasil/Hollanda", of this City, is making a shipment of Jequitibá from Victoria (Espirito Sant to Israel, and the information I have received indicates that the qualit of the wood being shipped leaves much to be desired. You will doubtless remember that, when we were exchanging views on this subject, I made the suggestion that a competent person should be appointed, as a permanency in Brazil, to supervise all such business. He would without any doubt help greatly to develop the commercial interchange between Brazil and Is and would, I am sure, be able to economize a great deal of money which is now being spent uselessly.

BALLOON HOUSES : Permit me to ask you whether you did anything in the U.S.A. with the concessionaires of this project.
I feel more and more convinced that this type of building would be, to a great extent, a solution for the present acute housing shortage. I know of course that you are kept tremendously busy, and that your time does not permit of your handling problems outside your immediate provinc but perhaps it would be possible for you to interest Mrs. Lilly Roth, an she, in her turn, interest the sister firms in New York in developing the enterprise of building Balloon Houses in the U.S.A.

I believe it would be possible to raise capital here in Brazil for such an enterprise, and I, for one, should be glad to take part in such a proposition. I should be very glad if you would write me on this subject

MAGBIT : I regret that, unfortunately, I am not able to give you any very good news as to the progress of Magbit, although we are working twice as much as last year. The principal reason, as you already know, is that our antagonists not only withdrew, but also use and abuse all possible means (even the most reprehensible) to injure our work. Unfortunately, part of the old Zionists, in important posts, furnish motives and arguments to our adversaries. In spite of all this I am not pessimistic, and continue to hope for "a happy ending"

In any case, Magbit will take much longer than we had calculated to develop.

Please accept my heartiest regards, and remember me to Colonel Sealtiel and my other friends

Yours sincerely,

CLUB CHAIM WEIZMAN

ASSEMBLÉIA GERAL EXTRAORDINÁRIA

(Última convocação)

O Presidente da assembléia geral extraordinária convocada para o dia 6 do corrente, convida os sócios quites a comparecerem à assembléia em continuação, a ser realizada no dia 21 do corrente, às 20,30 horas, na séde social, à Av. Rio Branco n.º 114, 14.º andar, na qual será obedecida a mesma ordem do dia do edital anterior.

Rio de Janeiro, 12 de dezembro de 1949.

ISRAEL DINES
Presidente da Assembléia Geral
Extraordinária

Rio de Janeiro,
10th. January, 1950

Mr. Aryeh Manor
c/o Israel Supply Mission
250, West 57th. Street
NEW YORK, N.Y.

My dear Aryeh,

I duly received your letter of 3rd. January, together with copy of letter from Sirkin, for which many thanks.

Undoubtedly Mr. Ralph Michaels will have got in touch with you, and possibly through him you will be able to arrange something to your interest.

I was very pleased to hear of the progress that my brother-in-law's project is making, and if anything further is needed I am, as always, at your entire disposal.

Enclosed I am sending you a translation of Circular Nº-1. of the Companhia Brasileira de Explosivos ("Cobrex"), relating to explosives for civil engineering and industrial purposes.

As you will see from the note, prices are for delivery at the Company's works, and correspond to roughly $1.10 per kilo for Gelamonite and about 95¢ per kilo for Amonite 5.

The principal advantage lies in the fact that the goods can be paid for in cruzeiros. It will be up to the manufacturers to obtain the export license, and that will be the most difficult part of the whole business, as I insist that the payment shall be made in cruzeiros. Please remit the enclosed note to Sirkim, giving him the corresponding price in dollars.

For your guidance, I have to inform you that at the end of last month we dissolved the "Club Chaim Weizman", as we found it unnecessary to continue it, doing nothing but incur expenses, without any tangible result. However, our friends remain at our disposal always whenever there is need of them. For the present I will continue to attend to anything that comes up, until you decide otherwise.

I should be very grateful if you would write us a letter suitable for publication, thanking all the members of the Club, as also the Directorate, for their services rendered, expressing in the same letter the hope that each one will be ready to "do his bit" if at any time it should again become necessary.

Accept, my dear Aryeh, my kindest regards and best wishes, for your wife and yourself

Yours as ever

No. 1463

New York City

January 17, 1950

Mr. Menasche Krzepicki
c/o E.G. Fontes & Co.
Caixa 3
Rio de Janeiro, Brazil

Dear Mr. Krzepicki:

Thank you for your letter of January 10th. Aryeh was called to Israel for a few weeks and we are sure that upon his return he will take care of this matter.

In the meantime, we have forwarded the list attached to your letter to Israel, and are certain that it will receive full attention.

Sincerely yours,

Shimon Peres

SP:h

מדינת ישראל

משרד הבטחון.

כ' בניסן תש"י
7 באפריל 1950.

לכבוד
מועדוני חיים ויצמן
ריו דה-ג'נרו וסאו-פאולו
ברזיל.

חברים יקרים!

הננו מביעים לכם בזה את צערנו לשמע הידיעה על החלטתכם
לחסל את מועדוני חיים ויצמן בריו-דה-ג'נרו וסאו-פאולו.

בהזדמנות זו ברצוני להביע את תודתנו העמוקה, בשם שר-
הבטחון ובשמי, בעד עבודתכם המסורה והמועילה שעזרה לנו להתגבר
ולעבור דרך תקופה קשה ומכרעת בהגשמת מדינת ישראל. איננו
מהססים לרגע, שלולא עזרתם היעילה של חברים כמוכם, שנתנה לנו
ברחבות לב בשעת הצורך, עלולים היינו להגיע לתוצאות אחרות
במלחמת השחרור שלנו כאן.

אע"פ כן, למרות העובדה שהמועדונים יחדלו מלפעול, פעולתם
ויחסם הנאמן של חבריהם לא ישכח לעולם. אנו מקווים שעם סגירת
המועדונים לא ישתנה יחס עמוק זה של חברינו שהיו לנו לסעד במערכה,
ויענו גם להבא לכל קריאה שתבוא מצדנו.

ברכותי הלבביות שלוחות לכם.

בכבוד רב,

פ. ספיר
המנהל הכללי של
משרד הבטחון.

Carta de Pinchas Sapir, Diretor-Geral do Departamento de Defesa, aos clubes Chaim Waizmann agradecendo a colaboração prestada na Guerra de Independência de Israel.

E. G. FONTES & CO.
Manasche RIO DE JANEIRO

19th. April, 1950

Mr. Aryeh Manor
Israel Supply Mission
250 West 57th. Street
NEW YORK .

Dear Aryeh,

I hope you forgive the delay in my replying to your letter, which reached me on the 10th.inst., but the time never seems sufficient for all there is to do.

In the first place, accept my sincere good wishes for your health and happiness , for yourself and for those that are dear to you.

I cannot promise you that I shall be in New York right away, but everything points to the probability of my being there for a few days around the end of May, or early June, passing through on my way to Europe, and it goes without saying that I shall take the opportunity to enjoy your company for whatever time is possible.

A short time ago I communicated to you that we were dissolving the "Chaim Weizman Club" here in Rio, and we are doing the same in São Paulo. At that time I asked you to send me a letter , suitable for publication, thanking all the friends and the people at large who responded to our appeal at the necessary moment.
For your guidance I want to assure you that the closing down of the Clubs in no way affects, or has affected, the group of friends who are available at the first sign of need. The fact is that the dissolution of the Clubs was due more to economic factors than to anything else.

With reference to the chemical products, it would be interesting if you could send me your specifications, so that I can make enquiries here of the producers who are in a position to supply the articles desired.

I want to thank you very much for the kind reception you gave my friend Mr. Ralph Michaels, and I am sure you will agree with me when I say that he is a person of distinction and good-will. I shall be very pleased if he can manage to bring off some business with Israel.

Also I shall be most grateful if you will kindly reply promptly, especially in the matter of the letter for publication, which should be written on paper with an official heading.

A few days ago I had news of Teddy and Sealtiel.

Kindly convey my best regards to your wife, and accept all good wishes from

Yours sincerely

MANASCHE KONEFSCKICo.
RIO DE JANEIRO

9 de Maio de 1950

Meu caro Julio,

   Faço votos para que, ao receber esta carta, o amigo, bem como todos os seus, esteja gozando perfeita saude e disposição.

   Apezar das minhas constantes promessas, ainda não me tem sido possivel dar um pulo até ahi para abraçar os amigos, mas tenho certeza que VMcê comprehenderá perfeitamente a minha situação, e a impossibilidade de ausentar-me, mesmo por um pequeno espaço de tempo.

   Outro dia tive o prazer de encontrar-me com a sua irmã no Copacabana Hotel, e passamos juntos uma manhã muito agradavel. Pedi a ella que transmitisse a VMcê alguma coisa em referencia a assuntos aos quais provavelmente terei de voltar oportunamente.

   O fim principal da presente carta é de enviar-lhe uma copia fotostatica de uma carta do Bitachon, concernente à dissolução do Club Chaim Weizman. Pretendo fazer uso desta carta, publicando-a com os agradecimentos para todos os amigos que nos ajudaram durante os dias de necessidade. Aguardo portanto a sua resposta e ficarei muito grato que VMcê me comunique as suas sugestões a respeito. Peço-lhe não demorar em responder, pois é muito provavel que, em fins deste mês ou em principios de Junho eu tenha de viajar para o estrangeiro, e estou ancioso por liquidar este assunto antes de sahir d'aqui.

   Como eu disse á sua irmã, recebi uma carta da Ruth, avisando-nos da proxima chegada do Director do Departamento Sul-Americano do Ministerio das Relações Exteriores de Israel, Snr. Drapkin, e pedindo-nos, especialmente a VMcê e a mim, de oferecer nossos prestimos ao mesmo Naturalmente, respondi imediatamente prometendo tanto em seu nome (que abuso !) como no meu, que faremos tudo que estiver ao nooso alcance no sentido de ajudar e facilitar a missão que o referido Snr. tem aqui no Brasil.

   Ruth tambem me pede para dar um abraço em todos os amigos lá em São Paulo, e esta incumbencia o amigo naturalmente tomará a seu cargo.

   É muito provavel que por estes dias eu lhe chamarei pelo telefone, em referencia a um outro assunto, mas sobre isto sómente d'aqui ha uns dias é que posso lhe dizer alguma coisa definitiva.

   Termino enviando-lhe, meu caro Julio, um grande abraço, pedindo-lhe recomendar-me a todos os nossos amigos ahi, e especialmente a sua esposa

     sempre seu amigo

Samira Indústria e Comércio S. A.

FABRICANTES, IMPORTADORES E ATACADISTAS
RUA JARAGUÁ N.º 737
ENDERÊÇO TELEGRÁFICO: "SAMYRAB"
TELEFONES: 51-1833 e 51-7016 - RÊDE INTERNA
CAIXA POSTAL N.º 1765
SÃO PAULO
EST. DE S. PAULO
BRASIL

TECELAGEM SAMIRA
TECIDOS DE RAION, ETC.

FABRICANTES DOS
PRODUTOS
"SAMIRAB"
GUARDA - CHUVAS
SOMBRINHAS
ARMAÇÕES
CABOS E TODOS OS
ACESSORIOS DO RAMO

TECIDOS PARA
GUARDA-CHUVAS
E
SOMBRINHAS

FABRICANTES DE JÉRSEI
MARCA
"SAMYRA"
CAMISAS PARA HOMEM
LINGERIE PARA
SENHORAS E CRIANÇAS
TECIDOS DE JÉRSEI

São Paulo, 22 de maio de 1950.-

Meu caro Menashe:-

        Acuso com prazer o recebimento da tua carta do dia 9, cumprindo-me em primeiro lugar pedir desculpas pelo atrazo da respta, motivado pela absoluta falta de tempo, pois, tenho trabalhado muito na firma ultimamente, e, alem disso, estive tambem ocupado com os preparativos de viagem da minha irmã e da minha filha, que embarcaram para os Estados Unidos.-

        Com referência à carta do Bitachon, acho que ela deve ser traduzida e publicada, o que, alem de fazer conhecido o reconhecimento aos serviços prestados, dara tambem o "toque" final no encerramento do assunto.- Deixo de enviar qualquer sugestão a respeito, porque sobra-lhe capacidade e competência para a maneira de fazê-lo, deixando o assunto inteiramente em suas mãos.- Apenas pediria que os agradecimentos fossem redigidos de tal maneira que, incluissem tambem os do Club de São Paulo, para evitar repetições e despesas.- Nos vamos fechar definitivamente depois do dia 25 do corrente, data para a qual foi convocada a Assembleia, e a publicação dessa carta virá a calhar.-

        Quanto à chegada de Drapkin, sem dúvida faremos tudo para auxilia-lo na sua missão aqui.- Seria interessante saber em que consiste a missão dêle? Espero que não seja "campanha".-

        Mandamos para o Arie Manor 10 toneladas em fevereiro e até agora não recebi confirmação.- Será que poderiamos insistir com êle, ou com o substituto dêle, para que mande esta confirmação? Aqui ainda temos disponíveis cerca de 100.000,00; não os remeti em virtude da falta de confirmação da remessa anterior.- Agradeceria tua sugestão a respeito.-

        Sem mais para o momento, envio-lhe um forte abraço, insistindo novamente no pedido meu e no dos amigos para que faças um esforço e venhas passar um ou dois dias conosco.- Peço recomendar-me à sua esposa e a todos os amigos.-

do amigo de sempre
Julio

All America Cables and Radio

American Cable & Radio System

"Via Commercial" — Via All America

"Via Mackay Radio"

RIO DE JANEIRO Avenida Rio Branco, 99/101
Telefone 23-1700 — (6 linhas)

SANTOS Rua 15 de Novembro, 141
Teis. 2-5502, 2-5561, 2-6852

SÃO PAULO Rua da Quitanda, 100
Telefone 3-3116

Em tráfego mútuo com a WESTERN UNION para pontos nos Estados Unidos além das estações da All America Cables and Radio, Inc.

O SEGUINTE TELEGRAMA FOI RECEBIDO "VIA ALL AMERICA"

DATA DA RECEPÇÃO E HORA

MC. BB OT ONE BOGOTA 48 URGENT 25 1.09PM

URGENT MENACHE KREZCIPICKI 32 RUA DA GLORIA RIO

FOR MANOR TRIED UNSUCCESSFULLY TO GET YOU ON PHONE STOP

CONTINUE TRYING TO GET YOU ON PHONE. STOP PLEASE TRY TELE-

PHONE ME. HOTEL CONTINENTAL BOGOTA AND ALSO SEND ME CABLE

STOP WAYTING HERE ONLY FOR YOUR CALL OR CABLE

PEREZ

E. G. FONTES & CO.
RIO DE JANEIRO

12th. April, 1951

Dear Aryeh,

Please excuse me for having delayed so long in answering your letter of March 7th, but I have been kept so busy that it has not been possible for me to do so sooner.

ARONSON :   I enclose copy of a letter which I received from Sapir, you will see that I wrote him recently in accordance with your suggestion.

In my letter to him I said that, in matters of the Bitachon, I much prefer to deal with you, and not with third parties. I hope therefore that the necessary instructions will be sent to you, so that these matters can continue to be handled as before, i.e. you depositing the funds with Brown Brothers Harriman & Co. for credit of my "MANKI" account.

COFFEE :   I hope you will have obtained some definite result in your dealings with J.Aron & Co., especially as Mr. Jack Aron, promised me personally that he would do everything he possibly could to serve you.

SUGAR REFINERY :   I read, in the "Jerusalem Post" the detailed plans of Mr. Gerber for the sugar refinery, and once again (this time without any commercial interest) I would call your attention that, with a view to the future, the refinery should be built on the water-front at Haifa, so as to have a convenient and suitable harbour for the discharge of ships. I think they should take into consideration the conclusions that, from their long experience, the sugar-producing countries have arrived at.

There is nothing more of importance to tell you, except that I saw, for a few moments on her way to Buenos Aires, Golda Maierson, who should be back again in Rio today, and leave again tomorrow for the U.S.A.

I am hoping, as soon as business will permit, to come to the States and get a thorough "check up" at the Mayo Clinic, as my health recently has not been as good as it should be.

Trusting that this will find you and yours enjoying good health and spirits

I remain, as always
Yours sincerely

LEGATION D'ISRAEL   צירות ישראל

                              Paris, 19 Avril 1951.

Dear Manasche,

            Many thanks for your letter of March 28th.
To my greatest regret General Canrobert returned already
to Brazil the 3rd of April, two days before your letter
arrived. I was terribly sorry for not having had the opportunity
to see him. Are you sure he visited Syria? Personally I doubt
it, but you must know better.

            I read in the Jerusalem Post that President Vargas
signed a degree for the establishment the Légation of Brazil
in Tel-Aviv. I am very happy indeed that at last we came to relation-
ship with this enormous and wonderful country. Of course I was
a little bit sorry that my dream to represent our country in
Brazil did not come true but you know, my duty is to stay here
for another year. Nevermind, I hope and am sure that our
Gouvernment will find the right man for this important job.

            If was a great deception for us you not keeping
your promise to come to visit us last winter and hope you
will keep it and come soon with your wife in your way to visit
Israel.
            At last, please do bother me with your letters
even when there seems no special reason for writing them.

            Many loves from my family and my secretary- Miss
Esther Chelouch, who still remembers you very well. Give our
greetings to your wife,

                                    Yours sincerely,

                                    David Hacohen

Mr. Manasche Krzepichi
Caixa Postal 3
Rio - de - Janeiro,

LÉGATION D'ISRAËL

Paris, the 6th December 1951.

My dear Menashe

To day in short, only in order to thank you for your letter from the 24th of November;

Meanwhile I finished my job here as a Military Attaché and I am already working hard to befriend and create contacts with the Brazilians here. To tell you the truth, it is not such a hardship, but rather a pleasure because all of them are really delightful people.

I met Pimentel Brandao several times, and last Saturday we were, Judith, the Ambassador Pimentel Brandao, his wife and myself at "Maxim's", and this time we got a better place and service, than we have been given whilst with you. Do you remember?

Do you think it would be wiser not to arrive in Brazil before the house will be more or less prepared for my arrival? I am most concerned about the offices. Any alterations needed could be performed while the actual work will be going on, but I would not consider advisable to start work with all the offices located in a hotel. Most of our time will be spent on little things and this will certainly influence the efficiency of the work to be done, and most of our energy would be spent on petty arrangements.

I will be very grateful to you if you would let me know your opinion.

I am looking forward to the pleasure of meeting you very soon, and please do your best to let me know in advance your whereabouts.

Very sincerely yours

David

LEGATION D'ISRAEL

צירות ישראל

Paris, the 5th October, 1951.

My dear Menasché,

I was very glad to receive your lovely letter of the 29th September. The fact to be sure to find you, a real friend and all your fine people in Sau-Paulo gives me a lot of courrage towards my new job;

My will to succeed as Minister of Israël is very strong and I hope that with your help I shall serve my people in the right way. I shall try even my best to harmonize the "Greeks and Troyens".

Now, dear Menasché I would like to have your advice about my date of arrival. I shall be occupied in Paris in my army business till the 15th of November approx., Afterwards, I want to spend some weeks in Israël. I plan to leave Israël at the end of December, and make the trip to Rio by ship so that I shall arrive there probably in the 15th of January 1952. I was told that January and February are the hotest months in Rio and that people take their vacancies in this period. Will I be able to present my credentials then? If, in your opinion, it would not be possible, then I'll arrive to Rio at the beginning of March. Please write me if it will not be too late to come, as the Brasilien Gouvernement gave her agreement already at the end of September. There is also the point of our little jews in Rio, who will, as I understand, make a "Yontef" of the arrival of the Israëli representative, and I don't think we ought to disappoint them; will they be in Rio in those hot months?

I must also know when does the Minister of Brasil in Israël Dr. José Fabino de Oliveira he intend to join his post, as my departure depends on his projects also.

Mr. Melamud, who is staying in Paris now, thinks that I have to come to Rio round the 15th of December. Tell me what is your opinion about it. If yours is the same, it would be a terrible "Shwitz" which I would very much like to avoid.

Please try to get the diplomatic list of the accredidated diplomats in Rio and send it to me.

I hope to read you soon, and meanwhile, please accept a good Israëlien Bhalom together with a nice Brasilien abraço.

In friendship, yours David Shaly

P.S. I was very tuched by the fact of the spontanic gesture of our friends in Sau-Paulo and Rio in finding a setting for the futur Embassy, and still more, that they did it so quickly.

Give them my sincere "Toda-Rabah".

Um secondo abraço,

Yours, D.S.

MINISTERE DES AFFAIRES ETRANGERES
HAKIRYA, ISRAEL

משרד החוץ
הקריה, ישראל

October, 31th, 1951.

4 NOV.

F/4/11/71/8266

Mr.
Menashe Krzepicki
32 Rua de Gloria, Ap. 823
Rio de Janeiro

My dear Menashe:

        Thank you very much for your nice letter of the 15th of October, and for your readiness, as always, to assist us in all matter of interest to Israel.

        I have received already the reports of Tsur on his visit to Brazil and had the opportunity to learn, once again, all the invaluable help you extended to him. I am sure that your efforts will bear fruits, and in those you will find the only satisfaction you are expecting.

        There are no new developments and I think with you, that it will not be possible to fix the date of the arrival of General Shaltiel to Rio until after his meeting with Ambassador Pimentel Brandão, which I hope will be in the comming days. As soon as I will have something to tell you I will not neglect to do it.

        Thank you again my dear Menashe, and all the best to the marvelous couple of your wife and yourself

A. Darom

C/S

LÉGATION D'ISRAËL

Paris, the 5th November, 1951.

My Dear Menasché,

      Many thanks for your letter of the 11th October as well as the Diplomatic List. Yudith tries to do her best to learn these difficult names by heart. I am also doing the utmost to learn the first elements of the Portougese language.

      Meanwhile, I got a letter from Mr. Tzur, who wrote me about the arrival of the Embass. Pimentel Brandao to Paris, but he did not arrive yet.

      I made my curtesy Call to the Brasilien Embass. in Paris - Mr. Ouro Preto and he gave me a lot of materiel about Brasil, so that I hope to have acquired a slight knowledge of your beautiful country when arriving there.

      Now, concerning my projects; Our Foreign Minister Mr. Sharet decided some days ago, while passing through Paris, as follows:

      Owing to the fact that I shall be busy in Paris until the end of November, I'll proceed from here directly to Rio, in order to arrive there during the first days of December. On this first trip I shall came without my family and spend one month there - to present my credentials while the President will be there and to make the first necessary arrangments for the work of the Legation. Then, I shall return directly to Israël where I will get the necessary instructions, fetch my family and come back again to Rio with the Diplomatic Staff at the beginning of March 1952.

      I am awfully grateful to you for all the efforts you are doing as to the establishment of the Legation and am looking forward to see you and your wife in a month time. Till then, if you have something to tell me, please do it until the 25th of November, before my living Paris.

      Very Sincerely,

      Yours,

LEGATION D'ISRAEL   צירות ישראל

Paris, the 19th November 1951.

My Dear Menasché,

Many thanks for your letter of the 10th Inst.,

To-day our Foreign Minister Mr. Moshé Sharett gave a lunch in honour of the head of the Brasilien delegation to the United Nations. I was very happy to be able, on this occasion, to renew my contacts with the Ambassador Pimentel Brandão, to whom I was introduced in Montevideo in 1949. The Ambass. impresses one as being a very intelligent and cultured person. I also sincerely believe that he will keep his promise to give me all his assistance and that I will enjoy the sympathy of the Brasilien President and his government.

It was agreed between our Foreign Minister and the Ambassador Pimentel Brandão that I shall not go to Rio now as to stay one month only but that I shall arrive there during the first days of March in order to remain. The reasons given by Pimentel Bradão were that till the beginning od March, I, in any case, could not do much of Political work- as the important government officials are either in Petropolis or in Paris. He thinks it would be better for me to arrive there with my diplomatic staff and to start off with an established Embassy. The Ambass. assured me that it would be absolutely correct if I shall arrive at the above mentioned date and that he is prepared to assume every responsibility as to this point.

You see, my dear Menasché, that things have changed and that I shall arrive at the beginning of March with my family as well as my diplomatic staff.

Is there any hope about the accommodation problem being solved by this date? I would be very pleased to know your opinion about this important problem.

Now, what about you? I learn from your letter that you are going ton holiday in January and that you intend to spend a forthnight in Israël. In order that we may meet somewhere in the world, I want you to know my whereabouts for the next three months:

I shall finish my work as Military Attaché by the end of this month, but will remain in Paris untill Christmas, in order to establish contacts with your brasilian people here. Then I will be going to Israël, where I shall spend about six weeks, and round about the middle of February, I hope to embark with all my people in order to arrive to Rio during the first days of March.   Very sincere abraço,   Yours (David Haltiel)

MANASCHE KRZEPICKI
E. G. FONTES Co.
RIO DE JANEIRO

Rio de Janeiro,
24th. November, 1951.

My dear David,

I have just received your letter of November 19th., and am answering it right away.

It has been my opinion all along that your arrival here should be co-ordinated with Ambassador Pimentel Brandão (who is, for all practical purposes, the Foreign Minister) and not just fixed by guesswork. I am very happy to know that you have arrived at an understanding with that gentleman, and am sure that he will keep his promise. His objection to your coming here immediately is not only reasonable, but also very logical.

You can readily understand that the months between December and February are very unsuitable for diplomatic work. I consider it indispenable that you come accompanied by all your staff, so as to start right away with your work properly organized, so that you will not have to depend on other people, especially in technical matters, for the carrying-out of your mission.

Moreover, it would be a pity for you and your folk to arrive here at the very hottest time of the year, because it really seems at this season that Purgatory is taking its holidays in Rio de Janeiro. It may be that you have a lot of sins to expiate, but you will have plenty of opportunities to suffer the torments of the hot weather here in Rio.

As regards the matter of the Embassy, the position at present is as follows.

Although our work has progressed favourably, we have not found things as easy as we first anticipated. Here in Rio we already have about 25% of the sum to be raised, but we are confident that the total amount will shortly be forthcoming. São Paulo is in about the same situation, but I have no doubt we shall manage to complete the whole sum desired.

I believe that, even if you arrive here in March, you and your people will still have to stay for a week or two(or possibly even a month or two) in hotel (Copacabana Palace Hotel) because you will need to supervise the alterations etc. that the Embassy premises will require, because after all you are going to live there, and it is only just that you should make the necessary decisions as to the construction and general lay-out.

As regards myself, I intend (if God wills and the "Boss" permits) to make a business trip, in January, to the U.S.A. and Europe, and, if possible, steal some 15/20 days for myself, to visit Israel, so as to see once again the country and my good friends. You can rest assured that, if my trip finally materializes, as I trust it will, I shall see you, wherever you may be. Needless to say, I shall be delighted to have the opportunity to give you an "abraço" and spend a day or two in your company.

For the moment I think this is all, but please bear in mind that I am always at your service here. Please accept, for Judith and yourself, my sincere best wishes for your health and happines
Com um grande abraço brasileiro
Yours as always

E. G. FONTES & Co.
RIO DE JANEIRO

Rio de Janeiro,
11th. December, 1951.

My dear David,

Many thanks for your letter of 6th.inst.

I can quite believe that it was not easy for you to leave, even temporarily, the army to which you have devoted so much of your life, and start on a new sphere of action. When a man is destined to serve his country, however, he cannot confine his activities to one branch alone, but must be ready to serve in the sector where his talents are most needed, and I am certain (as I have told you these many years) that you will render very great service to your country in your new capacity. I am pleased to hear that you are already establishing contact with the Brazilian diplomats, and I agree with your comment that they are "delightful people". Also I am quite certain that will already have formed the same opinion of you.

Your description of your party "chez Maxim" made me feel quite envious, and it reminded me of the pleasant hours (and bad food) that we had together in that famous establishment. However, I was glad to know that this time you managed to get better service. In view of this, I feel encouraged to pay the place another visit when I go to Paris again, though I must say that I prefer the little restaurant near the Care du Nord, where the quality of the food is better than the price.

As regards the matter of the Embassy building, the position is as follows. Although we have got together about 45% of the sum we figure is needed for the acquisition of the premises, some members of the Committee (comparative strangers) are inclined to favour the purchase of a place which I do not consider suitable. I cannot put up any open opposition to their views, so shall try to postpone the purchase so as to give you time to arrive here and see for yourself, which I think will help me indirectly in my ideas. It is certain that any building which we may purchase will have to undergo some alterations to make it suitable for the Embassy, and thus it will not be possible to have it ready by the beginning of March.

I don't see that it will matter greatly if you have to two or three months in a first-class hotel while the Embassy is being put into suitable shape, and in accordance with your ideas. You will no doubt remember that the present Consulate, which consists of two good-sized rooms in a very convenient locality, and will automatically become the temporary Embassy, will serve as a makeshift for a while. I think this idea is much better than doing anything in haste, which cannot afterwards be undone. This is my frank and sincere opinion, and I really think this is the only practical way of solving the problem for the time being.

E. G. FONTES & Co.
RIO DE JANEIRO

I must tell you that last week Hilda and I had an intimate and very agreeable dinner with Ambassador Fabrino, and he told us that he expects to spend a few days in Rome on his way to Israel. He is rather worried about finding suitable premises for the Embassy in Tel Aviv, but I assured him that our mutual friend Daron will do everything possible to help him in the matter.

Everything indicates that Fabrino will be accompanied by his daughter, who has two girls that she intends to put in a high-class Convent School in Israel. She will stay with her father until the Embassy is fully prepared, and Madame Fabrino will go out only when this is all done.

Once again I can tell you that the choice of Fabrino for the new post was a magnificent one, both for Brazil and for Israel. He is a perfect gentleman, and a very good friend of mine. I am sure that he will like Israel and that Israel will like him.

My plans for a trip in January next are still unchanged, and I think this is about all I have to tell you for the moment.

Please accept an "abraço", with my best wishes for the health and happiness of Judith and yourself.

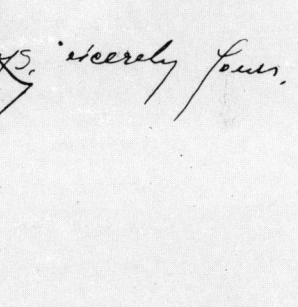

As always, sincerely yours,

E. G. FONTES Co.
RIO DE JANEIRO

My dear Sapir,

Rua da Gloria, 32 (Ap.803)
Rio de Janeiro
21st. December 1951.

In the first place, please accept my thanks for the kind message you sent me to New York through our friend Shimon Peres. I refrained from replying, as I did not want to add to your already heavy burden of work by causing you further correspondence.

The object of this letter is to inform you that one of our best men in São Paulo, Mr. Jan Korsunski, is leaving by steamer for Israel, where he intends to stay about a fortnight, visiting the country.

It is no exaggeration to say that this friend is unconditionally devoted to our cause, and I keep him as a reserve of the small group for any eventuality.

I therefore want to ask you, my dear Sapir, to introduce him into the circle of friends of your Department. I am quite certain that you will like "Jan" as we call him here, and I accept responsibility for him in every way. If you need any further information, you can easily obtain it from Ruth.

On the eve of 1952, I send you my sincere good wishes, trusting that the New Year will be one of peace and prosperity, with no untoward incidents for you, for your work or for the State. As always yours,

P.S. I have given Mr. Jan Korsunski a letter of introduction to you.

Mr. Pinchas Sapir - Director General of Misrat Habitachon

E. G. FONTES & CO.
RIO DE JANEIRO
-2-

However it may be, I am convinced that everything will be arranged in the best possible manner, but I am an enemy of the custom of not organizing things beforehand, and thus being obliged to improvise at the last moment. However, you know the atmosphere here, and I have no help but to submit to the so-called "democracy".

I trust that you and Judith are enjoying good health, and I am looking forward impatiently to giving you, in person, my heartiest congratualations and a big "abraço".

Please give my best regards to all our friends.

Yours

P.S. Best regards from Hilda for José and Judith

E. G. FONTES & CO
RIO DE JANEIRO

22nd. February 1952

My dear David ,

Many thanks for your letter of 18th.inst., which I have just received and am answering right away so that you may get my reply as quickly as possible.
Below I give you a summary of how things are going here :

1. As regards the Embassy premises, although the matter is well under way, and I believe that the funds I consider necessary will be forthcoming, this cannot be realized as quickly as I, in my first enthusiasm had supposed.

2. Another difficulty is the finding of a suitable place, i.e. one which has dignity, commodiousness and "lebensraum", and up to now we have not had much luck in finding a place that fulfils all these desiderata. During the last few days, however, we have found something that approximates to this, and I am praying to the Gods that our "illustrious Committee" will decide definitely on it.

3. Our friend Shneerson passed through here a few days ago, and is fully informed as to the various aspects of the quaestion, and for the present the following has been agreed upon :

a) The offices of the Embassy (including the Consulate) will be established in the Praia do Flamengo, where we have an option on one whole floor.

b) According to information received from Shneerson, you will arrive here on March 28th., and we have reserved an apartment in the Copacabana Palace Hotel.

c) We feel sure that, as soon as you arrive, we shall be able to rent a furnished apartment in the Southern Zone (i.e. Copacabana, Ipanema or Leblon) suitable to serve as temporary Embassy residence, i.e. until the new Embassy has been adapted and completed.

d) We now await Shneerson's definite arrival here, which is to be shortly after Carnival ends, about the 28th. or 29th.inst., to complete the arrangements mentioned in Item "a)" and to help us to make other decisions.

4. I read with great attention that you intend to present your credentials on April 8th., but I am informed that the President of the Republic is not returning to the Cattete until April 16th.

5. Now, as regards my voyage - planned and not realized - owing to its being impossible for me to be away from the office before the second half of February, I have now given up the idea for the present, in order to await your arrival here.

BRAZILIAN LEGATION, TEL-AVIV, ISRAEL
5 de Abril de 1952.

Meu caro Manasche,

Espero que Você tenha feito uma boa viagem aos Estados Unidos e ja esteja preparando as malas para iniciar sua viagem a Israel. Tenho sido aqui muito bem tratado e, à medida que correm os dias, mais gosto desta grande terra. Admiro cada vez mais o grande esforço que nao somente o Governo, mas tambem o povo, estao fazendo para realizar, na Palestina, a obra que os judeus tem em mira. Uma coisa somente me desagrada aqui: é a dificuldade que estou encontrando para alugar casa, tanto para residencia do Ministro, como para a instalaçao da Chancelaria, onde irao funcionar os serviços da Legaçao. Mas isso nao é razao, evidentemente, para que eu me considere infeliz, pois falta de casa é uma coisa que acontece à qualquer boa terra. Ainda nao tive tempo, precisamente porque estou procurando casa, de visitar todo o pais, como é de meu proposito. Até agora so conheço: 1. Haifa, que é o lugar onde desembarquei; 2. a estrada de Haifa a Tel-Aviv, que, do principio ao fim, atravessa uma zona toda cultivada; 3. Tel-Aviv e seus arredores (Jaffa, Ramat-Gan, Herzlia -- onde vivo no excelente Hotel Sharon); 4. a estrada que vai para Jerusalem e a cidade nova, pois tambem nao tive tempo de ver a velha; e 5. Rehovot, onde mora o Presidente, em cuja casa estive, no outro dia, a convite da Senhora Weizmann para almoçar. Mas assim que a situaçao me permita vou percorrer Israel de norte a sul.

Aguardando com interesse sua vinda, agradeço mais uma vez as atençoes com que Voce me cercou ai, no Rio de Janeiro. Peço-lhe extender esses agradecimentos à sua Senhora, a quem apresento os meus melhores cumprimentos.

Afetuoso abraço do amigo certo
Fabrício

Rio de Janeiro,
9 de Maio de 1952.

Meu caro Fabrino ,

Em primeiro lugar, meus agradecimentos pela sua amavel carta de 5 de Abril, que chegou às minhas mãos sómente hontem. Faço votos para que esta minha carta vá encontrá-lo gosando bôa saúde e disposição

Sua descrição do Estado de Israel, em tão poucas palavras, dá um quadro perfeito da situação nesse País, e não resta duvida de que o povo d'aí está dando um esplendido exemplo de energia e força de vontade para construir um País baseado em principios de civismo, alliando as tradições do passado ao dinamismo do seculo XX.

Naturalmente, a situação economica não está bôa, mas tenho certeza de que, uma vez que a inigração nova tenha se convertida em fator produtivo, as dificuldades diminuirão sensivelmente.

Li em diversos jornais de Israel a repercussão da sua chegada, e são todos unanimes em seu entusiasmo com o Ministro do Brasil, que reune as qualidades de "perfect gentleman" e observador objectivo, e consequentemente muito fará para tornar cada vez mais estreitos os laços de amizade entre Israel e o Brasil.

Naturalmente, eu, como seu amigo e amigo de Israel, fico contentissimo em receber estas noticias, e, da minha parte, envio-lhe os meus sinceros votos para que seja bem succedido em sua missão.

Lamento que o amigo tenha encontrado dificuldades em relação a casas, tanto para a legação como para sua residencia, mas tenho certeza de que, com tempo, este assunto será resolvido satisfactoriamente.

Os meus planos, para passar uma semana em Israel, não tem podido se realizar, devido ao facto de ter o Snr. Fontes ficado doente e ser obrigado a ausentar-se do escritorio, provavelmente por alguns mêses.

Logo que a situação se normalize, pretendo tomar uma ferias, e um dos maiores prazeres que espero ter será, sem duvida, de abraçar pessoalmente o prezado amigo.

Como sempre, permaneço aqui à inteira disposição, tanto para o amigo como para os seus ~~amigos~~, e nada pode me dar mais prazer que de servir-lhe de qualquer forma.

Peço aceitar um afetuoso abraço do amigo grato e certo

Exmo. Sr. Ministro Dr. José Fabrino de Oliveira Baião
Hotel Sharon
TEL AVIV.

ראש הממשלה
THE PRIME MINISTER

הקריה, ח' בטבת תשט"ז
23 בדצמבר 1955

9563 /p

לחברי ועד החירום בריאו די-ז'אנירו.

רבותי היקרים,

אני מאשר בהוקרה קבלת שלושת המכתבים מיום 2, 8, 12 בדיצמבר שנה זו בלוויה המחאות על-סכום כולל של 278,881 דולר. הכספים האלה נמסרו ל"קרן-המגן" שמטרתה לזיין צה"ל.

בשם הממשלה כולה ובשמי אני רוצה להביע לכם בזאת הוקרתנו העמוקה לכל חברי ועד החירום ולכל התורמים על גלוי האחוה היהודית שנתגלה בפעולתכם זו. ואם כי סכומים אלה הם אחוז קטן ומצער מהאמצעים הנדרשים לנו למען הבטח יכולתו של צה"ל לעמוד בפני צבאות אויבינו המקבלים נשק למכביר מברית-המועצות ומאנגליה – הרי אנו יודעים להעריך לא רק כמות הכסף שאספתם בצבור היהודי בברזיל, אלא גם הרוח שהניע אתכם בפעולתכם ושותפות הגורל והאחוה היהודית שבאו לידי בטוי בפעולה זו.

שמחתי לשמוע ביחוד שפעולה זו נעשתה לא על-חשבון שאר הפעולות לטובת הארץ.

אמנם בשעה זו אין צורך חיוני, דחוף וגורלי לישראל מרכישת נשק, וביחוד נשק כבד לחיל-האויר, לחיל-הים ולחיל היבשה של צה"ל, כי בזה תלוי לא רק שלומנו ובטחוננו, אלא עצם קיומנו, אבל אפילו בשעת-חירום זו אין אנו יכולים להפסיק או להחליש פעולת הפיתוח והבנין וקליטת העולים, שלשמם נוסדה וקיימת המדינה, ושהם גם מבטיחים <u>לאורך ימים</u> שלומנו ובטחוננו, וגם כפי שאנו מאמינים, קיומה של היהדות בעולם כולו.

תמסרו נא, איפוא, לכל חברי הועד ולכל התורמים רגשי הוקרתנו, ואני תקוה שתמשיכו ותגבירו פעולתכם זו ותעשו במיטב יכולתכם שיהדות ברזיל תעמוד בשעת-חירום זו לימין ישראל במלוא יכולתה.

ב ב ר כ ה,

ד. בן-גוריון

Carta de David Ben-Gurion ao Comitê de Emergência no Rio de Janeiro, 1955.

הסוכנות היהודית לארץ־ישראל
THE EXECUTIVE OF THE JEWISH AGENCY

Telegrams: "JEVAGENCY" JERUSALEM
Telephone: 4671 (9 Lines)
Codes: BENTLEY'S

OFFICE OF THE EXECUTIVE
P. O. Box 92
JERUSALEM

January 8th, 1957

Ref. No. 36204/5

Mr. Manasche Krzepicki
c/o E.G. Fontes & Co.
Avenida Nilo Pecanha, 12
Rio de Janeiro

My dear Manasche:

Your letter of December 12th followed me along the long route from New York to Jerusalem.

1. I thank you for your kind explanation of the whole situation, which I understand perfectly well.

2. After spending a month in the States and talking to various people in business, I can well appreciate your statement about the difficulties which today limit the tendency for investment in our area.

3. I can appreciate the difficult task which you undertook as the Chairman of the Emergency Campaign and certainly do not envy you, knowing its full meaning.

4. I discussed your letter with Mr. Eshkol and he asked me to let you know that he will be prepared to come forward with investments over the propotion which he mentioned to you in your talks. He is most anxious to see someone establish a sugar factory - which will cost only $2 million - who will have the knowhow to manage the factory and assume responsibility for its conduct. In this event, the question of investment will not be of primary difficulty and could be solved.

5. Thank you for your kind invitation. Indeed I would have liked to visit Brazil and see this country about which I have heard so much. Unfortunately, I rarely have the time since I am hard pressed when I travel.

I am sending a copy of this letter to Mr. Manor for his information.

Sincerely yours,

Raanan Weitz.

Legación de Israel
Alejandro Dumas 231
México, D. F.

שגרירות ישראל

November 13, 1957.

Mr. Manasche Krzpicki
Caixa Postal # 3
Río de Janeiro
BRAZIL.

My dear Manasche:

I need not tell you how badly I feel since I received the news of the so unnecessary death of Nehemia. Nearly twenty years ago, he started his Hagana career as my "aide-de-camp", when I was Hagana Commander of the Haifa district. We then, of course, became friends, and our friendship deepened with the years and age.

I was convinced that I knew him very well, and never would I have supposed him capable of taking his own life. But you see, Manasche, how pretentious we are in believing we really know other people. I was always certain that Nehemia was rather the optimistic and well-balanced fellow, and God only knows what frame of mind was hidden behind this screen of joviality.

I cannot believe that the automobile accident or wounding of a man was the real cause for his suicide. I am certain that this accident was the trauma which brought about his drastic action.

Will you believe me, Manasche, when I say that I have a terribly guilty feeling? And certainly so have many of his old and intimate friends. After all he must have been terribly alone if in a moment of crisis he did not feel he had anyone intimate enough to open up his heart to and show all his feelings before taking such a mournful decision. It is so terrible to think that among his many friendships there was not even one which Nehemia appreciated enough to make it worthwhile for him to continue to live. You certainly remember Beer Hofmans Wiegenlied "Keiner Kann Keinems Gefaerte Hier Sein". For me personally, it is a loss I cannot even express. Nehemia was, for me, one of the things I always looked forward with impatience and joy to every time I went home to Israel. He was for me an aspect of the human landscape of Israel. His devotion to the country and to his friends was as unusual as was his moral cleanliness. May God let him rest in peace in the Gan Eden of the heroes of Israel.

Now, we are left to continue to live and to work, and the great lesson I have learned from this dreadful event is to devote more time and more thoughtfulness to the few friends which I still have.

Very affectionately yours,

David

DS:k

עירית כפר-סבא

Municipal Corporation Kfar-Sava
Israel

Phones: 925021-2-3

THE 13.3.1969

Dear Mr. Menashe Kreshpicky,

  We have the pleasure to inform you about the House of Culture, which has been erected with help of your kind contribution.

  The construction has been finished, and its furnishing as well; furthermore we have been already started with actions.

  As your wish - we have named the house:
    "HILDA'S HOME".

  We would be very happy if you will let us know when you are coming to visit Israel, so we would be able to receive and entertain you while your visit, and to show you the house.

  Mrs. Shoshana Sapir and her husband, The Minister, are interested of your beeing well.

Faithfully yours,

Zeev Geller
Mayor, Kfar-Sava

O REI DO CONGO

Manasche Krzepicki

Lagoa, 22.08.26

Não foi no Congo que este último dos reis do Congo viveu e eu mesmo é que o denominei "Rei do Congo". Seu nome de batismo era Benedito, ou como seus amigos o chamavam, "Catuco". Desde que ouvi este apelido tentei encontrar qualquer ligação entre "Benedito" e "Catuco" mas nunca consegui e assim continuou sendo um segredo trancado a sete chaves.

Eu o encontrei no sertão do Brasil que o destino me levou em certa fase de minha vida, afastando-me da vida social mais cômoda da supercivilizada Europa para os confins destas fronteiras, das quais, uma vez saindo de lá, me parece a coisa tão remota, como a explosão atômica...

Acostumar-se, viver, esta era a senha, acostumar-se, esqueça... apague da memória todo traço da passado... Em pouco tempo, todos os sinais da civilização, cultura desaparecerão, levados para longe pelas novas circunstâncias em que eu vivi.

A vida na selva; gozar a liberdade da selva, acima de tudo é viver como um animal. Tudo se transforma, e toda ação é instintiva, e desse modo eu estabeleci meu novo "lar". Este "lar" era constituído por uma simples cabana no meio da floresta, cuja posição geográfica não me interessava e tenho a certeza, se essa idéia tivesse me ocorrido naquele tempo, eu a consideraria ridícula...

A cabana já era habitada, e nela vivia, como um rei, Benedito Catuco.

– Boa tarde.
– Boa tarde.
– Posso pousar aqui?

— Oh Senhor, tanto quanto quiser.
— Tenho um lar.
— Qual é seu nome?
— Neco.
— Meu nome é Benedito, nasci em Caravelas, meus pais vieram do Congo, da família real do Congo. Eles morreram há muito tempo, no tempo da guerra do Paraguai, e eu já era crescido.

Tudo isso ouvi, enquanto o meu facão cortava o tabaco para o meu cigarro. E quanto o meu hóspede terminava sua autobiografia o meu cigarro já estava pronto.

— De onde você vem?
— De Lagoa.
— Da Alemanha, corrigiu o meu patrão.

Eu ouvi som penetrante que nada tinha em comum com o riso humano mas parecia ser mais uma explosão de alegria animal e me veio à mente, repentinamente, que eu ainda não tinha olhado para o homem.

— Sim, senhor Benedito.

Respondi automaticamente e comecei a observá-lo. Um tremor súbito dominou-me e cresceu como uma tempestade em meu íntimo — não era medo — que deveria eu perder do que já estava perdido?

Em pouco tempo minha tranqüilidade voltou — quem pode questionar o humor dos deuses!

Meu hóspede era, para mim, como uma espécie de chimpanzé, com uma cabeça medonha, que me fez tremer.

Deus, impiedoso brincalhão, é isto nosso semelhante?

Suas costas eram curvadas, os braços longos, cobertos com pêlos e suas pernas arqueadas como se estissem sempre prontas a pular. Os olhos eram agudos como o dos animais de rapina, que pareciam ver tudo mesmo de trás de suas costas. Em vão conseguia ver algum traço humano nesta criatura, estava perdido.

— Não queres deixar o cavalo livre, senhor?

Fui interrompido em minhas divagações.

— Sim, senhor Benedito, alguém respondeu de dentro de mim, eu estava pensando algo misterioso, obscuro, sem saber o que, intemporal, sem forma.

Passaram-se semanas, eu era patrão de Benedito, e eu acabei também por estimá-lo.

Por muitas horas, sentado junto ao fogo, eu ouvi as histórias. Como seus pais ainda falavam a língua africana, que eram da família real do Congo, e se não fossem os brancos, alemães, terem-os feito prisioneiros

O Rei do Congo

e arrastados até o Brasil para vendê-los como escravos, certamente ele seria hoje o rei do Congo. E não penses que pelo fato de você ser um alemão (eu não pude convencê-lo que havia outras nações além de alemães) você é mais inteligente do que eu, o sangue é vermelho em todos nós, podemos provar e cortar o dedo.

Isto foi dito com tanta determinação, que eu poderia estar certo que o dedo realmente poderia ser cortado.

– Mas você sabe, Neco, de você eu gosto.

Esta declaração e toda história era repetida toda a noite.

– Você armou as armadilhas, Benedito? Há três dias que vejo marcas da onça.

– Oh Neco! Eu a matarei com o meu facão, a miserável!

Ele disse isto, rangendo seus brancos dentes e de tal modo que você poderia crer com certeza que não mataria somente a onça com suas mãos mas que um elefante poderia sucumbir ao seu facão.

– Não, não Benedito.

– He, he, he, Benedito ria enquanto colocava mais lenha na fogueira.

Eu já me encontrava deitado em minha cama de madeira rústica.

– Boa noite, Benedito.

– Boa noite, Neco.

Na manhã seguinte, antes da aurora um barulho ensurdecedor nos fez sair rapidamente da cabana e eu, pela primeira vez em minha vida, vi e soube o que significava a vida.

Pertencente a cabana de Benedito, havia uma plantação de bananas e mandiocas, e algumas árvores de café. Um pequeno capinzal também fazia parte dele. Quanto a animais além de meu cavalo havia uma porca com seus porquinhos.

Nesta manhã, quando pulamos fora da cabana, foi este o quadro que vimos perante nossos olhos: com enormes pulos, uma onça pintada desapareceu na floresta, entre seus dentes um porquinho, que emitiu um grunhido terrível de ouvir, e mais terrível era os daqueles que permaneceram atrás.

– Neco, Neco, meus olhos viram, viram como ela desapareceu com a presa!

A miserável roubou o porquinho e o despedaçou em pedaços! Com o facão na mão, Benedito se encontrava ali: com o facão eu vou matá-la, desse jeito, com o facão eu vou cortá-la em dois pedaços... – A miserável, sim, eu vou cortá-la com o facão...

– Sim Benedito, ela roubou um porquinho, meio adormecido senteime perto dos restos da fogueira. Alguma coisa havia despertado em mim, este interlúdio mostrou-me que a vida era algo diferente disso que eu havia vivido até agora...

Uma leve dor, a cortina de minha vida até agora levantou-se um pouco, e permitiu um olhar na terrível verdade... roubo, roubo, as palavras ficaram dançando defronte meus olhos como fogo... roubo, a vida é roubo...

– Neco, eu vou cortar a cabeça dela com o facão – rangendo seus dentes Benedito repetia sem parar estas palavras. Ambos chegamos a conclusão, esta manhã, que a vida é roubo; Benedito: que com o facão ele cortará a cabeça do inimigo...

Após este acontecimento Benedito não mais dormia na cabana. Com o facão na mão ele ficava com o porco próximo à cerca para esperar pela onça que havia condenado à morte.

Os dias se passaram e a onça não veio para ser executada pelo meu amigo. Eu estava certo que o rei do Congo havia anulado sua sentença, uma vez que há dois dias ele vinha dormindo na cabana.

Após aquela manhã fatídica, os dias se sucediam às noites durante umas duas semanas e um desses dias, transitórios, seria testemunha de uma terrível tragédia.

Acordando, Benedito recebeu a manhã com seu longo he-he-he.

– Bom dia, rei do Congo.

– Bom dia, Neco.

Em pouco tempo o fogo estalava alegremente no meio da cabana e a água fervia para o nosso café.

– Oh, Neco, está fazendo frio, hoje irá chover! He-he-he...

Rapidamente nossa refeição da manhã terminou, e Benedito saiu para ver os seus animais, e eu sentei-me junto ao fogo meditando, sem saber sobre o quê.

O he-he-he de Benedito tirou-me desse estado e ele soava totalmente diferente de outras vezes, agressivo, triunfante, arrebatado. Eu não me havia enganado, mirando-o, vi Benedito, com sua face distorcida, dentes rangendo, com seus pequenos olhos dançando de um lado para outro e suas pernas arqueadas prontas para saltar com o facão em seu braço direito. O espanto tomou conta de mim, e com salto estava de pé, com o facão em minha mão, pronto para me defender.

Novamente o sorriso, o he-he-he preso entre os dentes: você já sabe? você virá comigo, também?

Atônito, por um momento eu não sabia o que estava se passando e balbuciei:

– Benedito, o que você quer?

– Sh-sh-sh Neco! Sh-sh-sh!! Mais com os olhos do que com outra coisa percebi que ele havia encontrado os rastros da onça na plantação de mandioca.

— É agora, Neco, agora! Um movimento com a cabeça que poderia demonstrar a morte da onça, e seus pequenos olhos tinham um brilho como se já tivera visto o inimigo conquistado.

— Neco, você virá comigo? Eu a seguirei e a encontrarei deitada, eu...

— Não Benedito, minha cabeça está doendo e ficarei por aqui.

— Bem Neco, você não conhece a floresta, é melhor que você fique por aqui, e quando a encontrar, eu te chamarei... e desapareceu do rancho, e um minuto após, ao me aproximar da porta, eu o vi desaparecer dentro da floresta.

O sol já se encontra baixo no firmamento e Benedito não chegou até agora em casa. Inquieto, vou até a floresta.

— Ó Beneditooo — B-e-n-e-d-i-t-o!

O silvar de um pássaro corta agudamente a floresta e o eco responde. Já se faz noite, ele deve voltar a sua casa.

A casa se encontra vazia, Benedito não veio esta noite, ainda que uma grande fogueira está acesa, durante toda a noite como um sinal.

Ao nascer a manhã selei meu cavalo e galopei feito louco até o vizinho mais próximo: Ajude-me a procurar o Benedito, uma desgraça havia ocorrido! — Eu estava certo disso.

Próximo ao meio-dia, finalmente, havia um grupo de vizinhos distantes de seis horas de montaria que se empenhavam encontrar meu amigo. Eles não permitiram que eu fosse com eles pois não era capaz de acompanhá-los.

Uma mulher negra permaneceu comigo na cabana para preparar uma refeição para mim mas não a comi. Uma febre apareceu e o jeito foi deitar.

— Josefa, Catuco está morto.

— Sim senhor, se ele não veio para casa, ele está morto. Ele não poderia se perder na floresta, ele a conhece muito bem.

— Josefa, faça um café forte, estou com frio, frio terrível, dê-me café quente. Como uma sombra ela andava em torno.

— Senhor Neco, senhor Neco! A voz de Josefa me acordou, meio adormecido da febre na qual tinha caído. — Eles o estão trazendo. Eu já me encontrava fora da porta, e na mesma direção que eu havia visto desaparecer dentro da floresta, alguns homens carregavam, amarrado sobre longa madeira, os restos de um corpo humano.

Meu amigo, o rei do Congo foi vítima de seu heroísmo. Pela sua cabeça era impossível reconhecê-lo, e do peito um pedaço de carne foi arrancado mostrando claramente as marcas das garras da onça que ele havia condenado à morte.

Três horas após meu Benedito foi enterrado entre duas palmeiras defronte a cabana.

GLOSSÁRIO

ACHDUT AVODÁ – Organização de trabalhadores formada em 1918 na Palestina afiliada ao Poalei Zion. Em 1929-1930 fundiu-se com o Hapoel Hatzair para formar o Mapai (Mifleget Poalei Eretz Israel), o Partido Trabalhista de Israel.

BALFOUR, Declaração – Arthur James Balfour (1848-1930), secretário do Exterior durante a Primeira Guerra Mundial foi o autor da carta escrita em 2 de novembro de 1917 para o Lord Rothschild em que declarava que o governo britânico era a favor do estabelecimento de um Lar Nacional para o povo judeu na Palestina.

BASILÉIA, Congresso – Primeiro Congresso sionista realizado em 29-31 de agosto de 1897, com a finalidade de criar um Estado Judeu na Palestina.

BETAR ou Brith Trumpeldor – Organização juvenil sionista fundada por Vladimir Jabotinsky (1880-1940), em 1923, na Lituânia. O nome deriva de Josef Trumpeldor (1880-1920) e se identificou com o Partido Revisionista, que representava a corrente ideológica de direita no movimento nacionalista judeu.

DROR – Movimento juvenil sionista-socialista fundado antes dos anos 20 e originário da Polônia com o nome Freiheit (Liberdade) e ISAI (Idishe Sozialistishe Arbeiter Iugent) passando a se denominar Borochov Iugent e Dror na Lituânia e outros países.

DP, Displaced Persons – O termo foi aplicado para pessoas que na Segunda Guerra Mundial (1939-1945) foram removidas pelos alemães de seus lugares de residência e após a guerra não retornaram aos mesmos. Judeus, devido o seu deslocamento e perseguições, ao terminar a guerra, se encontravam em campos de DP, na Alemanha, Áustria, e Itália. Esses campos era administrados pela UNRRA (United Nations Relief and Rehabilitation Administration) estabelecida em 1943, por 44 países, com a finalidade de abrigar, repatriar e estabelecer mais de 8 milhões de DP.

HAAPALA – Nome dado a imigração ilegal à Palestina, que teve início em 1934 com o navio *Velos*, que levava 350 pessoas. Após a Kristalnacht, de 9-10 de novembro de 1938, o movimento tomou maior impulso continuando durante os anos da guerra. Após a guerra, elementos da Brigada Judaica e da Haganá continuaram organizando o movimento, também com o nome de "Brichá". A política britânica de restrição à imigração de judeus para a Palestina levou a que os navios e barcos de imigrantes "ilegais" ao serem detidos fossem seus passageiros internados em campos em Chipre e também na ilha Mauritius.

HACHSHARA – Fazendas para treinar jovens na atividade agrícola a fim de se prepararem para viver como pioneiros nas colônias agrícolas de Israel. Sua origem remonta ao período de surgimento dos movimentos juvenis judaicos que educavam para a colonização e o estabelecimento dos judeus na Palestina.

HASHOMER HATZAIR, (Jovem Guarda) – Movimento juvenil judaico originário na Galitzia, no ano de 1913, com organizações em muitos países da Diáspora. Seus membros eram educados para viverem no *kibutz*.

HIAS – Hebrew Sheltering and Immigrant Aid Society, uma organização para auxiliar a imigração judaica criada em 1909 com sede em Nova Iorque pela união da Hebrew Sheltering House e a Hebrew Immigrant Aid Society, fundadas em 1889 e 1902 respectivamente. Em 1954 fundiu-se com a American Jewish Joint Distribution Comittee (fundada em 1914) e a United Service for New Americans, formando a United HIAS Service.

HERUT – Partido político fundado pelo Irgun Zvai Lumi após o estabelecimento do Estado de Israel e que absorveu os sionistas revisionistas de tendência nacionalista radical.

IRGUN ZVAI LEUMI – A organização de caráter extremista foi fundada em 1936 e considerada ilegal pelo Mandato Britânico na Palestina. Além da atividade política no sentido de estabelecer um Estado Judeu exerciam uma ação militar na defesa dos colonos judeus contra os terroristas árabes durante o período do Mandato.

JEWISH AGENCY FOR PALESTINE – Organizada para representar os judeus na Palestina e no exterior durante o Mandato Britânico, cooperou com a administração inglesa em questões que concerniam ao estabelecimento de um Estado Judeu nas áreas de imigração e colonização. Mais tarde e mesmo antes, ela se identificava com o executivo da Organização Sionista Mundial. Mesmo após o estabelecimento do Estado de Israel continuou existindo com outras atribuições.

JEWISH COLONIZATION ASSOCIATION (JCA ou ICA) – Estabelecida inicialmente na Inglaterra pelo Barão Maurice de Hirsch, em 1891, tinha como finalidade central promover a colonização agrícola dos judeus da Rússia e da Europa Oriental elevando suas condições de vida. Os maiores projetos de colonização, com relativo sucesso, foram realizados na Argentina, Canadá, Brasil, Rússia, Checoslováquia, Polônia e Palestina.

Glossário

KEREN KAYEMET LEISRAEL (Fundo Nacional Judaico) – Foi estabelecida pela Organização Sionista Mundial em 1901 com o objetivo de comprar terras na Palestina na condição delas permanecerem como propriedade do povo de Israel e permitir a colonização de judeus. Além do mais, o KKL deveria cuidar do reflorestamento e drenagem de terras pantanosas para transformá-las em terras de cultivo. Tornou-se, com o passar do tempo, uma instituição popular e de caráter nacional-educativo.

KEREN HAYESSOD (Fundação para Colonização da Palestina) – Estabelecida em 1921 pela organização Sionista Mundial com a finalidade de angariar fundos para a reconstrução do Lar Nacional Judaico.

MAPAM (Mifleget Poalim Meuchedet) – Partido Obreiro Unido, fundado em 1948, com uma ideologia socialista de esquerda e pioneirismo kibutziano, foi resultado da união do Hashomer Hatzair, L'Achdut Haavodá e Poalei Zion Smol. Ainda que tal união durou pouco devido as disputas internas provocadas após o Processo Slansky, e dos Médicos em Moscou, além de outros fatores.

MIZRACHI – Uma organização sionista dos judeus ortodoxos fundada em 1902, em Vilna, com a finalidade de estabelecer uma síntese entre o sionismo político e a ortodoxia religiosa.

ORT (Obszestwo Rasprostraneniya Truda) – "Organização para Fomento Profissional, Industrial e Agrícola", fundada na Rússia em 1880, por magnatas. E já em 1921, em Berlim, se criaria a União ORT para extendê-las a outros países. O programa consistia em dar um preparo profissional- técnico aos seus alunos.

OSE (Obszestwo Sdravoschranenia Evreev) – "Organização Mundial para Proteção Sanitária dos Judeus", fundada em Leningrado em 1912, tendo durante vários períodos a sua sede em Berlim, Paris e Nova Iorque. Sua atuação foi importante durante a Primeira e Segunda Guerras Mundiais nos países que sofreram grandes estragos e nos quais construíram hospitais, clínicas sanitárias etc. Sua atividade conjugou-se mais tarde com a ORT, em especial nos países latino-americanos.

POALEI ZION (Trabalhadores de Sion) – Movimento sionista-socialista fundado em 1897 em Minsk e Lemberg passando a outros territórios da Europa Oriental, Estados Unidos, Inglaterra e demais países. Em 1907, em Haia, constituiu-se como um movimento mundial sob a denominação Federação Mundial de Obreiros Socialistas Judeus Poalei Zion. Em 1920, em sua 5ª Conferência Mundial em Viena sofreu uma divisão entre Poalei Zion de Esquerda e Poalei Zion de Direita. Mais tarde ambos os partidos unificaram-se com outras associações para formarem novas agremiações políticas.

BIBLIOGRAFIA

Fontes Inéditas

Coleção Israel Dines, AHJB (Arquivo Histórico Judaico Brasileiro), São Paulo.
Coleção Jacob Schneider, AHJB (Arquivo Histórico Judaico Brasileiro), São Paulo.

Documentação de Manasche Krzepicki, pertencente a Hilda Krzepicki, Rio de Janeiro.
Documentação Nachman Falbel, arquivo pessoal do autor, São Paulo.
Documentação Teddy Kollek, Arquivo da Haganá, Beit Eliahu Golomb, Tel Aviv, Israel.
Documentação do Archion Hatzioni (Central Zionist Archives), Jerusalém, Israel.
Documentação da BIBSA (Associação Scholem Aleichem), Rio de Janeiro.

Entrevistas

Hilda Krzepicki, Rio de Janeiro.
Júlio Goichberg, São Paulo.
Teddy Kollek, Israel.

Jornais e Periódicos*

Aonde Vamos?, Rio de Janeiro.
Davar, Israel.

* Foram utilizados vários outros boletins de instituições judaicas que não constam nesta relação.

Haaretz, Israel.
Hatikva (Círculo Cultural Iavne), Porto Alegre.
Idishe Tzeitung, Rio de Janeiro.
Idishe Presse, Rio de Janeiro.
Jornal Israelita, Rio de Janeiro.
J.T.A. A daily News Bulletin, EUA.
San Pauler Idishe Tzeitung, São Paulo.
Yugent Avangard (Vanguarda Juvenil), Buenos Aires, Argentina.

Fontes Impressas*

ALIAV, Ruth. *The Last Escape*. London, Gollancz, 1974.
BAUER, Y. *Flight and Rescue: Brichah*. New York, Random House, 1970.
FALBEL, N. *Estudos sobre a Comunidade Judaica no Brasil*. São Paulo, FISESP, 1983.
_____. *Jacob Nachbin*. São Paulo, Nobel, 1985.
GILBERT, M. *Exile and Return,* the Emergence of Jewish Statehood. London, Weidenfeld and Nicolson, 1978.
HILTON, S. *Oswaldo Aranha*. Rio de Janeiro, Objetiva, 1994.
KLOS, Max. *Baim Shain fum Ramplicht*. Buenos Aires, 1972.
KOLLEK, T. *Amos, For Jerusalem*. New York, Random House, 1978.
MERIDOR, M. (Munia). *Schlichut Alumá*. Maarachot, 1957.
SHALTIEL, David. *Jerusalem'48*, Yosef Shapira (org.), intr. Judith Shaltiel. M. Bitachon, Jerusalém, 1981.
VAZA, P. *Hamessimá Rechesh*. Maarachot, 1966.
Yohr Buch fun Idishen Ishuv in Argentine. Buenos Aires, 1945-1946.

* O fundo histórico relativo ao período descrito no livro é fruto de uma leitura feita durante várias décadas sobre história judaica, história, teorias e teóricos do sionismo, bem como sobre as correntes do nacionalismo judeu, que permitiram sedimentar conceitos expressos no decorrer deste trabalho, cuja extensa bibliografia não cabe aqui enumerar.

ÍNDICE ONOMÁSTICO

A

Abramovich, Lily Roth, 99, 102, 137
Adenauer, K., 158
Adler, Batia, 41
Adler, José, 96, 103, 124, 162
Aizemberg, I., 88
Alberto, João, 70
Alkmin, José Maria, 165
Almeida, Renato, 92
Alterman, Natan, 9
Amado, Jorge, 77
Amaral, Inácio de Azevedo, 72, 76, 91, 99, 103
Americano, Jorge, 72
Amir, Israel, 145
Aquiles, Aristeu, 99
Aranha, Oswaldo, 70, 71, 90, 92, 93, 102-104
Arazi, Yehuda, 108, 110
Argov, Nehemia, 166, 172
Aristóteles, 71
Aron, Jack R., 175
Aronson, Moshe, 146, 148, 149, 158
Asch, Scholem, 45
Ashkenazi, Joshua, 175
Athayde, Austragésilo, 99, 103
Atlee, Clement, 58
Azevedo, Noé, 72

B

Baião, José Fabrino de Oliveira, 152
Bandeira, Manuel, 103
Bannwarth, Paul, 99
Barbosa, F. de Assis, 92
Bartur, Moshe, 168
Basbaum, Adolfo, 96, 100
Basbaum, Clarice, 119
Bauer, Yehuda, 107
Beuclair, Luiz, 43
Beguin, Menachem, 100, 140, 158
Beinissh, M. D., 80
Ben Eliezer, Arie, 140
Ben Gurion, David, 94, 109, 113, 119, 158, 166, 168
Bentley, Aminadav (Ben-Toow), 137
Berger, Nachum, 88
Bergman, Aron, 96, 97, 104, 122
Berle Jr., Adolph, 71, 72, 91
Bernardes Filho, Arthur, 103
Bidlovski, Henrique, 160
Bidlovski, S., 79
Bistritski, Nathan, 77, 78, 89, 91
Blav, Emilio, 88
Blaustein, Mauricio, 88
Bloch, Adolpho, 175
Borba, Osório, 103
Botochansky, J. 84
Boxenbaum, Joe, 112
Brandão, Mário Pimentel, 152
Brodestki, S., 67

Bronstein, I. M., 24
Buber, Martin, 65

C

Callado, Antonio, 103
Camerini, Vitório, 137
Canabrava, Euryalo, 91, 103
Capanema, Gustavo, 72
Cardoso, Levy, 139
Carvalho, Gastão, 92
Carvalho, Jarbas de, 92
Carvalho, Rodolfo I., 79
Castro, Josué, 99
Catuco, Benedito, 32, 43
Chill, Arie, 96
Chindler, Waldemar, 162-163
Churchill, Winston, 57
Cimring, Bernardo (Dov Tzamir), 90
Cohen, Perolina, 73
Coslovsky, Manoel, 72
Costa, Canrobert Pereira da, 99, 137, 149, 150
Costa, Dante, 99, 103
Costa, Moshe, 33
Costa, Souza, 103
Coutinho, Benedito, 99
Cruz, M. L. Azevedo, 91

D

Dachner, Clara, 137
Dain, Bernardo, 96, 122
Dain, Simão, 77, 97
Danin, Ezra, 16, 169, 170
Davidson, Cecília R., 80
Deutcher, Vily, 77
Dines, Alberto, 14
Dines, Israel, 14, 15, 96, 97, 160
Dobkin, Eliahu, 126, 129
Dori, Yakov, 108
Drapkin (Darom), A., 105, 141, 142, 152
Drori, Samuel, 102
Dultzin, L., 160

E

Egon, W. Convery, 100
Eisenhower, Dwight, 94

Emerson, Herbert, 57
Engel, Luiz, 30, 43
Engelberg, Bernardo, 160
Erely, Avner, 17
Erlichman, G., 30
Eshkol, Levi, 16, 129, 168-169, 171-172

F

Feder, Ernesto, 91
Fégies, Henrique, 88
Feigl, F., 77
Feiguelman, Noé, 88
Feingold, A., 24
Feldman, Paulo, 88
Feldman, Pinchas, 88
Fernandes, Raul, 93, 141
Ferraz, d. Salomão, 77
Figueiredo, Fidelino de, 77
Fontana, João Alves, 152
Fontes, E. G., 17, 45, 46
Fontes, Guerra, 92
Franco, Rubem, 140
Frankenthal, Marcos, 77, 94, 97, 137
Freire, Gilberto, 79
Fridman, Samuel, 124
Friesel, J. B., 88
Fuks, Isaac, 89

G

Gaulle, Charles de, 94
Geiger, Rachel, 124
Gikovate, Febus, 97
Ginter Agnes, 31
Glat Moishe, 88, 90
Glezer, Jacob, 122
Goichberg, Júlio, 105, 119, 142, 152, 157
Goldman, Nahum, 58, 63, 68, 73, 76, 91, 158
Gomes, Guimarães, 102
Graiver, Manuel, 71
Greenspun, George, 91
Griessmann, Walter, 16, 170, 175
Grinbaum, Itzhaq, 100, 137
Gromico, Andrei, 65
Grossman, Meir, 146
Gross-Zimerman, Moshe, 80, 160
Guerchunoff, Alberto, 82, 90, 92
Guron, Moshe, 170
Gvati, H., 169

Índice Onomástico

H

Halle, Jozef, 21
Halpern, Leo, 16, 67, 69, 70, 73, 76-79, 83-86, 89, 100-102
Hammer, 119
Hamsun, Knut, 31
Hebbel, Friedrich, 33
Hellman, Jacob, 73, 76, 86, 90
Hersh, Michael, 19
Hilton, Stantley, 71
Hirschbein, Peretz, 25, 30
Hockerman, Mordechai, 88
Hockmore, Irving, 126
Hoff, Moisés, 137
Horowitz, Eduardo, 72, 73, 79
Huliak, Nathan, 24
Husseini, Hajj Amin el- (Mufti de Jerusalém), 53, 57

I

Illoz, Ana, 88
Israeli, Joseph, 16, 100, 103, 111, 112, 140

J

Jafet, Ricardo, 156
Jaffe, Nathan, 100
Jagudin, 43
Júnior, Caio Prado, 77
Juris, A. S., 70, 73, 76, 77

K

Kaplan, J., 119
Karakuchansky. I. M., 74
Karolinski, Prof., 88
Katschalski, Efraim (Katzir), 158
Kaufman, Aron, 25
Kaufman, Itzchaq, 18
Kaufman, Shulamit, 18
Keenan, Haviv, 110
Keynan, Irit, 17
Klabin, Armando, 18
Klabin, Wolf, 99, 156
Klemperer, Alfred H. von, 16, 46, 175
Klos, Max, 84
Kluger, Ruth (Aliav), 16, 94-97, 100, 105, 109, 118, 119, 121-122, 124, 126, 141-142, 157

Kogan, A., 82, 99, 146
Kogan, Paulina, 146
Kol, Moshe, 141, 146
Kolitz, Zvi, 74, 81
Kollek, Teddy, 13, 16, 108-113, 119, 121, 126-127, 167, 172-173
Kopenhagen, David, 160
Korsinski, Jan, 156
Kostrinsky, Moshe, 68, 70
Krelenboim, Josef, 90
Kreutner, J. S., 160
Krzepicki, Hilda, 12, 15-16, 18, 21, 33, 34, 41-43, 45-47, 95, 101, 109, 115-116, 118, 137, 158-159, 165, 172-173
Krzepicki, Schloime, 19, 21
Krzepicki, Taube, 19
Krzepicki, Zelda, 19
Kubitschek, Juscelino, 165
Kuperman, Schil, 105

L

Lacerda, Mauricio, 76
Lafer, Horácio, 77, 93, 103, 156
Landau, Chaim, 140
Landau, Jacob, 79
Legher, Michel, 88
Leite, Barreto, 99
Lemle, Rab. Henrique, 72-73, 90-91
Lerner, Aron, 88
Lerner, Guers, 72
Lerner, Isai, 105
Lerner, Joseph, 146
Lerner, Simão, 105
Leron, Joseph, 141
Levandovski, Abrão, 88
Levin, H., 24
Levinson, Lazer, 72, 97
Lifschitz, Israel, 137
Lima, Jacy de Sousa, 79
Linton, J., 68
Lipsky, Louis, 68
Lobo, Júlio, 169
Lourie, Arthur, 68
Luria, Zvi, 160

M

MacDonald, Malcolm, 54

Macedo Soares, J. R., 72, 91-92
Magalhães Junior, Raimundo, 103
Magnes, Yehuda, 65
Malach, Leib, 84
Malamud, Samuel, 72, 99, 100, 102-103, 112, 124, 126, 137, 151, 156
Mandel, Nachum, 88
Mandel, Uron 88
Manor, Arieh, 16, 99, 104, 111, 113, 141-142, 145-146, 148, 152, 156
Margalit, Yosef, 24
Margoshes, Samuel, 73
Marinho, Roberto, 103
Marx, Eurico, 42, 45
Mazar, Benjamin, 174
Medeiros, Luiz de, 79
Melo, João, 92
Melo, Vieira de, 99
Mendonça, A. A. de Queiroz Carneiro de, 91
Meridor, Meir, 110
Merkin, Moisés, 73
Meyerson, Golda, 118
Mibashan, A., 70, 71, 158
Milliet, Sérgio, 77
Mizrachi, Rahel, 99, 111
Moniz, Heitor, 99
Morais, J. B. Viana de, 77
Morgenthau, Henry, 100
Moses, Herbert, 92, 103, 104, 156

N

Nachbin, Jacob, 12, 25, 27, 30, 34, 37, 38. 39, 41
Nachbin, Lotte, 25, 26, 41
Ner, Israel, 146
Neuman, Aron, 70-74, 76, 80, 81, 139
Neuman, Júlio, 88
Neves, C. L. de Andrade, 91
Nietzsche, 45
Nogueira, Hamilton, 79, 80, 91, 93, 99, 102-103
Nurok, Dr., 80

O

Oksman, Samuel, 88
Olitzki, L., 146
Ostrovsky, Isaac, 88

P

Padilha, Celina, 91
Padilha, José Leão, 90, 103
Palatnik, Isaac, 24, 25
Parnes, Jacob, 24
Peel, Lord, 53
Peixoto, Amaral, 156
Pekelman, Henrique, 160
Peres, Shimon, 141, 148-149, 156
Perez, David J., 72, 73, 77, 79, 88
Peskin, A., 160
Pinheiro, Alfredo, 137
Pinto, Edmundo da Luz,. 92
Pomerantz, Jochanan, 146
Pontes, Eloi, 91
Possolo, Elora, 91

R

Rabinovich, Samuel, 71
Rachovsky, Isaiah, 80
Raicher, Benjamin, 88
Rego, Costa, 92
Rego, José Lins do, 79, 91, 99, 103
Ribinik, Abram, 99
Ritenband, Henrique, 89
Rodrigues, Júlio, 41, 45
Rone, Sinai, 156
Roosevelt, F.D., 54
Rosset, Henrique, 88
Rublee, George, 57

S

Samuel, Herbert, 51
Santana, Tito Livio, 79, 90-91, 103
Sapir, Pinchas, 16, 104-105, 148, 156, 165, 168, 171
Saubel, Israel, 103, 122
Saubel, Saul, 77
Schetman, Adolfo, 96, 103
Schechtman, Esther, 96
Schechtman, Luiz, 88
Scheskin, Miron, 81, 174
Schindler, Zeev, 103
Schmidt, A. Frederico, 92, 103
Schneerson, Mordechai, 155-156
Schneider, Eliezer, 14

Schneider, Jacob, 14, 70-74, 77-78, 82, 90, 93-95, 99, 103, 112, 119, 121-122, 126, 139, 160-161, 163
Schoskes, Henry, 137
Schorr, Israel, 71
Schulman, Bernardo, 26
Schwartuch, Pola, 88
Schwartz, Misha, 84
Shcawartz, Morris, 103
Segal, Zev, 71
Segall, Lasar, 72
Senderey, Moisés, 95-96, 142
Shaltiel, David, 16, 99, 100, 112, 137, 139, 149-152, 155-157, 160, 165-166, 168-169, 170-171
Shamir, Sholomo, 108
Shapiro, A., 41
Shapiro, Issac, 88
Sharett, Moshe, 93, 152
Shazar, Zalman, 158, 160
Shenker, Aron, 24, 43
Sherman, Arthur, 78
Shind, Dan, 157
Sirkin, A. 141
Soares, Flores, 94
Sonnenberg, Joseph, 19
Sonnenberg, Moishe, 19
Sonnenberg, Raza, 19, 21
Sonnenberg, Samuel, 82
Sonnenberg, Schloime, 19
Souza, Pompeu, 103
Steinbaum, Israel, 89
Steinberg, A., 82
Steinberg, Israel, 103
Steinberg, Salomão, 71-72
Steinfeld, Israel, 72
Steinvaks, Pinchas, 73, 76-77

T

Tabak, Prof., 102
Taiber, A., 168-169
Tartakover, A., 77
Taylor, Myron, 57
Tchornitzki, Josef, 100, 141, 146, 160
Telsner, David, 71
Tigre, Bastos, 92
Tocker, S., 145
Toff, Moshe, 93, 100, 103-104, 137
Tramm, Nicolau, 31, 43
Truman, Harry, 58, 100

Turkow, Mark, 91
Tzikinovski, Rab. M., 91
Tzur, Jacob, 155

V

Vargas, Getúlio, 68, 81, 156
Vaza, Pinchas, 110
Vergal, Campos, 91
Vipmans, Wolf, 103

W

Wahl, Samuel, 79
Wainer, Samuel, 92, 99, 103
Waisman, Natan, 103
Weber, Abrahão de, 89
Weinroib, Esther, 84
Weisfeld, Miguel, 79
Weitz, Roma, 112
Weitz, Josef, 156
Werebeczik, Dov (Berl), 77
Wertheim, David, 97
Wilensky, Miriam, 88
Wise, Stephan, 68
Wissman, Salo, 160
Wolff, Egon, 175
Wolff, Frieda, 12, 18, 175

X

Xavier, F. Augusto, 99, 103

Y

Yampolsky, Amnon, 88, 90
Yarden, Rachelle Sephardi, 71-74, 76, 91
Yussim, Henrique, 73
Yuzek (Joseph), 25, 26, 41

Z

Zacai, David, 16, 100, 140
Zambrowsky, S. M., 71
Zinguerevitz, 91
Zitman, Leão, 88
Zucker, Nechemia, 83, 84
Zuckerman, Baruch, 109

JUDAÍSMO NA PERSPECTIVA

História do Povo da Bíblia
  Relatos do Talmud e do Midrasch
  Org. J. Guinsburg (CJ01)

Contos da Dispersão
  Dov Noy (CJ02)

Do Estudo e da Oração
  Org. J. Guinsburg (CJ03)

Histórias do Rabi
  Martin Buber (CJ04)

A Paz Seja Convosco
  Scholem Aleihem (CJ05)

Contos de I. L. Peretz
  Sel. J. Guinsburg (CJ06)

O Martírio da Fé
  Scholem Asch (CJ07)

O Conto Ídiche
  Sel. J. Guinsburg (CJ08)

Novelas de Jerusalém
  Sch. I. Agnon (CJ09)

Entre Dois Mundos
  Sel. A. Rosenfeld e J. Guinsburg (CJ10)

Nova e Velha Pátria
  Sel. J. Guinsburg (CJ11)

Quatro Mil Anos de Poesia
  Org. J. Guinsburg e Zulmira R. Tavares
  (CJ12)

O Judeu e a Modernidade
  Org. J. Guinsburg (CJ13)

Fim do Povo Judeu
  Georges Friedmann (D006)

Distúrbios Emocionais e Anti-Semitismo
  N. W. Ackerman e M. Jahoda (D010)

Raça e Ciência I
  Juan Comas e outros (D025)

O Socialismo Utópico
  Martin Buber (D031)

Raça e Ciência II
  L. C. Dunn e outros (D056)

A Cabala e Seu Simbolismo
  Gershom Scholem (D128)

Desenvolvimento e Construção Nacional
  S. N. Eisenstadt (D154)

Do Diálogo e do Dialógico
  Martin Buber (D158)

Mouros, Franceses e Judeus
  Luís da C. Cascudo (D185)

O Socialismo Religioso dos Essênios: A Comunidade de Qumran
  W J. Tyloch (D194)

Sobre Comunidade
  Martin Buber (D203)

Do Anti-Sionismo ao Anti-Semitismo
  Léon Poliakov (D208)

Walter Benjamin – A História de uma Amizade
  Gershom Scholem (D220)

Romantismo e Messianismo
  Michel Löwy (D234)

Borges e a Cabala
  Saúl Sosnowski (D240)

De Berlim a Jerusalém
  Gershom Scholem (D242)

Comics da Imigração na América
  John J. Appel e Selma Appel (D245)

Correspondência
  W. Benjamin e Gershom Scholem
  (D249)

O Golem, Benjamin, Buber e Outros Justos: Judaica I
  Gershom Scholem (D265)

O Nome de Deus, A Teoria da Linguagem e Outros Estudos de Cabala e Mística: Judaica II
  Gershom Scholem (D266)

Cristãos-Novos na Bahia
  Anita Novinsky (E009)

As Grandes Correntes da Mística Judaica
  Gershom Scholem (E012)

Vida e Valores do Povo Judeu
  Cecil Roth e outros (E013)

História e Historiografia do Povo Judeu
  Salo W. Baron (E023)

O Mito Ariano
  Léon Poliakov (E034)

De Geração a Geração
  S. N. Eisenstadt (E041)

Sociedade Israelense
  S.N. Eisenstadt (E056)

De Cristo aos Judeus da Corte – História do Anti-Semitismo I
  Léon Poliakov (E063)

De Maomé aos Marranos – História do Anti-Semitismo II
  Léon Poliakov (E064)

De Voltaire a Wagner – História do Anti-Semitismo III
  Léon Poliakov (E065)

A Europa Suicida – História do Anti-Semitismo IV
  Léon Poliakov (E066)

Jesus e Israel
  Jules Isaac (E087)

Tempo e Religião: A Experiência do Homem Bíblico
  Walter I. Rehfeld (E106)

A Religião de Israel
  Yehezkel Kaufmann (E114)

A Causalidade Diabólica I
  Léon Poliakov (E124)

A Causalidade Diabólica II
  Léon Poliakov (E125)

O Significado do Ídiche
  Benjamin Harshav (E134)

Sabatai Tzvi – O Messias Místico (3 vols.)
  Gershom Scholem (E141)

História e Narração em Walter Benjamin
  Jeanne Marie Gagnebin (E142)

Mistificações Literárias: "Os Protocolos dos Sábios de Sião"
  Anatol Rosenfeld (EL03)

Guia Histórico da Literatura Hebraica
  J. Guinsburg (EL09)

Galut
  Itzhack Baer (EL15)

Poética e Estruturalismo em Israel
  Ziva Ben-Porat e Benjamin Hrushovski (EL28)

O Direito da Criança ao Respeito
  Janusz Korczak (EL41)

O Direito Internacional no Pensamento Judeu
  Prosper Weill (EL43)

Diário do Gueto
  Janusz Korczak (EL44)

O Anti-Semitismo Alemão
  Pierre Sorlin (K003)

O Dibuk
  Sch. An-Ski (org. J. Guinsburg) (T005)

Leone de' Sommi: Um Judeu no Teatro da Renascença Italiana
  J. Guinsburg (T008)

Qohélet / O-que-Sabe Eclesiastes
  Haroldo de Campos (SIG13)

Bere'Shith: A Cena da Origem
  Haroldo de Campos (SIG16)

Rei de Carne e Osso
  Mosché Schamir (P001)

A Baleia Mareada
  Ephraim Kishon (P002)

Salvação
  Scholem Asch (P003)

Golias Injustiçado
  Ephraim Kishon (P005)

As Lendas do Povo Judeu
  Bin Gorion (P007)

A Fonte de Judá
  Bin Gorion (P008)

Almas em Fogo
  Elie Wiesel (P013)

Satã em Gorai
  Isaac B. Singer (P015)

O Golem
  Isaac B. Singer (P016)

Contos de Amor
  Sch. I. Agnon (P017)

Histórias Místicas do Rabi Nachman
  Martin Buber (P018)

Aventuras de uma Língua Errante
  J. Guinsburg (PERS)

O Mestre do Bom Nome
  Ary e Emília Schreirer (LSC)

Sermões
  M. Diesendruck (LSC)

Protocolos do Concílio Vaticano II: Sobre os Judeus
  Padre Humberto Porto (LSC)

O Direito Talmúdico
  Ze'ev M. Falk (LSC)

Sombras de Identidade
  Gershon Shaked (LSC)

Sessão Corrida: Que me Dizes Avozinho?
  Eliezer Levin (LSC)

Bom Retiro
  Eliezer Levin (LSC)

Nossas Outras Vidas
  Eliezer Levin (LSC)

Crônicas de Meu Bairro
  Eliezer Levin (LSC)

Adeus Iossl
  Eliezer Levin (LSC)

Memórias da Minha Juventude e do Teatro Ídiche no Brasil
  Simão Buchalski (LSC)

Impressão e Acabamento
Bartira
Gráfica
(011) 458-0255